Elisabeth Lukas

GEIST UND SINN

Logotherapie –
die dritte Wiener Schule
der Psychotherapie

Mit Beiträgen von
Gertrud Simmerding, Franz Sedlak
und Wolfram K. Kurz

Psychologie Verlags Union
München 1990

Anschrift der Autorin:
Frau Dr. Elisabeth Lukas
Süddeutsches Institut für Logotherapie GmbH
Geschwister-Scholl-Platz 8
8080 Fürstenfeldbruck

CIP-Kurztitelaufnahme der Deutschen Bibliothek

Lukas, Elisabeth:
Geist und Sinn: Logotherapie – die 3. Wiener Schule der Psychotherapie / Elisabeth Lukas. Mit Beitr. von Gertrud Simmerding... – München : Psychologie-Verl.-Union, 1990
 (Kleine Bibliothek der Psychologie)
 ISBN 3-621-27096-5

Alle Rechte, auch die des Nachdruckes, der Wiedergabe in jeder Form und der Übersetzung in andere Sprachen behalten sich Urheber und Verleger vor. Es ist ohne schriftliche Genehmigung des Verlages nicht erlaubt, das Buch oder Teile daraus auf fotomechanischem Weg (Fotokopie, Mikrokopie) zu vervielfältigen oder unter Verwendung elektronischer bzw. mechanischer Systeme zu speichern, systematisch auszuwerten oder zu verbreiten (mit Ausnahme der in den §§ 53, 54 URG ausdrücklich genannten Sonderfälle).

Umschlagentwurf: Dieter Vollendorf, München
Herstellung: Christine Jehl, Landshut
Satz, Druck und Bindung: Ludwig Auer GmbH, Donauwörth
Printed in Germany
© Psychologie Verlags Union 1990
ISBN 3-621-27096-5

Elisabeth Lukas
Geist und Sinn

*Meinen Mitautoren gewidmet,
die nicht nur in diesem Buch,
sondern auch im Leben
zu mir gestanden sind.*

Inhalt

Viktor E. Frankl – Mensch und Werk
Prolog von Gertrud Simmerding 1

Mit einer Sinnlehre gegen die Sinnleere
Logotherapie in der Lebensberatung 14

Erziehung zwischen Vernachlässigung und Verwöhnung
Logotherapie in der Pädagogik 25

Die sinnzentrierte Familientherapie
Logotherapie in der Eheberatung 35

Gedanken zur Alkoholikernachbetreuung
Logotherapie in der Suchtkrankenhilfe 47

Das Buch als Lebenshilfe
Logotherapie in der Bibliotherapie 57

Leiden zwischen Sinn und Sinnlosigkeit
Logotherapie in der Seelsorge 73

Zehn Thesen zur menschlichen Entscheidungsfähigkeit
Logotherapie in der Diagnostik 84

Von der Selbstverwirklichung zur Weltverantwortung
Logotherapie in der Krisenprävention 96

Ergänzende Beiträge zu Jugend und Alter

Franz Sedlak: **„Alice im Logosland"**
Logotherapie in der Schulpsychologie 115

Wolfram K. Kurz: **Die Sinnfrage in der späten Lebensphase**
Logotherapie in der Gerontagogik 139

Gertrud Simmerding: **Begleitung beim Abschied**
Logotherapie in der Sterbehilfe 161

Die Autoren 168

Publikationen von Elisabeth Lukas 169

Viktor E. Frankl – Mensch und Werk

Prolog von Gertrud Simmerding*

Es war bei unserer letzten Begegnung im Sommer 1988. Viktor Frankl, mit seinem silberweißen Haar, den lebendigen Augen, den quickagilen Bewegungen, einer Gestik, die zeigen will, daß es keine Zeit zu verlieren gibt, und einer Mimik, die seine Güte und menschliche Wärme durchscheinen läßt, stand vor mir. Kein Mensch würde glauben, daß dieses Vis-à-vis bereits vor drei Jahren die Schwelle des achtzigsten Lebensjahres überschritten hat. Ein Weltbürger, und doch ein echter Wiener, geprägt vom Aufbruch des neuen Jahrhunderts und doch ein Mensch, der kaum wie ein anderer versteht, in unseren Tagen zu leben und die Schmerzen unserer Jetztzeit zu analysieren. Auf allen Kontinenten daheim, ist er doch dem genius loci seiner Geburtsstadt treu geblieben. Dorthin möchte ich Sie nun als ersten Schritt in die Welt um die Jahrhundertwende entführen.

Die Wiener Ringstraße mit ihren Prachtbauten ist kaum mehr als dreißig Jahre alt. Mit dem zu Ende gehenden Jahrhundert noch ein letztes Aufflakkern alten Glanzes und alter Herrlichkeit, dann beginnt das große Sterben. Um nur einige Namen aus der Reihe der Musiker zu nennen: zehn Jahre vor Frankls Geburt stirbt 1895 Franz von Suppé, 1896 Anton Bruckner, 1897 Johannes Brahms, 1899 Johann Strauß und am 31. 12. 1899 Carl Millöcker. Aber Wien, die Metropole des Vielvölkerstaates, trauert nicht lange. Neue Impulse, neue geistige Strömungen werden lebendig. Die Stunde des „ver sacrum", die Stunde des Jugendstils hat begonnen. Klimt malt für die Universitätsaula eine eigenartig flächenhafte und ornamentalisierende Verkörperung des „fin de siècle". Preziös und erotisch. Das ist die knisternde Atmosphäre von damals.

Künstler, Musiker, Schriftsteller und Wissenschaftler leben in Wien auf engstem Raum zusammen. Sie können sich gar nicht aus dem Weg gehen, denn das Kaffeehaus vereint sie alle. Hilde Spiel schreibt in ihrem Buch „Glanz und Untergang": „Im Kaffeehaus trafen sich die Vertreter entgegengesetzter ideologischer und künstlerischer Richtungen. Doch eine Cour-

---

* Nach einem Vortrag von Gertrud Simmerding, erstmals veröffentlicht in der Zeitschrift der „Deutschen Gesellschaft für Logotherapie e. V.", 3. Jg. Heft 2/1988

toisie alter Überlieferung verhinderte meist jene Zusammenstöße, die ihren Gefühlen vielleicht besser entsprochen hätten als das wohlerzogene Kopfnicken und Händeschütteln zwischen Widersachern".[1] Das echte Leben wird verschleiert. Symptome der Verdrängung werden zu Symptomen von Neurosen. Wen wundert es, daß Freud zu dieser Zeit bereits die Werke geschrieben hat, die ihm selbst am wichtigsten waren, nämlich die „Traumdeutung" und die „Drei Abhandlungen zur Sexualtheorie". 1902 gründet Freud seinen frühesten Freundeskreis, nämlich die „Psychologische Mittwochsgesellschaft". Zu diesem Kreis stößt auch Carl Gustav Jung, sein Schweizer Anhänger und für eine Zeit lang sein Kronprinz. Nach wenigen Jahren aber gründet auch Carl Gustav Jung seine eigene Schule, mit ihrer Theorie des kollektiven Unbewußten und der archetypischen Determinanten. Damit war der Bruch mit Freud vorprogrammiert. Zum harten Kern der Mittwochsgesellschaft gehörte auch Alfred Adler, der einen neuen Zugang zur Natur der Neurosen aufzeigt. Alfred Adler wohnte damals in Wien, im Zweiten Bezirk, in der Czerningasse 7. Genau gegenüber, in der Czerningasse 6, wird am 26. März 1905 im vierten Stock Viktor Frankl geboren. Ein Stückchen Himmel mag zum Fenster hereingeschaut haben. Und wie oft mag er den vorbeiziehenden Wolken wohl nachgeschaut haben, als Kind, als Jugendlicher und als junger Mann. Bis man ihn mit siebenunddreißig Jahren aus diesem Haus und dieser Wohnung ins Konzentrationslager abtransportiert hat.

Seine Mutter, so sagt Frankl, war eine herzensgute und herzensfromme Frau. Sie stammte aus einem alteingesessenen Prager Patriziergeschlecht. Der Vater, den Frankl als den Gerechtesten aller Gerechten bezeichnet, kam aus Südmähren. Er war – und ich zitiere nun Frankl aus seiner autobiographischen Skizze – „der mittellose Sohn eines Buchbindermeisters, hungerte sich bis zum Absolutorium durch das Studium der Medizin, mußte dann aber aus finanziellen Gründen aufgeben und in den Staatsdienst eintreten, wo er es im Ministerium für Soziale Verwaltung bis zum Direktor brachte".[2] Nach dem ersten Weltkrieg, wie vordem auch schon, ist es den Beamtenfamilien aus der österreichischen k.u.k. Monarchie nicht gut gegangen. Die Zweizimmerwohnung war für die fünfköpfige Familie sehr eng, Viktor wich in den nahegelegenen Prater aus und wurde, wie er sagt, zu einem echten Praterkind. Trotzdem fand er in seinem Elternhaus viel Geborgenheit und Liebe und hat damit das Wichtigste einer glücklichen kindlichen Existenz erfahren.

Es kam aber schlimmer. Die Soldaten des ersten Weltkriegs kehrten geschlagen nach Hause zurück, das Ende des Doppeladlers und der Donaumonarchie war gekommen. Der Vielvölkerstaat brach auseinander. Der Hunger war so groß, daß Frankl sich erinnert, wie er auf die Bauernhöfe um Brot betteln ging und manchmal auch Kukuruz von den Maisfeldern gestohlen hat. Dann kam die Inflation und die Weltwirtschaftskrise. Viktor Frankl sagt, daß wirtschaftliche und finanzielle Schwierigkeiten für ihn eigentlich nie richtige Probleme gewesen seien. Das Taschengeld, das er gebraucht habe, um Bücher zu kaufen, habe er sich immer durch Nachhilfestunden verdient. „Und auch heute", so sagte mir einmal Viktor Frankl, „stehe ich noch auf dem Standpunkt: der Sinn des Geldbesitzes kann für jeden Menschen nur ein einziger sein, und dieser Sinn ist, es sich leisten zu können, nicht an Geld denken zu müssen".

An ein für seine Entwicklung bedeutsames Kindheitserlebnis erinnert sich Frankl besonders gerne: Er will Arzt werden oder aber Schiffsjunge oder Offizier. Um auf nichts verzichten zu müssen und auch keine Prioritäten zu setzen, kombiniert er Wunsch und Möglichkeit und beschließt, Schiffsarzt oder Militärarzt zu werden. Eine ungewöhnliche geistige Leistung für einen Dreijährigen! Viktor, der mittlere der drei Kinder, ist überhaupt ein quirliger, ungeheuer aufgeweckter und wißbegieriger kleiner Bub. Er stellt unaufhörlich Fragen und will allem auf den Grund gehen. So bekommt er bald von einer ehemaligen Erzieherin den Ehrentitel eines „Denkers"; später schränkt er diese Charakterisierung ein und meint, er sei allenfalls ein „Alles-zu-Ende-Denkender" gewesen. Ich habe ihm gegenüber einmal gesprächsweise erwähnt, daß ich ihn für einen Frühentwickler halte. Da hat er aber vergnügt widersprochen und gemeint, er wäre höchstens ein „schneller Brüter". Er bezog sich hierbei darauf, daß er schon 1924 begonnen hatte, in internationalen Zeitschriften zu publizieren.

Natürlich war die Schule für Frankl kein Problem. Noch in der Untermittelschule war er Vorzugsschüler gewesen, und doch genügte ihm der Lernstoff nicht. Er ging außer der Schule in die Volkshochschule, um dort „Angewandte Psychologie" zu hören. Immer mehr zog ihn die Psychologie, das Wissen um die menschliche Seele, in ihren Bann. Kein Mitschüler war mehr vor ihm sicher, überall versuchte er seine Erkenntnisse zu erproben. Mit fünfzehn Jahren beginnt er mit Sigmund Freud zu korrespondieren und jeder Brief, der in die Berggasse geschickt wird, wird von Freud innerhalb von achtundvierzig Stunden beantwortet. Einmal legt er einem solchen Brief ein Manuskript bei, das wenige Jahre später in der „Internationalen Zeitschrift für Psychoanalyse" veröffentlicht wird. 1925, mit zwanzig Jahren, publiziert er in Adlers Fachzeitschrift (der gegnerischen also), der „Internationalen Zeitschrift für Individualpsychologie", eine Arbeit über „Psychotherapie und Weltanschauung". Seine Gedanken kreisen unentwegt um Leben, Seele und Sinn. Als Student der Medizin hält er 1926 bei dem „Internationalen Weltkongreß für Individualpsychologie" in Düsseldorf ein Hauptreferat.

Natürlich bleibt es nicht aus, daß er Freud auch persönlich kennenlernt. In der Nähe der Votivkirche in Wien, die als noble, dankbare Geste eines frommen Monarchen, des Kaisers Franz Josef, für seine Rettung aus den Händen eines Attentäters erbaut wird. Dort treffen sich die beiden Männer. Frankl, der Sigmund Freud nur aus seiner Korrespondenz kennt, stellt sich vor und nennt seinen Namen. Spontan fällt Freud ihm ins Wort und nennt auswendig Frankls Adresse, die bis auf die Türnummer stimmt. So groß die Freude an dieser Begegnung auch ist, zu dieser Zeit hat Frankl sich bereits innerlich von Freud distanziert und ist in die Einfluß-Sphäre von Alfred Adler geraten. Aber auch mit Alfred Adler setzt sich Frankl kritisch auseinander. Die Grundthese der Individualpsychologie, daß das neurotische Symptom grundsätzlich Arrangementcharakter hat, das heißt Mittel zum Zweck im Dienste neurotischer Tendenzen ist, kann Frankl nicht anerkennen. Vor allem aber distanziert er sich von der psychologistischen Tendenz, daß man etwas, was falsch ist, für neurotisch hält, und was neurotisch ist, als falsch bezeichnet. Frankl führt diesen Gedanken noch weiter, indem er fragt: „Ist das Verzweifeln an der scheinbaren Sinnlosigkeit des Daseins eine wirkliche Kollektivneurose?" und stellt dann fest: „Es ist an sich nichts Krankhaftes, es ist eine Dokumentation der geistigen Mündigkeit eines Menschen, aber nicht notwendigerweise eine Manifestation seelischer Krankheit". Weil sich Frankl in einer Diskussion (zu kritischen Vorträgen von Oswald Schwarz und Rudolf Allers) nicht bedingungslos zu Adler bekannt hat, wird er aus den Reihen der Individualpsychologen ausgeschlossen. Das ist 1927.

So ist Frankl, der angehende Arzt, Neurologe und Psychiater, kritisch durch die beiden großen Wiener Schulen gewandert, hat „alles zu Ende gedacht" und beginnt nun, seinen eigenen Weg zu gehen. Nach dem Ausschluß aus dem Verein für Individualpsychologie verlagert sich der Schwerpunkt von Frankls Interessensphäre von der Theorie zur Praxis; zu seinem nur-psychologischen Interesse tritt nunmehr auch sein soziales.

Frankl tritt in die Fußstapfen seines Vaters, der gemeinsam mit dem Minister Josef Maria von Bärnreither die Zentralstelle für Kinderschutz und Jugendfürsorge gegründet hatte. Der Sohn Viktor fügt aber Neues hinzu und verlagert mit seiner Jugendberatung die Jugendfürsorge erstmals auf die psychologische Ebene. Von 1928 an ist er der Leiter der von ihm gegründeten Jugendberatungsstellen. 1930 führt er in Zeiten der Zeugnisausgabe eine besondere Schülerberatung für gefährdete Jugendliche ein, mit dem Erfolg, daß es in der Stadt im Gegensatz zu früher keine Schülerselbstmorde wegen Schulschwierigkeiten mehr gibt. Eine Einrichtung, die recht modern klingt.

Am Steinhof, der größten psychiatrischen Klinik von Österreich, die in den zwanziger Jahren bereits viertausend Betten hat (und eine wunderschöne Jugendstilkirche von Otto Wagner) findet der junge Arzt, der 1930 zum Dr. med. promoviert hat, seine erste Wirkungsstätte. Bedeutsam für seine wissenschaftliche Entwicklung wird seine Arbeit in einem Selbstmörderinnen-Pavillon; dort kann er den wirklichen und wahren Ursachen des Selbstmords nachgehen. Wie oft mag er damals schon von seinen verzweifelten Patientinnen gehört haben, daß doch ohnehin alles keinen Sinn mehr hätte! So bestätigt sich in ihm die Logotherapie, die Ende der zwanziger Jahre von ihm entworfen und Ende der dreißiger Jahre in Zeitschriften publiziert wird. In Buchform (habent sua fata libelli!) erscheint sie aber erst 1946 unter dem Titel „Ärztliche Seelsorge".

Die Logotherapie entwickelt sich aus zwei Grundgedanken, die Frankl schon als Sechzehnjähriger gedacht und im Rahmen eines Vortrags an der Wiener Volkshochschule formuliert hat. Immer wieder begegneten ihm Menschen, die nach dem Sinn des Lebens fragten und nach dem „Warum". Schon damals fand er, daß wir nicht die Fragenden, sondern die Befragten sind. Wir sind es, die auf die Fragen, die uns das Leben stellt, so zu antworten haben, daß dies in Freiheit aber in voller Verantwortung geschieht. Der zweite Grundgedanke besagt, daß der letzte Sinn über unser menschliches Fassungsvermögen hinausgeht und wir an diesen „Über-Sinn" nur glauben können, ja sogar glauben müssen.[3]

1937 schafft sich Frankl dann eine Privatpraxis als Facharzt für Psychiatrie und Neurologie. Aber schon wenige Monate später kam der Einmarsch der deutschen Truppen und damit das Ende Österreichs. Bundeskanzler Schuschnigg wollte Blutvergießen vermeiden, und so lautete der letzte Satz seiner Radioansprache am 11. März 1938: „Gott schütze Österreich". Das hatte es von diesem Zeitpunkt an auch wirklich nötig. Denn Brutalität und Haß gegenüber allen, die nicht an das tausendjährige Reich glaubten, und ihre Vernichtung waren von einem Ausmaß, das im Herzen Europas unvorstellbar war. Es schien, als ob die Österreicher überall Fleißaufgaben machen mußten, um sich als gute Nationalsozialisten zu erweisen. Unbeschreiblich sind die Leiden der Juden. Viktor Frankl wartet verzweifelt auf ein Visum aus den USA. Aber lange Zeit kommt keines. Als es kommt, entscheidet er sich, seine alten Eltern nicht alleine dem Schicksal der Deportation zu überlassen und bleibt bei ihnen. Natürlich war er dankbar, daß ihm damals die Leitung der neurologischen Station am Rothschildspital angeboten wurde, gewährte diese Position ihm und seinen alten Eltern vorerst doch noch gewissen Schutz vor dem Abtransport in ein Ghetto oder Konzentrationslager. So konnte Frankl denn auch in seinem Bereich als Primarius viel Gutes tun, und so kam es, daß in diesen Jahren unter den Angehörigen von Nationalsozialisten mehr der Euthanasie zum Opfer fielen als unter Frankls jüdischen Schützlingen. Dazu, die Euthanasie zu sabotieren – wie er es eben tat – gehörte Mut, aber der zeichnete Viktor Frankl sein Leben lang aus.

Die Verhältnisse spitzen sich dramatisch zu. Die Deportation seiner

Eltern, seiner jungen Frau Tilly und damit auch die seine war unvermeidlich geworden. Er schrieb die erste Fassung seiner „Ärztlichen Seelsorge"; es war ihm eine große Genugtuung, daß er damit viele Gedanken, die ihn jahrelang bewegt hatten, die Grundstruktur seiner Lehre, niedergelegt hatte.

Und als es dann soweit war und er über Theresienstadt nach Auschwitz gebracht wurde, war das Manuskript in sein Mantelfutter eingenäht. Aber Häftlinge brauchten keine Mäntel mehr; er mußte alles abgeben, mit seinen letzten Habseligkeiten auch diesen Mantel mit dem Manuskript. Unter den qualvollsten äußeren Bedingungen im Lager hat er dann die Möglichkeit gefunden, seine als menschliches Urvermögen bezeichneten Kräfte der Selbsttranszendenz und Selbstdistanzierung zu verifizieren. Sie ermöglichten ihm die „Einkehr in ein Reich geistiger Freiheit und inneren Reichtums" und damit das Weiter- und Überleben.

Die erste Station war also Theresienstadt. Dort stirbt sein Vater, und dort verabschiedet er sich von seiner Mutter. Als er nach Auschwitz transportiert wird, blickt er auf der berüchtigten Rampe, wo die Selektionen stattfanden, dem SS-Arzt Dr. Mengele in die Augen – und wird von ihm nach rechts geschickt, nach links ging es direkt in die Gaskammern. Er überlebt Mutter und Bruder, die in Auschwitz umkommen. An einem nebligen Tag des Herbstes 1944 bringt ein Güterzug Frankl mit 2000 Leidensgenossen in ein Außenlager von Dachau, nach Kaufering. Nur etwa zwanzig Kilometer von Kaufering entfernt liegt Türkheim, die letzte Station seines Leidensweges. Dort hat Frankl seinen vierzigsten Geburtstag erlebt. Er wog nicht einmal mehr vierzig Kilo. Hunger, Flecktyphus und Zwangsarbeit hatten ihn gezeichnet. Und doch harrte er bis zu seiner Befreiung durch die Amerikaner als Arzt in einer Fleckfieberbaracke aus, in die er sich freiwillig gemeldet hatte.

Dann kehrte er nach Wien zurück, getragen von dem Gefühl, „nach all dem Erlittenen nichts mehr fürchten zu müssen, außer seinen Gott", wie er es in seinem Buch „Trotzdem Ja zum Leben sagen" als Schlußwort formuliert.[4] So hat er seine Lehre unter den grauenhaften Bedingungen des Lagers gelebt, weil er überleben wollte. Aber überleben kann nur, wer um einen Sinn weiß, den er in Zukunft zu verwirklichen und zu erfüllen hat.

Trotz des Todes seiner Familie – auch Tilly, seine junge Frau, kehrt nicht zurück – arbeitet Viktor Frankl in diesen Nachkriegsjahren wie ein Besessener. Er hält Vorträge und Vorlesungen und schreibt Bücher. Über seine Arbeitsweise sagt er: „Tatsächlich war ich immer um möglichst klare Formulierungen bemüht, an denen ich herumfeilte, bis sie wie Kristalle geschliffen waren, bis sie transparent waren auf eine hinter ihnen aufleuchtende Wahrheit hin, deren Aufleuchten zunächst einmal mich selbst geschmerzt und geblendet hatte. In meinem Buch vom Unbedingten Menschen gibt es einen Satz, zu dessen Formulierung ich sage und schreibe drei Stunden brauchte, und eine Seite, von deren Text ich erst die zehnte Fassung beibehielt. Ich bekenne mich zu einem Perfektionismus wie dem von Saint Exupéry, der einmal sagte: die Vollkommenheit besteht nicht darin, daß man nichts mehr hinzufügen kann, sondern darin, daß man nichts mehr auslassen kann".[5]

Ich habe einmal Viktor Frankl zu einer Vorlesung begleitet. Nur wenige Schritte von seiner Wohnung in der Mariannengasse entfernt, im Klinikviertel der Stadt Wien, liegt die Poliklinik, an der er fünfundzwanzig Jahre Chef der Neurologischen Abteilung war, und in deren schönem Hörsaal er Jahrzehnte hindurch seine Vorlesungen als Professor für Neurologie und Psychiatrie hielt. Der Hörsaal war voller junger Studenten. Diejenigen, die keinen Platz mehr gefunden hatten, saßen auf den Stiegen. Frankl wird begeistert begrüßt. Eine ähnliche Begeisterung habe ich dann in San Diego erlebt, wo an der United States International University 1970 die erste Professur für Logotherapie errichtet und mit ihm als Ordinarius besetzt wird. Die Liste der Universitäten, an denen Frankl seine Vorlesungen hält, ist lang. Ich möchte neben Wien nur die berühmten Eliteuniversitäten von Harvard und Stanford in den USA nennen. Als Krönung seines Lebenswerks nannte Frankl früher einmal die Gründung des Instituts für Logotherapie in San Diego und das Centro Psicologico Vittorio Frankl an der Universität in Messina. Heute existieren bereits in allen Erdteilen Logotherapie-Institute, Frankl-Foundations, Frankl-Zentren und die Logotherapie-Gesellschaften.

Warum drängen sich die Menschen zu seinen Vorträgen, warum lesen Millionen auf der ganzen Welt, in viele Sprachen übersetzt, seine Bücher? Es muß doch stimmen, daß der Mensch ständig auf der Suche nach Sinn ist. Auch wenn dieser Wille zum Sinn nur in seiner Umkehrung, in seiner Negation, nämlich in der Frustration manifest wird. Wenn nun die Suche nach dem Sinn des Lebens einen Sinn haben soll, dann muß es ihn geben. Frankl zitiert aus dem Roman „Der veruntreute Himmel" von Franz Werfel, daß Durst der sicherste Beweis ist für die Existenz von so etwas wie Wasser. Wenn Durst beweist, daß es Wasser gibt, so beweist analog die Dringlichkeit, im Leben einen Sinn zu finden, ja ohne diesen Sinn gar nicht leben zu können, daß es ihn gibt. Und das ist gut zu wissen.

Als ich in einem Krankenhaus half, begegnete ich einmal einer Selbstmörderin, die nach dem sechsten Tötungsversuch immer nur wiederholte, daß ihr Leben sinnlos sei und daß sie auch nicht bereit sei, einen Sinn für ihr Weiterleben zu suchen. Sie hatte nie die Sinnwahrnehmung, die es ihr gestattet hätte, eine der vielen Möglichkeiten auf dem großen Hintergrund der Wirklichkeit für sich zu finden. Wer nie mit der Logotherapie zu tun hatte, könnte jetzt denken, daß hier der Therapeut ansetzen müßte. Nein, der Therapeut kann nicht den Sinn für seine Patienten finden oder ihn gar erfinden. Er kann nur den Horizont des Patienten aufhellen und sein Gesichtsfeld für Sinn und Werte erweitern. Sinn jedoch liegt für jeden Menschen individuell in seinem einmaligen unwiederholbaren Eigenbereich. Wie kann man nun aber den Sinn für sein Leben finden, wenn einem nicht einmal der Therapeut dabei helfen kann? Jeder Mensch hat als höchste Instanz in sich sein tief verwurzeltes Gewissen, quasi als Suchorgan, das ihm hilft, den besonderen Sinn seines Lebens zu finden. Sinnfindung kann in der Liebe zu einem anderen Wesen liegen, das Glück und Erfüllung bedeutet. Es kann aber auch in einer Aufgabe, in einer Arbeit oder in einer Tat gefunden werden. Und auch im Erleben, dadurch daß wir etwas aus der Welt in uns aufnehmen, aus der Natur, aus der Kultur, erfüllen wir uns selbst und erfüllen damit den Sinn unseres Lebens. Und Leben ist sinnvoll bis zum letzten Herzschlag am letzten Tag, trotz der kleinen Nadelstiche des Alltags, trotz Leiden, ja gerade durch das Leiden.

1950 unternimmt Frankl, wie er es bescheiden nennt, den Versuch einer Pathodizee mit dem Buch „Homo Patiens". Viele Leidende erfahren damit Trost. Wenn wir die Ursache eines Leidens beheben oder beseitigen können, ist es das einzig Sinnvolle, dies zu tun. Frankl beschreibt die Unterscheidung zwischen Leiden als schicksalhafter Notwendigkeit und unnötiger Last mit einer Annonce, die er einem deutschsprachigen amerikanischen Blatt entnommen hat: „Was der Himmel Dir beschieden, trage mit Geduld hienieden, doch bei Wanzen greife ein, rufe gleich den Rosenstein!"[6] (Denn dieser war Inhaber einer Ungeziefervertilgungsfirma.)

Sicher können wir gegen ein unabänderliches, unausweichliches Schicksal nicht angehen. Dann aber kommt es darauf an, wie wir uns gegenüber dieser Situation einstellen und wie wir bereit sind, unser Schicksal, unser Dasein auch zu erleiden, wissend, daß auch in dem Unfaßbaren Sinn liegt. Wie ernst es Frankl mit der Sinnerfüllung nimmt, geht schon aus der Benennung seiner psychotherapeutischen Schule hervor, die als charakterisierende Kennzeichnung den „Willen zum Sinn" trägt. Ich habe einmal Viktor Frankl gebeten, mir rückschauend die Quintessenz seines Lebens auf einen Satz zu reduzieren, und da antwortete er mir: „Ich habe den Sinn meines Lebens darin gesehen, anderen zu helfen, in ihrem Leben einen Sinn zu sehen!" Vielleicht hat er damit den Menschen den so heißersehnten Schlüssel zum Glück in die Hand gegeben. Nun werden die Kritiker möglicherweise sagen: muß das aber eine schöne heile Welt sein, wenn jeder Sinn findet und dann auch nur das Sinnvolle tut! Daß sie es nicht ist, wissen wir alle. Schicksal, Schuld und Tod können wir in unserer Welt nicht auslöschen. Aber Frankl stellt eine Welt vor, die von der Freiheit der Kinder Gottes lebt, denen es gegeben ist, in voller Verantwortung für sich

das zu entscheiden, was in der gemäßen Situation für sie am sinnvollsten ist
– in allem Respekt und Vertrauen vor den Mitmenschen und dem eigenen
Ich.

Frankl jedenfalls hat in Aufsätzen, in Vorträgen und Vorlesungen, Radioansprachen und Fernsehsendungen, die nicht mehr zu zählen sind, überall auf der Welt seine Lehre nicht nur in die Hände seiner Schüler gelegt, sondern auch darauf vertraut, mit seinen Worten seinen Lesern, Zuhörern und Zuschauern zu helfen. Dabei braucht er kein Manuskript, sondern er spricht, wo immer er gerade an einem Rednerpult steht, frei. Welches Glück! Ich verdächtige ihn geradezu, daß er in seiner Vitalität und geistigen Agilität gar nicht in der Lage ist, seine Gedanken mit einem vorbereiteten Manuskript (in seiner genial-kritzeligen Handschrift) im Zaum zu halten.

Ich habe Ihnen schon von der Begeisterung erzählt, die seine Worte mit sich bringen. Ich selbst war Zeuge einer „standing ovation" von viertausend Menschen, als man Viktor Frankl in San Diego mit einer Ehrenplakette auszeichnete. Er allerdings war etwas mißgelaunt, denn soviel Aufhebens um seine Person paßt ihm nicht. Dieses liebenswürdig charmante Sich-in-den-Hintergrund-drängen ist typisch für ihn. Frankl meint zwar, daß ihn diese Eigenschaft nicht auszeichnet, aber es sind zuviele Begebenheiten, die das Gegenteil beweisen. Als er einmal mit seiner Frau in Puerto Rico ankam, rasten beide die Gangway hinunter. Die anderen weniger schnellen Passagiere mußten sitzen bleiben, denn Polizei und Fernsehleute suchten die Maschine vergeblich nach zwei Passagieren Frankl ab, um sie für den arrangierten Empfang zu begrüßen und zu filmen. Aber man hatte die beiden Gesuchten längst passieren lassen. Sie sahen nicht prominent genug aus.[7]

Frankl hat ein zweites Mal geheiratet; seine Frau Eleonore Katharina ist seit mehr als vier Jahrzehnten seine Weggefährtin. Sie wohnen zusammen in einem schönen Jugendstilhaus, das etwa so alt wie Frankl selbst ist. Frau Elly erledigt einen Großteil der Korrespondenz, die von überallher eintrifft. Weltweite Begegnungen und Aktivitäten werden lebendig. Hier ist aber auch die Ruhe und die Harmonie, die er für seine Arbeit braucht.

Weltoffenheit und Geborgenheit – alles fügt sich ineinander. In Frankls Wohnung findet sich ein echter Schiele; die Sensibilität des Striches in Egon Schieles Bildern und die dekorative Verwendung seiner nervösen Farben gehören zu den Meisterwerken des Jugendstils. Auch Gustav Mahler, von 1897 bis 1907 Hofoperndirektor in Wien, trägt mit seiner Musik zu der Atmosphäre verfeinerter Kultur und anspruchsvollen Ästhetentums bei. Er ist Viktor Frankls Lieblingskomponist, so wie Schiele sein Lieblingsmaler ist.

Es ist sicher nicht übertrieben zu sagen, daß Frankl mit fast allen großen Philosophen seiner Zeit Umgang und einen regen Gedankenaustausch hatte. Martin Heidegger, Martin Buber, Ludwig Binswanger und Gabriel Marcel gehören zu ihnen, um nur einige zu nennen. In seinen Büchern finden wir eine enge Verkettung von Logotherapie mit ethischem, erkenntnistheoretischem, naturphilosophischem und metaphysischem Gedankengut. Aber die Grenzen von der Logotherapie zur Philosophie sind fließend. Scharf gezeichnet hingegen sind die Grenzen zur Religion. Der große Unterschied liegt schon in der Zielsetzung. Ziel der Religion ist das Seelenheil, Zielsetzung der Psychotherapie ist, wie Frankl es formuliert, nicht das Seelenheil, sondern seelische Heilung. Er erwähnt immer wieder, daß mit Freud die sexuelle, mit Adler die soziale, aber erst mit C. G. Jung die religiöse Dimension ihren Einzug in die Psychotherapie gehalten hat. Und er legt Wert darauf, ja er besteht sogar darauf, daß seine Logotherapie auf jeden Patienten, den religiösen ebenso wie den areligiösen, anwendbar ist und daß sie gleicherweise in den Händen jedes Arztes oder jedes Therapeuten, des religiös orientierten genauso wie des agnostischen, anwendbar bleibt.

Seine Therapie will und muß offen sein für alle, die ihrer bedürfen. Denn Religion ist Privatsache, etwas, das man nicht preisgeben und nicht Objekt werden lassen darf. Das Wesen des Menschen, des Subjekts, besteht darin, daß es sich selbst transzendierend auf das jeweilige Objekt ausrichtet. Je mehr nun ein Mensch Person ist, umso mehr besitzt er die Fähigkeit sich zu transzendieren, über sich hinauszuwachsen, indem er sich an eine andere Person oder Sache hingibt. Denn wenn ich wirklich liebe, vergesse ich mich selbst. Wenn ich bete, verliere ich mich selbst.

Frankl vergleicht den Menschen mit dem Auge. Nur ein krankes Auge sieht etwas von sich selbst, ein gesundes Auge hingegen sieht hinaus in die Welt und sieht den vollen Blickwinkel seines Wahrnehmungsfeldes. So ist es mit dem Menschen: Nur der, der sich selbst übersieht, der bereit ist, sich selbst ganz zu vergessen, kann sich verwirklichen und ganz Mensch sein. Deshalb sieht Frankl die Selbsttranszendenz als einen Grundpfeiler seiner Logotherapie. Er definiert sie so: „Menschsein heißt immer hinauslangen nach etwas, das nicht wieder es selbst ist".[8] Das bedeutet, „daß der Mensch umso menschlicher ist – daß er umso mehr er selbst ist, als er sich selbst übersieht und vergißt, sei es in der Hingabe an eine Aufgabe, an eine Sache oder an einen Partner".[9]

Nicht indem ich egoistisch nach Selbstverwirklichung trachte, sondern indem ich mich transzendiere, fällt mir die Selbstverwirklichung als eine reife Frucht in den Schoß. Ich habe mir erlaubt, hier Frankl so ausführlich zu zitieren, denn gerade in der Generation junger Frauen wird das Thema Selbstverwirklichung heute mißverstanden. Viele Ehen junger Frauen sind auseinandergegangen, und viele ungeborene Kinder haben niemals das Licht der Welt erblickt, weil die Ehefrauen oder Mütter sich „selbst ver-

wirklichen" mußten und auf Verantwortung und Pflicht verzichtet haben.
Ich muß aber noch auf das zweite Grundphänomen kommen, das das Wesen menschlicher Existenz ausmacht, nämlich die Selbstdistanzierung. Frankl hat mir einmal von einer hoffnungslosen und trostlosen Situation während seiner KZ-Haft erzählt, als er in der Morgendämmerung mit seinen Leidensgenossen über vereiste und verschneite Felder zu seinem Arbeitsplatz hinweggestolpert ist, in offenen Schuhen, und mit aufgebrochenen Wunden, denn es gab keine Fußlappen. Und da hat er zu einem Trick gegriffen: Er hat sich vorgestellt, in einem schönen, großen hellerleuchteten, warmen Saal zu sein, am Rednerpult zu stehen und zu einem interessiert zuhörenden Publikum über die Psychologie des Konzentrationslagers zu sprechen. „Dadurch", sagte er, „konnte ich mich über die Situation erheben und mich von der Situation distanzieren, indem ich sie objektiviert habe." Mit anderen Worten, er hat eine objektivierende Distanz zwischen Erlebtem und Gedachtem geschaffen. Und das hat geholfen.

Aber Selbsttranszendenz und Selbstdistanz sind nicht nur Grundphänomene der Logotherapie, sie sind auch Grundlage zweier wichtiger logotherapeutischer Techniken zur Behandlung von Neurosen. Ich meine die *paradoxe Intention*, beruhend auf der Fähigkeit zur Selbstdistanzierung (und dabei spielt der Humor eine wichtige Rolle!) und die *Dereflexion*, der die Selbsttranszendenz zugrunde liegt.

Ich weiß, Viktor Frankl würde an dieser Stelle meines Aufsatzes die Stirne runzeln und kundtun, daß er das Wort „Technik" im Zusammenhang mit logotherapeutischen Behandlungsmethoden nicht gerne hört und „Strategien" schon gar nicht. Denn die Wahl der Behandlungsmethoden beruht alleine auf zwei Faktoren: der einmalig einzigartigen Persönlichkeit des Patienten und der einmalig einzigartigen Persönlichkeit des Therapeuten. Und so gleicht kein Fall dem anderen, und kein Patient kann gleich wie ein anderer behandelt werden.

Die Methode der paradoxen Intention hat Frankl schon 1929 praktiziert und 1939 publiziert. Inzwischen hat sie nicht nur weltweite Anerkennung, sondern auch experimentelle Bestätigung hinsichtlich ihrer Effizienz gefunden. Was bedeutet nun die paradoxe Intention? Sie bedeutet, der Angst vor etwas und dann der Angst vor der Angst den Wind aus den Segeln zu nehmen, oder „der Angst in das Gesicht zu lachen", wie es Frankl auch formuliert. Und zwar, indem sich der Patient durch Selbstmanipulation das wünscht, beziehungsweise sich das vornimmt, was er bis dahin so sehr gefürchtet hat.

Die Dereflexion beruht auf der Selbsttranszendenz, also dem Über-sich-hinauswachsen und Sich-selbst-vergessen auf der Suche nach Lebenssinn und auf der heilsamen und heilenden Wirkung des Sinns.

Als letztes möchte ich noch die Frage nach dem Faszinans stellen, das von

Viktor Frankl ausgeht und wie ein Funke auf seinen Mitmenschen überspringt. Sein spontaner Witz, sein Humor, seine Gabe, mit Wort und Zeichenstift zu karikieren, sind es nicht, auch nicht sein durch und durch österreichischer Charme. Auch seine Schlagfertigkeit, mit der er Freunde und Andersdenkende verblüfft, ist es nicht, auch nicht sein scharf geschliffener Verstand, seine profunde Bildung, sein computerähnliches Gehirn, das alles registriert und behält, auch nicht seine Sensibilität, mit der er Kunst und Musik erspürt und interpretieren kann.

Was ist es also? Ich glaube, es ist das Humane in ihm: Das Humane, das es ihm ermöglicht hat, in unmenschlicher Zeit, in unmenschlichen Qualen die menschlichste aller Psychotherapien an sich selbst zu verwirklichen und unter Beweis zu stellen. Sie werden jetzt verstehen, warum es unvermeidlich war, in diesem Aufsatz der Zeit der Konzentrationslager ein solches Schwergewicht zuzudenken.

Noch eine Facette seiner Persönlichkeit, die das Gesagte beleuchten soll: Als man sich im März 1988 am Heldenplatz in Wien versammelte, um des März 1938 zu gedenken, da waren es nicht die Honoratioren, die die Aufmerksamkeit auf sich zogen, sondern Viktor Frankl, der den Kundgebungsteilnehmern zurief: „Ich bitte Sie, von mir kein Wort des Hasses zu erwarten". Das ist ganz er. Seiner inneren Güte, Anständigkeit und Ehrenhaftigkeit steht aber ein unabänderliches Wollen zur Seite, seiner Lehre, die er aus Lebenserfahrung und Geistigkeit auf die Beine gestellt hat, zum Durchbruch zu verhelfen. Und ich glaube, daß man heute sagen kann, daß ihm dies überall auf der Welt gelungen ist. Die Auflagen seiner Bücher haben Millionenhöhe erreicht. Seine 28 Bücher sind in zwanzig Sprachen erschienen, sogar in japanisch, chinesisch und koreanisch. Zahllose höchste Ehrungen, internationale Auszeichnungen, sechzehn Ehrendoktorate sind die Ernte seines wissenschaftlichen Lebens. Und so habe ich ihn nach der Bilanz seines Lebens gefragt. „Wenn jemand im Jahre 1944 auf der Bahnhofsrampe von Auschwitz gestanden ist", so sagte er, „und überlebt hat, so muß er sich jeden Tag aufs Neue fragen, ob er sich dieser Gnade auch würdig erwiesen hat. Vieles würde ich anders machen; die Frage ist nur, ob ich es auch anders machen könnte", und dann zitiert er Goethe: „Wir müssen auf das Schwarze der Scheibe zielen, wenn wir auch wissen, daß wir es nicht immer treffen können."

Frankl hat ins Schwarze getroffen. Seine Logotherapie hat längst ihren Siegeszug angetreten.

Anmerkungen

1 Hilde Spiel, Glanz und Untergang: Wien 1866–1938; München 1987, S. 79
2 Viktor Frankl, Die Sinnfrage in der Psychotherapie; München 1981, S. 144
3 Viktor Frankl, Die Sinnfrage in der Psychotherapie; München 1981, S. 150
4 Viktor Frankl, Trotzdem Ja zum Leben sagen. Ein Psychologe erlebt das KZ; München 1977, S. 148
5 Viktor Frankl, Die Sinnfrage in der Psychotherapie; München 1981, S. 166
6 Viktor Frankl, Homo Patiens. Versuch einer Pathodizee; Wien 1950, S. 74
7 Viktor Frankl, Die Sinnfrage in der Psychotherapie; München 1981, S. 168 (sinngemäß zitiert)
8 Viktor Frankl, Die Sinnfrage in der Psychotherapie; München 1981, S. 160
9 Viktor Frankl, Der Mensch vor der Frage nach dem Sinn; München 1982, S. 87

Mit einer Sinnlehre gegen die Sinnleere

Logotherapie in der Lebensberatung

> Noch die kleinste Pfütze spiegelt den Himmel.
> (Litauischer Spruch)

Im allgemeinen denken wir über die Sinnhaftigkeit unseres Lebens nicht nach, sie steht irgendwie selbstverständlich im Hintergrund unseres Fühlens und Denkens, sie ist der unsichtbare aber feste Untergrund, der unser tägliches Mühen und Streben trägt. Leider kann es mitunter vorkommen, daß dieser Sinn-Hintergrund und Sinn-Untergrund außerordentlich unsichtbar wird, daß er uns gleichsam entgleitet. Dann schieben sich andere, weniger tragfähige Schichten dazwischen: das Streben nach Macht, nach Prestige, nach Lust, nach Geld, nach Gewinn... und verführen uns zu „sinnwidrigen" Aktionen, zum Hetzen und Jagen, zum Zwingen auf Biegen und Brechen und sehr oft zum Versagen. Auch kann es vorkommen, daß sich „nichts" dazwischenschiebt, nämlich *das Nichts*, ein inneres Müdesein, Leersein, Abgestumpftsein, ein Nicht-mehr-weiter-Wollen, ein Fliehen vor sich und der Welt. Das eine wie das andere erzeugt ein furchtbares Leiden: das Leiden am sinnlosen Leben[*]. Wir gehen gewiß nicht fehl in der Annahme, daß es kein größeres Leiden für menschliche Wesen gibt als dies. Denn Schmerz, Verlust, Trauer – das alles läßt sich noch ertragen, wenn wenigstens ein Hauch von Sinn darin gesehen werden kann; doch umgekehrt ist das bequemste und angenehmste Leben nicht auszuhalten, wenn es im Prinzip als überflüssig und sinnlos eingeschätzt wird.

Deshalb hat sich die von Viktor E. Frankl begründete Logotherapie das Ziel gesetzt, dem Menschen bei seiner Sinnsuche beizustehen, das heißt, ihn den Sinn-Hintergrund wieder erfahrbar werden zu lassen, vor dem sich sein Denken und Fühlen abspielt, und ihm den Sinn-Untergrund ins Bewußtsein zu rufen, auf dem seine ureigentlichste Motivation ruht.

Es wäre allerdings ein grobes Mißverständnis zu meinen, irgendein Berater oder Helfer – und sei er ein Logotherapeut – könne einem anderen

---

[*] Anspielung auf den gleichnamigen Buchtitel von Viktor E. Frankl (Herderbücherei-Band Nr. 615)

Menschen vorschreiben, was für denjenigen Sinn hat. Es wäre sogar ein doppeltes Mißverständnis, denn weder kann ein Außenstehender definieren, was für einen bestimmten Menschen in einer bestimmten Lebenssituation sinnvoll ist, noch kann sich der Mensch selber, der in jener Lebenssituation steht, rein willkürlich, sozusagen nach Lust und Laune aussuchen, was gerade sinnvoll ist. Sinn kann ausschließlich gefunden werden, wie eine Blume, die am Wegrand gefunden wird, aber eben nur dann, wenn man Wege einschlägt, die durch blumiges Gelände führen – wer in Betonwüsten umherirrt, wird keine Blume sehen. Das Gleichnis besagt, daß nur derjenige Sinn findet, der nach Sinnmöglichkeiten Ausschau hält; und dabei, einzig beim *Akt des Ausschauhaltens*, kann ihm ein Berater, Therapeut oder auch ein guter Freund Beistand leisten. So wenig es folglich legitim ist, einem anderen Menschen vorzureden, was für diesen sinnvoll wäre, so sehr ist es legitim, dem anderen Sinnmöglichkeiten seiner Existenz aufzuzeigen und ihm dadurch den Weg zu den blumigen Gründen zu weisen, in denen er jederzeit und immer wieder die Chance hat, *seine* Blume zu finden.

Sehen wir uns dies an einem Beispiel an. Eine Frau kam recht verzweifelt zu mir und weinte soviel, daß sie kaum sprechen konnte. Ihren Wortfetzen entnahm ich, daß ihr Mann vor wenigen Monaten verstorben war, und ihr fast erwachsener, aber in der Entwicklung etwas zurückgebliebener Sohn vor wenigen Wochen beim Aufspringen auf einen fahrenden Zug abgerutscht und mit einem Bein unter die Räder gekommen war. Das Bein hatte ihm abgenommen werden müssen. Die Frau klagte darüber, daß sie vom Schicksal derart geschlagen worden war. „Womit habe ich das verdient!" rief sie unter Tränen aus.

Diese Frage aber lief in die falsche Richtung, sie war buchstäblich der Gang in die Betonwüste, in der nichts wächst. Denn, nicht ob man etwas verdient hat, sondern ob man sich selber ein persönliches Verdienst erwirbt, darauf kommt es im Leben an, oder mit anderen Worten: Nicht *daß* ich etwas gefragt werde, vom Schicksal gefragt werde, sondern *wie* ich es beantworte, beantworte durch meine Einstellung zum Schicksal, ist entscheidend. Welches Verdienst konnte sich die Frau angesichts der erlittenen Verluste erwerben, welche sinnvolle Antwort konnte sie auf das leidvolle Schicksal geben? Wir machten uns gemeinsam auf die Suche nach den blumigen Gründen.

Da war ihr Sohn, ein Kind, das immer Schwierigkeiten gemacht hatte, wie die Mutter bruchstückhaft berichtete. Ob sie ihn trotzdem lieb habe? Ach ja, schon, dennoch habe sie es ihn nie fühlen lassen. Inwiefern fühlen lassen? Nun, sie habe ihn nie in die Arme genommen, an sich gedrückt und dergleichen mehr, immer war eine Sperre dagewesen. Sie habe sich wohl geschämt für ihren Sohn, der so spät erst laufen und sprechen gelernt hatte und ewig lang mit dem Sauberwerden gebraucht hatte. Ob sich der Vater auch seiner geschämt habe? Ein neuer Tränenfluß. Nein, ihr Mann habe gut mit dem Jungen umgehen können, habe halt auf einfachem Niveau Spiele mit ihm gespielt. „Dann hat Ihr Sohn fast gleichzeitig ein Bein und denjenigen Elternteil verloren, der ihn Liebe und Angenommensein fühlen hat lassen?" rekapitulierte ich das Gehörte, und siehe, plötzlich versiegte der Tränenstrom der Frau. „Ja", sagte sie, und es ging wie eine Erleuchtung über ihr Gesicht, „der Junge ist fast noch mehr zu bedauern als ich, denn ich habe wenigstens meinen Verstand und gesunde Glieder." „Und noch etwas haben Sie", ergänzte ich ihre Aufzählung, „eine leise Zuneigung, die noch nie zutage getreten ist, weil sie stets unter einer unglücklichen Scham verborgen gewesen war..."

Eine Weile war es still, und niemand störte die Frau, die in Gedanken und mit ihrem Herzen über die blumige Wiese schritt. Dann pflückte sie ihre Blume. „Ich glaube fast, es ist an der Zeit, daß ich meine innere Sperre überwinde und mich bewußt meinem Sohn zuwende. Bislang war ich verärgert über den Blödsinn, den er wieder gemacht hat, und dachte sogar schon, es geschieht ihm ganz recht, wenn er mit einem künstlichen Bein herumhumpeln muß, aber –" Nach einem kurzen Stocken fuhr sie fort: „Jetzt, da er keinen Vater mehr hat, der ihn trösten würde, und auch sonst niemanden..."

Noch einmal sah es so aus, als ob Tränen kommen wollten, aber es geschah nichts dergleichen. Das einzige, was geschah, war, daß diese Frau noch am selben Abend ihren großen Jungen in die Arme nahm, zum ersten Mal in ihrem und seinem Leben.

Kehren wir damit zu dem Mißverständnis zurück, welches besagt, ein Therapeut könne einem Patienten offenbaren, was in dessen Situation das Sinnvollste sei. Tatsächlich gilt folgendes: Ein Patient und auch jeder gesunde Mensch kann *allein* herausfinden, was in seiner Situation sinnvoll ist. Oder er kann es mit Hilfe eines Therapeuten herausfinden. Aber der Therapeut kann *nicht allein* feststellen, was in der Situation seines Patienten sinnvoll ist. Er kann es nur gemeinsam mit dem Patienten herausfinden. Was der Therapeut allein feststellen kann, ist lediglich dasjenige, was in seiner *eigenen* Situation das Sinnvollste ist. Das heißt, jeder steht in seinem eigenen Dialog mit den Sinnansprüchen des Lebens, jedem kehrt sich etwas anderes zu, jedem blühen andere Blumen auf seinen Wegen. Die Hilfe, die möglich ist, ist eine wegweisende, aber keine, die künstliche Blumen verteilt.

Im Lichte dieser Erkenntnis erhält ein spezielles Problem, das wir in der Psychotherapie sehr wohl kennen, eine neue Dimension. Und zwar geht es um jene übermäßig kritischen Menschen, die nahezu an allem und jedem etwas auszusetzen haben, die ständig am Klagen und Sichbeschweren sind. Kritikfähigkeit ist im Prinzip gut, aber wenn sie ausartet zur Kritiksucht, blockiert sie jegliche Kreativität, die fremde genauso wie die eigene, denn schließlich und endlich kann man nicht gnadenlos sein und selber auf Milde hoffen.

Ich erinnere mich an eine gelernte Fotografin, die ich in Beratung hatte und die an fast allen Ansichtskarten in den Geschäften und an den Exponaten in Fotoausstellungen, welche sie hie und da besuchte, etwas zu beanstanden hatte; keine Aufnahme war ihrer Meinung nach technisch und künstlerisch einwandfrei. Auf meine Frage, ob sie denn ihrerseits einmal Fotos für eine Ausstellung einreichen könnte, antwortete sie ausweichend, sie habe nicht das geeignete Material dafür und außerdem zu wenig Zeit, sich einem solchen Projekt zu widmen. Es lag auf der Hand, daß es eben sehr viel leichter ist, die Arbeiten anderer Leute zu kritisieren, als selber perfekte Arbeiten zu liefern, und daß jemand, der an nichts ein gutes Haar läßt, in das Dilemma gerät, daß auch er die Vollkommenheit nicht für sich gepachtet hat, was seine kritische Position gegen ihn selbst wendet.

Ein ähnliches Beispiel für dieses Dilemma war eine andere Patientin von mir, die eisern darüber zu wachen pflegte, daß vor jedem Imbiß gebetet wurde, und zwar von allen Personen, die mit ihr zu Tische saßen. Als sie eines Tages eine recht unangenehme Nachricht von ihrer im Ausland lebenden Nichte erhielt, verfluchte sie diese spontan, was für einen Menschen, der ständig intensiv darauf bedacht ist, seinen Schöpfer zu ehren und zu preisen, nicht gerade die passendste Reaktion ist.

Besonders kritische Menschen bringen also oft selber nicht, was sie in ihrem Perfektionsstreben von anderen verlangen, und wenn sie erst einmal anfangen, die anderen global zu verurteilen, sei es in Form der heutigen Gesellschaft, der heutigen Zeit, der heutigen Jugend usw., dann bringen sie alsbald überhaupt mehr an Konstruktivem und Kreativem mit ein, sondern beschränken sich auf die Kundgabe ihrer Entrüstung und Resignation, womit dem Heute am allerwenigsten gedient ist.

In solchen Fällen benütze ich gern das Gleichnis von der Post. Ich sage den Patienten, sie mögen sich vorstellen, daß jede Information, von der sie Kenntnis erhalten, wie ein Brief auf einem großen, breiten Fließband liegt, das an ihnen und an uns allen vorüberzieht. Unzählige solche Briefe liegen da und gleiten Tag für Tag an uns vorüber. Wir erfahren einiges, was sich in der Politik, in der Wissenschaft, in der Natur ereignet, wir erfahren, was es in unserer Gegend Neues gibt, wir hören dies und das im Kollegenkreis, wir erleben etwas innerhalb unserer Familie. Manche der Briefe, sprich Informationen, sind an uns *persönlich* adressiert, andere nicht. Diejenigen, die an uns persönlich adressiert sind, rufen uns zu etwas auf, sprechen uns auf uns selbst und unser Handeln an. Diese Briefe sollen von uns geöffnet, ihre Botschaft soll überdacht und bestmöglichst beantwortet werden. Die übrigen Briefe aber, die *nicht* an uns persönlich adressiert sind, sollen am

Fließband belassen werden, auf daß sie weitergleiten, denen zu, an die sie adressiert sind.

Damit will ich den Patienten nahelegen, weder Briefe an sich zu reißen, die nicht für sie „gemeint" waren, noch Briefe liegen zu lassen, die für sie „gemeint" waren. Was in Bezug auf die Fotografin bedeutet hätte, die Information, daß die eine oder andere irgendwo ausgestellte Fotografie nicht ganz geglückt ist, liegenzulassen, dafür aber die Information, daß sie selbst ein feines Gespür für Fotos hat, aufzugreifen und das Ihrige an geglückten Aufnahmen beizusteuern. Oder was für die zweite Dame, die ich erwähnt habe, bedeutet hätte, die Information, daß nicht jeder gleich ihr vor dem Essen beten möchte, auf dem Fließband liegen zu lassen, aber die Information über das Problem mit ihrer Nichte aufzugreifen und in Güte zu lösen.

Woran jedoch erkennen wir, was an uns persönlich adressiert ist? Nun, wir erkennen es daran, daß alle Briefe, die uns gelten, etwas zum Thema haben, das in unserem Gestaltungsfreiraum liegt. Es sind Informationen, auf Veranlassung derer wir etwas bildnerisch gestalten und umgestalten können, und sei es als Bildner unserer selbst. Es sind nicht Informationen darüber, was ein anderer Mensch eigentlich bedenken müßte und erledigen sollte, ein anderer, auf den wir keinen Einfluß haben, sondern es sind immer Informationen, die mit unseren eigenen Möglichkeiten zu tun haben. Unzählig viele Ereignisse fließen gleichzeitig durch die Welt – das große Kunststück aber ist und bleibt es, zu erkennen, welche von ihnen uns persönlich auffordern, positiv verändernd zu wirken oder positiv uns verändernd sie anzunehmen, und welche im Grunde nichts besagen, so dramatisch sie sein mögen, weil das, was sie zu sagen haben, nicht *uns* gesagt wird.

Aus dieser Sicht können wir auch das erste Fallbeispiel von der Mutter des behinderten Jungen, das ich kurz umrissen habe, noch einmal rückwirkend interpretieren. Der Verlust eines Beines als Ergebnis einer groben Unvorsichtigkeit war gewiß ein Ereignis, das in erster Linie nicht an die Mutter, sondern an den Sohn adressiert gewesen war, der vielleicht daraus lernen sollte, in seinem künftigen Leben vorsichtiger zu sein. Das ungefähre Zusammenfallen dieses Ereignisses allerdings mit dem Tod des Vaters, der bis dahin einzig zugewandten Bezugsperson des Jungen, war eine Sache, die eindeutig in Richtung auf die Mutter wies, ein Brief an sie, in dem die Frage geschrieben stand, ob es von ihr nicht etwas nachzuholen gäbe, etwas, das für den Sohn in seiner gegenwärtigen Not von entscheidender Wichtigkeit sein mochte. Wie berichtet, hat die Mutter zwar anfänglich den falschen Brief vom Fließband gehoben, dann aber doch den richtigen Brief gelesen und beantwortet.

Wie sprach doch bereits Franz von Assisi vor fast 800 Jahren die weisen Worte: „Ach Herr, laß du mich trachten: Nicht, daß ich getröstet werde, sondern daß ich andere tröste. Nicht, daß ich verstanden werde, sondern daß ich andere verstehe. Nicht, daß ich geliebt werde, sondern daß ich andere liebe . . ." Im Gleichnis könnten wir hinzufügen: „Nicht daß mir bloß angenehme und erfreuliche Informationen auf dem Fließband des Lebens präsentiert werden, sondern daß ich den Sinn derjenigen Informationen, die für mich ‚gemeint' sind, begreife und erfülle."

Bei meinen bisherigen Ausführungen habe ich den Sinnbegriff in seiner logotherapeutischen Fassung verwendet. Daß dies, was das Verständnis des Menschen in der Psychologie und Psychotherapie anbelangt, eine Neufassung ist, mag ein kleiner historischer Streifzug erläutern, wobei wir drei Etappen in der Entwicklung des Sinnbegriffs unterscheiden können, die selbst heute noch im Gebrauch nebeneinander stehen.

Die früheste Etappe, die von der Tiefenpsychologie eingeleitet wurde, zentrierte sich um den Sinn eines Symptoms, einer Krankheit, einer Abnormität, eines Alptraums etc. – einen Sinn, der darin liege, auf Herkunft und Verursachung der genannten Mißlichkeiten aufmerksam zu machen. In diesem Denkschema bedeuten die Versagungen, Ängste und Leiden eines Menschen übersetzt, daß etwas Seelisches in ihm schlummert, ein seelischer Block an Verletztheit, der noch der Nachbearbeitung und Aufarbeitung harrt, oder ein verdrängtes Triebgelüste, das seiner mehr oder weniger kanalisierten Ausagierung bedarf, worüber ein Therapeut seinen Patienten fortschreitend aufzuklären hat. Es fällt dabei kaum die Vokabel „Sinn", aber wenn, dann geht es ausschließlich um die Erhellung eines Negativums, das vermuteterweise hinter einer Krankheit steht, um die Erhellung eines Lebenstraumas, das Krankheit nach sich gezogen haben soll.

Wieviel Vermutung und wie wenig sichere Diagnostik dabei im Spiel ist, wird uns, die wir vom Fach sind, zunehmend klar. Denn selbst wenn ich ein Trauma bei einem Patienten aufgedeckt habe – und bei jedem beliebigen Menschen lassen sich dergleichen seelische Verwundungen und Vernarbungen nachweisen –, wenn ich also ein Trauma bei jemandem aufgedeckt habe, dann weiß ich in Wirklichkeit noch lange nicht Bescheid. Ich weiß nicht, ob er wegen dieses Traumas krank geworden, oder trotz dieses Traumas gesund geblieben ist und vielleicht später aus einem ganz anderen Grunde erkrankt ist. Ich weiß nicht, ob er an seinem seelischen Kummer innerlich gewachsen und stark geworden ist, oder ob jener Kummer noch in seiner Seele brennt und dort Unruhe stiftet. Ich weiß nicht, ob das Trauma verdrängt oder längst bewältigt und ad acta gelegt wurde. Ich kann über Querverbindungen zum gegenwärtigen Zustandsbild bei diesem Menschen spekulieren, aber genaugenommen weiß ich nichts. Heute wird uns immer klarer: Nicht die Krankheit sagt dem Menschen etwas, sondern der Mensch sagt etwas zur Krankheit! Und er sagt auch etwas zur Gesundheit! Er ist derjenige, der die Weichen stellt. Was auch an schicksalhaften Vorgaben ihm zur Verfügung steht, die Lebensereignisse in seiner Kindheit und Vergangenheit stellen die Weichen nicht, jedenfalls bei weitem nicht in derart prägendem Umfang, wie lange Zeit geglaubt.

Erst jüngst wiederum hat eine wissenschaftliche Untersuchung von Cecile Ernst an einer Reihe von Erwachsenen, die als Kinder die ersten Lebensjahre in Heimen hatten verbringen müssen und ohne leibliche Mutter aufgewachsen waren, erbracht, daß (ich zitiere wortwörtlich) „entgegen der tiefenpsychologischen Sichtweise die Zahl von neurotischen und antisozialen Verhaltensauffälligkeiten in der Risikogruppe nicht erhöht war". Die Untersuchung fand im Rahmen der Psychiatrischen Universitätsklinik Zürich statt und kam zu dem Ergebnis, daß „nicht einmal die Vermutung, daß die frühkindliche Entbehrung ihre Opfer zu unfähigen Ehepartnern und Eltern mache, in den Daten Bestätigung findet". Soviel zur ersten Etappe in der Psychologie, in der der Sinn aufgefaßt wurde als etwas, das hinter Krankheit und Abwegigkeit ursächlich verborgen sein soll.

In der zweiten Etappe wurde der Sinnbegriff viel weiter gefaßt. Man rückte ab vom naturalistischen Krankheitsmodell und entwickelte das humanistische Persönlichkeitsmodell, demzufolge das Selbst seinen Sinn in sich trägt, bzw. der Sinn des Selbst in dessen Verwirklichung zu sehen ist. Hier ging es also nicht mehr um den vermuteten Sinn einer Krankheit und ihre Rückführung auf Psychisches, sondern um den inwendigen Sinn eines Subjekts und seine Entfaltung zum Individuum.

Praktisch dargelegt hat uns dieses Modell Carl Rogers in seinem klientenzentrierten Psychotherapieansatz, in dem er davon ausgeht, daß eine entspannte und einfühlsame Atmosphäre zwischen Patient und Therapeut allein schon genügt, um den Patienten Einsichten in sein individuelles Selbst gewinnen und ihn zu den Lösungen seiner Probleme vorstoßen zu lassen. Ob dies wirklich genügt, ob das Vertrauen eines Gegenübers in der therapeutischen Begegnung die stärkste Kraft zur Veränderung ist, darüber haben Carl Rogers und Martin Buber im Jahre 1957 ein aufschlußreiches Gespräch geführt. Martin Buber machte bei diesem Gespräch folgende Aussage: „Was er (der Patient) braucht, ist ein Mensch, dem er nicht nur vertrauen kann, wie ein Mensch dem anderen vertraut, sondern auch ein Mensch, der ihm Sicherheit gibt, daß es einen Boden, eine Existenz gibt; daß die Welt nicht verdammt ist zur Entbehrung, zur Zerstörung, zur Entartung; daß die Welt erlöst werden kann; daß er erlöst werden kann, weil es dieses Vertrauen gibt."

Mit diesen Worten wurde die zweite Etappe im psychologischen Sinnverständnis überschritten, wie es Viktor E. Frankl Jahre zuvor getan hatte.

Jetzt ist Sinn nicht mehr der anthropozentrische Sinn, den ein Subjekt in sich birgt, sondern der theozentrische Sinn, der die Welt bergend umschließt, der Sinn des Ganzen, dem sich das Subjekt lebend und sich entfaltend zuneigt, der Boden der Existenz, auf dem sich menschliche Existenz vollzieht. Oder in schlichten Worten: dasjenige, *auf das hin*gelebt wird, *für das* gelebt, wird, *für das* notfalls auch Kindheitstraumen und seelische Barrieren übersprungen werden, weil es den „Sprung über den eigenen Schatten" eben wert ist.

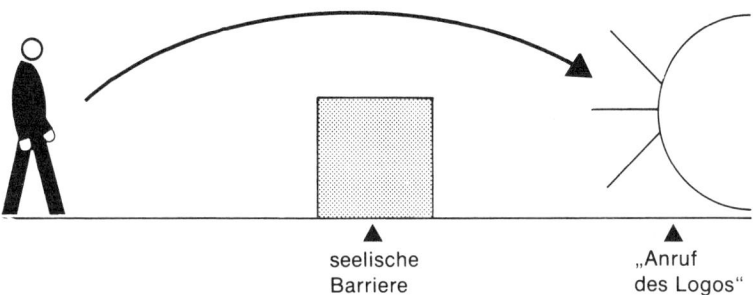

▲ seelische Barriere   ▲ „Anruf des Logos"

Bei entsprechender Wahrnehmung eines „Sinn-Anrufs" springt der Mensch über seine seelische Barrieren. Die Logotherapie versucht deshalb, neben dem Abbau von seelischen Barrieren die Empfänglichkeit für den „Sinn-Anruf" zu stärken.

Wir erkennen somit einen gewaltigen Wandel im Sinnbegriff seitens der psychologischen Fachdisziplinen der Gegenwart. Den Wandel von einem „Sinn", der als verursachendes Negativum *hinter* einer Krankheit steht, über einen „Sinn", der *im* gesunden oder kranken Subjekt selbst liegt, bis hin zum „Sinn", der als heilendes Positivum *vor* einem gesunden oder kranken Subjekt steht, *vor* dem suchenden Auge des Menschen, das ausgerichtet ist auf die Sinn- und Wertfülle der Welt. Der letztere Sinnbegriff ist der logotherapeutische, womit ich bei meinen Ausgangsüberlegungen anknüpfen möchte.

Man erinnere sich, daß ich sagte, es sei legitim, einem anderen Menschen Sinnmöglichkeiten seiner Existenz aufzuzeigen und ihm dadurch den Weg zu den blumigen Gründen zu weisen. Mit dem Buber-Wort, das da lautet: „Er (der Patient) braucht einen Menschen, der ihm Sicherheit gibt, daß es einen Boden, eine Existenz gibt..." haben wir noch ein weiteres dazugelernt. Nicht nur ist es *legitim*, einem anderen Menschen Sinnmöglichkeiten seiner Existenz aufzuzeigen, es ist sogar *obligat*, ihm die Sicherheit zu vermitteln, daß es solche Sinnmöglichkeiten seiner Existenz gibt, und zwar in jedem Falle, ungeachtet seiner Lebensvergangenheit und ungeachtet seiner voraussichtlichen Lebenszukunft. Und hätte er nur mehr 5 Minuten

Lebenszeit, so gäbe es eine Möglichkeit, diese 5 Minuten sinnvoll zu nutzen, sinnvoll zu durchleben, ja vielleicht in diesen 5 Minuten ein fehlgelaufenes Leben rückwirkend mit Sinn zu durchfluten. Es ist obligat in unserem Beruf, der mit verzweifelten und notleidenden Menschen zu tun hat, diese Sicherheit zu vermitteln, die Sicherheit, daß die blumigen Gründe nicht unauffindbar sind, daß sie aus der Mitte der Betonwüste heraus noch erreichbar sind, für den, der sich auf den Weg macht, daß ein ernstgemeinter Gedanke genügt, um einen hinzutragen, und ein Funke Liebe genügt, um die Blume zu erschauen, die dem Augenblick erblüht. Wenn wir Berater diese Sicherheit nicht auszustrahlen vermögen, dann wäre es besser, wir würden aufhören zu beraten.

Auch dazu ein Fallbeispiel aus meiner Praxis. Ein Krankenpfleger kam aus einer fernen Stadt angereist, um mich zu konsultieren. Er litt an Depressionen und Todesvisionen. Tagsüber absolvierte er lustlos und übellaunig seinen Pflegedienst, nachts hielt er in seinen Träumen die Handgelenke in die Verbandsabschneidemaschine oder quälte sich mit sonstigen vorgestellten Torturen herum. Er war längere Zeit stationär mit Antidepressiva ohne nennenswerte Besserung behandelt worden.

„Sie haben einen schönen Beruf – oder mögen Sie ihn nicht?" eröffnete ich unser Zwiegespräch und traf mitten ins Schwarze.

„Oh ja, einen idealen Beruf!" antwortete er zynisch. „Zehn Wochen habe ich soeben eine Frau mit einem Blasentumor gepflegt, und heute nach der Vormittagsbrotzeit habe ich ihre Leiche hinausgekarrt. Jetzt liegt sie in der Tiefkühltruhe. Können Sie mir sagen, wozu ich sie zehn Wochen lang gepflegt habe?"

„Ja", erwiderte ich ruhig, „Sie haben mitgeholfen, daß noch all das in diesem Menschenleben stattfinden konnte, wofür es zehn Wochen lang aufgehoben werden sollte." Der Patient starrte mich konsterniert an. „Das kann doch nicht Ihr Ernst sein!" schrie es aus ihm heraus. „Wofür soll *die* aufgehoben worden sein? Die hat elendiglich gelitten, sonst nichts. Ich verrate Ihnen was: Bei meinem Job erfährt man, was der Mensch ist. Ein Haufen Elend ist er, ein Stück Dreck, ein Ausgestoßener, und am Ende ein Kadaver in der Tiefkühltruhe. Mehr ist da nicht!" „Mehr ist da nicht?" wiederholte ich leise. „Ich verstehe, daß Sie mit dieser Einstellung nicht leben können und nicht leben wollen."

Der Gedanke an seinen wiederkehrenden Traum kam mir in den Sinn, in welchem er sich seine Hände wie Verbandsstoff abschnitt, die Hände, mit denen er die Kranken auf seiner Station betreute und pflegte, die Hände, die die Verbindung zu seiner Arbeit waren. Ich beugte mich zu ihm vor. „Ob die Frau mit dem Blasentumor bei den Kontakten mit Ihnen Ihre pessimistische Grundeinstellung geahnt hat?" Der Mann wurde verlegen. „Ich hab' ihr nicht gezeigt, daß ich sie für hoffnungslos hielt. Ich hab' ihr wie üblich jeden Tag freundlich einen guten Morgen gewünscht, aber ohne daran zu glauben, daß sie noch jemals einen guten Morgen haben würde. Und schließlich, was geht es mich an? Ich habe diese Welt nicht so erschaffen, wie sie ist." „Nein?", räumte ich ein, „Sie haben nur ein ganz kleines Stück Welt für eine sterbende Frau in den vier weißen Wänden eines Krankenhauses ‚geschaffen', doch immerhin, in dieser kleinen Welt wurde jeder Tag mit einem guten Wunsch eingeweiht....". „Ich sag' doch, ich hab' nicht daran geglaubt!" rief der Mann aus und sah mich flehentlich an. „Ich bin nicht, was ich scheine, ich stehe nicht zu dem, was ich an Höflichkeitsfloskeln von mir gebe...". „Und wenn es so wäre?" hakte ich ein. „Wenn Sie keinen Ihrer Pfleglinge für hoffnungslos hielten, weil immer die Hoffnung besteht, daß sich ein Menschenleben ganz und gar erfüllt, wenn Sie jedem Ihrer Pfleglinge aufrichtig etwas Gutes wünschen würden, einen guten Morgen, einen guten Tag, mit wenig Schmerzen und einem kleinen Lichtschimmer, der manchen Schmerz ausgleicht, wenn Sie in Ihren Pfleglingen kein Stück Dreck sehen würden, keine Anwärter auf die Tiefkühltruhe, sondern Brüder und Schwestern, die für eine gewisse Zeit Ihrer Obhut anvertraut sind, bis das Leben sie zurückruft, oder ein anderes Leben –, wenn Sie nicht bloß höflich, sondern echt wären, was wäre dann?"

Der Patient dachte nach. „Dann hätten Sie recht", bekannte er, und ein verstecktes Lächeln spielte um seine Mundwinkel, „dann hätte ich einen schönen Beruf gewählt." „Und vielleicht weniger Depressionen?" fügte ich hinzu. „Und wahrscheinlich keine Depressionen", bestätigte er. „Aber der Mann, den Sie da beschreiben, der bin ich nicht." „Noch nicht", gestand ich ihm zu, „der Mann, den ich Ihnen beschrieben habe, ist der Mann, der Sie werden könnten. Und es ist der Pfleger, für den Ihre Kranken dankbar wären."

So und ähnlich haben der Patient und ich Beratungsstunde um Beratungsstunde geistig miteinander gerungen, bis er sich langsam aber stetig an meiner Sicherheit aufrichtete, an meiner Überzeugung, daß das Leben einen bedingungslosen Sinn hat und diesen unter keinen Umständen verliert. Was dabei therapeutisch wirksam wurde, das war nicht nur *mein* Mich-einfühlen-Können in seine Lage und seine emotionalen Zustände, das war auch *sein* Sich-orientieren-Können an Perspektiven, die den Logos miteinbeziehen. In einer Zeit vielfältiger emotionaler Entgleisungen und weitverbreiteter Orientierungslosigkeit wie der unsrigen ist dies kein schlechtes Verhältnis zweier eminent wichtiger Aspekte zueinander.

Fassen wir also zusammen: Der Mensch ist ein Wesen auf der Suche nach Sinn, wie Viktor E. Frankl nicht müde wird zu betonen. Der Mensch muß kraft seines Menschentums zu geistigen Höhen aufbrechen, und dabei kann ihm Richtungsweisung und Begleitung geboten werden, mehr aber auch nicht. Welche Blumen seinen Weg säumen, welche Briefe an ihn persönlich adressiert am Fließband des Weltgeschehens bereitliegen in Form konkreter Aufgaben, die ihm zufallen, das kann ein anderer nicht für ihn ausmachen, ja, das kann nicht einmal der Suchende selbst willkürlich bestimmen. Es ist wie beim Enträtseln einer Geheimschrift, wie beim Entziffern alter Hieroglyphen: entweder wir finden heraus, was mit den Zeichen gemeint ist, oder wir finden es nicht heraus. Aber wir können das Gemeinte nicht hineindeuten, wie der Forscher die Bedeutung einer Hieroglyphe nicht nach seinem Gutdünken festsetzen kann.

Die Frage nach dem Sinn ist die unausweichliche Frage nach dem objektiven Kriterium, an dem sich eine subjektive Lebenssituation bemißt – und das nicht nur beim Individuum, sondern auch im Großen; denken wir nur als Beispiel an die Fragen, die die moderne Gentechnologie aufgeworfen hat. Es sind Fragen, bei denen es nicht vorrangig um subjektive Festlegungen und zwischenmenschliche Vereinbarungen geht, sondern um das Verstehen der Zeichen, um das Erfassen des ethisch Vertretbaren. Die Fragen lauten nicht: *Wollen* wir menschliche Embryonen einfrieren, um sie bei Bedarf wieder aufzutauen? Sie lauten vielmehr: *Dürfen* wir das? *Sollen* wir das? Ist es *richtig*, dies zu tun? Ist es *sinnvoll*?

Genauso muß sich der einzelne von Zeit zu Zeit und bei gegebenem Anlaß immer wieder befragen: Ist das, was ich tue, sinnvoll? Ist es das Gedurfte, das Gesollte, das Gemeinte, das, wofür mir die Gnade des Lebendigseins geschenkt worden ist? Wenn er diese Frage an sich selbst aus der tiefsten Tiefe seines Ichs heraus bejahen kann, dann hat er seine Blume gepflückt, dann hat er die Hieroglyphe des Augenblicks enträtselt, dann kann er geistig-seelisch in sich ruhen, und wäre er physisch noch so krank.

Freilich, in gewisser Weise ist der Sinn unerschöpflich. Die gepflückten Blumen wachsen wieder nach, die Zeichen ändern sich von Augenblick zu Augenblick, das große Geheimnis werden wir nie enträtseln. Der Sinn ist unerschöpflich wie eine Quelle, die nicht ausgetrunken werden kann, ohne die jedoch Menschsein vertrocknen würde. Vergessen wir das nicht, wenn wir in beratender oder helfender Funktion mit anderen Menschen zu tun haben oder an der Schwelle einer eigenen Lebenskrise stehen: Wir sind nicht allein – da ist ein Quell, der sich anzapfen läßt – heute, morgen und an jedem Übermorgen.

Erziehung zwischen Vernachlässigung und Verwöhnung

Logotherapie in der Pädagogik

> Reich ist man nicht durch das,
> was man besitzt, sondern mehr noch
> durch das, was man mit Würde
> zu entbehren weiß. (Epiktet)

Je mehr über Erziehungsfragen gesagt und geschrieben worden ist, desto unsicherer sind Eltern und Erzieher geworden. Vor lauter guten Ratschlägen, wie man Kinder erziehen soll, Ratschlägen, die mitunter sogar einen bedrohlichen Ton annehmen, wenn es darum geht, was Eltern alles falsch machen und an seelischen Katastrophen bei ihren Kindern heraufbeschwören können, hat sich Ängstlichkeit im pädagogischen Raum ausgebreitet. Unsichere, verängstigte Pädagogen aber verlieren ihre natürliche Autorität, Autorität nämlich im besten Sinne, verstanden als die Führungs- und Vorbildqualität reifer Persönlichkeiten gegenüber weniger reifen, noch zu bildenden und noch zu wachsenden Menschen. Die Autoritätseinbuße wiederum hat dazu geführt, daß die Kinder ihren Eltern und den Lehrern mehr oder weniger auf der Nase herumtanzen, wie es der Volksmund ausdrückt, also Grenzen überschreiten, deren Überschreitung erhebliche Aggressionen auf beiden Seiten auslöst. Dies erklärt, daß es heute – nach einer Zeit der relativen Beruhigung – wieder zunehmend Mißhandlungsdelikte gibt, und zwar ebenfalls auf beiden Seiten: die Zahl der gequälten und gedemütigten Eltern steht der Zahl der geschlagenen und terrorisierten Kinder in nichts nach.

Ich selbst habe, als ich noch eine Erziehungsberatungsstelle leitete, beispielsweise erlebt, daß eine Mutter zur Beratung kam, die von der rechten Hüfte abwärts bis zu den Fußknöcheln voller Blutergüsse war, die ihr von ihrem 13jährigen Sohn zugefügt worden waren. Was war geschehen? Der Junge hatte sich einen Hund gewünscht und ihn auch bekommen mit der Auflage, daß er tagtäglich mit dem Hund spazierengehen müsse. Nachdem der Junge nach einigen Wochen sein gegebenes Versprechen nicht mehr einhielt und die Pflege des Hundes einschließlich der täglichen Spaziergänge seiner Mutter überließ, trug diese eines Vormittags den Hund in die Tierhandlung zurück. Mehr bedurfte es nicht. Als der Junge von der Schule kam und erfuhr, daß der Hund nicht mehr im Hause war, drosch er mit einer Stuhllehne auf die Mutter ein, brüllend, sie möge den Hund sofort wieder herbeischaffen. Die Mutter floh auf die Straße und wagte sich erst abends heim, wissend, daß ihr Mann dann da war. Dennoch erzählte sie ihrem Mann nichts von dem Vorfall aus Angst, er könne seinerseits vor Entsetzen über den Jungen herfallen. Am nächsten Tag, als ihr Sohn in der Schule war, kam sie schließlich zu uns.

Ich begleitete sie nach Hause, um mit dem Jungen zu sprechen, doch es wurde ein sehr schwieriges Gespräch. Es hätte vom pädagogisch-psychologischen Standpunkt aus gesehen positive Arrangements gegeben, die man in dieser Situation gemeinsam hätte treffen können. Etwa das Arrangement, daß der Junge sich verpflichtet, a) seine Mutter täglich mit heilsamen Extrakten einzureiben, und b) ihr kleinere Arbeiten abzunehmen, wofür sich die Mutter mit kleineren Geldsummen hätte revanchieren können, die, zusammengespart, später einmal dem Jungen den selbständigen Kauf eines Hundes erlaubt hätten, den er allerdings dann wirklich hätte versorgen müssen. Ferner das Arrangement, daß der Junge selber dem Vater erzählt, was geschehen ist, ihn aber gleichzeitig bittet, ihm zu verzeihen, und verspricht, daß es nicht mehr vorkommen werde. All das hätte mit viel gutem Willen und gegenseitigem Verständnis vereinbart werden können, doch der Junge wollte keine Verpflichtungen übernehmen. Er wollte die Mutter nicht einreiben, er wollte keine Arbeiten für sie tun, er wollte mit dem Vater nicht sprechen, er wollte seinen Beitrag nicht leisten. Das Ende vom Lied war, daß der Hausarzt der Familie, der die Mutter ärztlich betreute, eine Befürwortung für eine Heimeinweisung ausstellte, und der Junge extern untergebracht wurde.

Es stellt sich die Frage, was denn in der Erziehung dieses jungen Menschen daneben gelaufen ist, daß es zu einem derartigen Eklat kommen konnte. Ich habe damals nachgeforscht, aber erstaunlich wenig Konkretes gefunden. Der Junge war ein Einzelkind, was seine Sehnsucht nach einem lebendigen Spielgefährten verständlich macht. Er hatte von klein auf alles gehabt, was moderne Familien unserer Zeit und unserer Kultur zu bieten haben: ein eigenes Kinderzimmer, große Mengen didaktisch wertvollen Spielzeugs, dazwischen auch ein paar Spielzeugwaffen, wie man sie immer noch für Buben angemessen hält, haufenweise Plüsch- und Schmusetiere, einen Fernseher im Wohnzimmer, einen eigenen Schreibtisch für die Schulaufgaben, Ferien im Wohnwagen mit Urlaubseindrücken von Meer, Sand, Sonne und Wasserbällen und Eltern, die ihn sich von Herzen gewünscht hatten. Der Vater war abends öfters gereizt und müde, aber sonst ein guter Kumpel, die Mutter, eine ehemalige Stenotypistin, war nicht gerade die beste Hausfrau, doch besaß sie ein ausgleichend freundliches Wesen und einen großen Bekanntenkreis. Schläge hatte es in der Erziehung selten gegeben, nur hin und wieder waren dem Vater die Nerven durchgegangen, doch meist wurde der Sohn gelobt, belohnt und verhätschelt. Alles in allem eine normale Durchschnittsfamilie, und doch war etwas geschehen, was vom Durchschnitt abwich. Wie läßt sich dies verstehen? Nun, in seiner ganzen Tiefe wird es immer ein Geheimnis bleiben. Denn jedes Kind und jeder Mensch ist ein Geheimnis für sich, menschliches Verhalten läßt sich, wenn man so will, niemals ganz verstehen, zumindest niemals aus irgendwelchen Gegebenheiten heraus zur Gänze aufschlüsseln. Von hundert Kindern, die unter identischen Bedingungen aufgewachsen wären, hätte vielleicht nur eines die Hand gegen die Mutter erhoben. Aber es kann sein, daß es allen hundert Kindern schwer gefallen wäre, sich verantwortlich um einen Hund zu kümmern, oder zumindest, den Verlust eines Hundes ohne größeren Zornausbruch zu akzeptieren – und zwar aus dem einfachen Grund, weil alle diese hundert Kinder verwöhnt gewesen wären wie unser Junge im Beispiel.

Lassen wir im Unterschied dazu unserer Phantasie freien Lauf, und nehmen wir theoretisch an, der Junge wäre in einem ganz anderen Milieu großgeworden, in einem wesentlich brutaleren Umfeld – in einer Familie, in der Schläge an der Tagesordnung gewesen wären und familiäre Auseinandersetzungen mit Hilfe von Stuhlbeinen üblich, in einer Familie, in der Blumen, Tiere und Mitmenschen vernachlässigt werden inklusive der eigenen Kinder.

Hätte der tragische Ausbruch des Jungen dann nicht genauso passieren können, ja sogar noch ein Quentchen mehr Verständnis in der Umwelt gefunden? Dies ist in der Tat richtig, ein vernachlässigendes Erziehungsklima fördert ähnlich hysterische Reaktionsmuster wie ein verwöhnendes Erziehungsklima. Oder fachmännisch ausgedrückt: In der Psychotherapie kennen wir seelische Fehlentwicklungen und Abnormitäten, die sich auffallend gleichen bei Personen, die in ihrer Kindheit verwöhnt und bei Personen, die in ihrer Kindheit vernachlässigt worden sind, wobei der gemeinsame Nenner die *fehlende Verzichtleistung* ist, ohne die menschliches Leben nicht gelingen kann. Um dies etwas besser zu verdeutlichen, möchte ich zuvor einen kleinen philosophischen Exkurs unternehmen.

Menschliches Leben unterscheidet sich von den anderen Lebensformen, die wir kennen, durch ein schöpferisches Gestaltungsprinzip, das der Geistigkeit des Menschen entspringt. Das bedeutet, daß der Mensch unabdingbar und lebenslang in einem Spannungsbogen steht zwischen dem, was ist und dem, was werden soll. Ständig ist er der Maler, der sich mit seiner Malkunst zwischen der leeren Leinwand bzw. den unbenützten Farbtiegeln und dem vollendeten Gemälde an der Wand bewegt. Das menschliche Leben in seinem Zeitfluß ist das eine nicht mehr und das andere noch nicht. Nur im Moment der Zeugung gleicht es der leeren Leinwand mitsamt den unbenützten Farbtiegeln, das heißt, einem vorgegebenen Material, das so etwas wie Malkunst ermöglicht, ohne sie deswegen zu bewirken. Diese Vorgaben können von verschiedener Qualität sein oder, um im Gleichnis zu sprechen, die Leinwände können groß oder klein sein, die Farben leuchtend oder matt. Doch darauf kommt es im wesentlichen nicht an, denn zu diesen Malutensilien tritt die Malkunst hinzu wie zur Zellmaterie der Geist, und ab diesem Moment gestaltet sich etwas, wird bunter, reicher, vielfältiger, schattierter, werden Farben aufgebraucht oder unbenützt gelassen, wird leere Fläche überpinselt oder ausgespart, wird Leuchtendes gedämpft oder Mattes aufpoliert, bis am Ende, im Augenblick des Todes, ein einzigartiges und unverwechselbares Gemälde entstanden ist, ein gelebtes Menschenleben auf dem Hintergrund der Ewigkeit, ein Bild, an dem sich dann nichts mehr ändert, weil es zu seiner Vollendung gekommen ist.

Von dieser Sicht ausgehend, die, wenn auch auf sehr viel höherem wissenschaftlichen Niveau, von Viktor E. Frankl stammt, erkennen wir, daß der Mensch stets mitentscheidet, was sich aus ihm gestaltet. Er ist der Maler, der entscheidet, was mit ins Bild kommt, allerdings über das Medium derjenigen Leinwand und derjenigen Farben, die ihm jeweils zur Verfügung stehen – das je Vorzufindende bestimmt der Künstler nicht, nur das daraus zu Gestaltende. Auch Eltern suchen sich ihre Kinder nicht aus, aber sie entscheiden, wie sie mit ihnen umgehen; und Kinder suchen sich ihre Eltern nicht aus, aber sie entscheiden, was sie mit den Erziehungsimpulsen, die sie von ihnen erhalten haben, anfangen. Damit kehre ich zu meinem gedanklichen Ausgangspunkt zurück. Denn alles Gestalten und alles Entscheiden setzt eines voraus: die Bereitschaft zum Verzicht.

Strapazieren wir nochmals unser Gleichnis, und stellen wir uns eine zu bemalende Leinwand vor. Wir können eine grüne Wiese und einen blauen Himmel darüber malen, dann müssen wir jedoch darauf verzichten, feuriges Rot und Gelb auf der Leinwand zu verteilen. Wir können auch einen purpurnen Sonnenuntergang in den zu malenden Himmel setzen, dann müssen wir jedoch auf zartes Blau und sattes Grün verzichten. Alles auf einmal und alles zugleich widerspräche jenem geistigen Gestaltungsprinzip, das seit Anbeginn der Evolution auf Auswahl und Verwirklichung des Gewählten beruht. Wer alle seine Möglichkeiten verwirklichen will, der gleicht einem Maler, der sämtliche Farbtiegel über der Leinwand ausschüttet und sich damit jeder weiteren Gestaltungsmöglichkeit beraubt.

So erging es in gewisser Weise dem 13jährigen Jungen, von dem ich berichtet habe. Er wollte alles haben, zumindest jede Annehmlichkeit: die Freude am Besitz eines Hundes, aber auch die Bequemlichkeit eines Nichthundebesitzers, der sich eben nicht um ein Haustier kümmern muß. Er wollte den hellen, blauen Himmel plus dem feuerroten Farbschwall, und diese Kombination war nicht zu verwirklichen, auch nicht mit Gewalt, wie er es probiert hat. Warum aber war es so schwer für ihn, auf eines von beidem zu verzichten? Weil er es buchstäblich nicht gelernt hatte, einen Verzicht zu leisten, freiwillig zu leisten. In seiner Kindheit war nahezu immer alles da gewesen, was sein Herz begehrte. Zuwendung, Spielsachen, elterliche Aufmerksamkeit und Fürsorge, alles war für ihn bereitgestanden, nur hatte niemand etwas von ihm verlangt, niemand hatte ihn darauf aufmerksam gemacht, daß auch er für etwas bereitstehen müsse, seinen Anteil am Ganzen zu erbringen habe. Die Versorgung des Hundes war die erste echte Pflicht gewesen, die ihm abverlangt war, der Rückverkauf des Hundes die erste Wunscherfüllung, die ihm versagt wurde. Da hat der Junge durchgedreht.

Wie sieht es nun mit der anderen Variante aus, mit den vernachlässigten Kindern? Ihnen, so ließe sich einwenden, wird doch von Anfang an vieles abverlangt, manche Wunscherfüllung abgeschlagen! Das stimmt, zuviel sogar. Sie sind die Kinder, die von klein auf auf etwas verzichten müssen, von der Mutter- oder Vaterliebe angefangen bis zu Grundrechten wie ordentlicher Ernährung, Körperhygiene, einem Minimum an schulischer Förderung usw. Sie müssen soviel und sooft verzichten, daß sie spätestens in der Pubertät nicht mehr verzichten wollen und sich notfalls mit Gewalt oder hysterischer Erpressung holen, was nicht das Ihre ist. Wir sehen: Die verwöhnten Menschen haben nicht gelernt, Verzichte zu leisten, und die vernachlässigten Menschen wollen ab einem bestimmten Zeitpunkt keine Verzichte mehr leisten, was im Endeffekt zu parallelen Resultaten führt: die Entscheidungs- und Gestaltungsmöglichkeit eines menschlichen Lebens wird blockiert.

Überlegen wir uns nun, wo die pädagogisch gesunde Mitte liegt, die Mitte zwischen Forderung und Überforderung, zwischen Gaben und Aufgaben, zwischen Belasten und Entlasten? Dazu möchte ich über eine Erfahrung berichten, die man in der Psychotherapie gemacht hat. Der Therapeut darf seinen Patienten weder fordern noch entlasten, sonst liegt die Gefahr nahe, daß der Patient einerseits der Forderung des Therapeuten trotzig Widerstand leistet und andererseits bezüglich allzu bequemer Entlastung den Therapeuten zu seiner Rechtfertigung vorschiebt. Das optimale therapeutische Wirken besteht darin, mit dem Patienten gemeinsam zu überdenken, was nicht der Therapeut, sondern die Situation, in der sich der Patient befindet, diesem abfordert oder auch nicht, was der Sinn der Situation vom Patienten verlangt.

Ähnliches gilt für die Pädagogik. Nicht die Eltern sind der eigentliche Maßstab von Zwang und Freiheit, sondern es gibt sowohl für die Eltern als auch für die Kinder in jeder Lebenssituation ein sinnvolles Soll, eine Aufgabe, die dem einzelnen zufällt. Wobei ein solches Soll, eine solche Aufgabe durchaus darin bestehen kann, daß sich der Betreffende *ausruhen soll*, um wieder zu Kräften zu kommen, oder aber auch, daß er sich *anstrengen soll*, um seine Kräfte in ein sinnvolles Spiel oder in eine sinnvolle Arbeit zu investieren. Das Kind muß von klein auf lernen, auf den Ruf zu horchen, der an es ergeht; aber das ist im Grunde kein Ruf von Vater und Mutter, von Kindergärtnerin und Lehrer, von Tradition und Gesellschaft, wenn er auch anfangs über Bezugs- und Kontaktpersonen verdeutlicht wird. Das Kind ist vom Leben zu etwas gerufen. Wenn es einem anderen Kind das Spielzeug weggenommen hat, dann ist es dazu gerufen, ihm dieses zurückzugeben. Wenn ihm ein anderes Kind das Spielzeug wegnehmen will, ist es dazu gerufen, sich zu wehren oder sich einvernehmlich mit dem anderen auseinanderzusetzen. Wenn es in die Schule geht, ist es dazu gerufen, seine Schularbeiten zu erledigen. Wenn seine Geschwister schlafen, ist es dazu gerufen, rücksichtsvoll leise zu sein. Wenn es eine Topfpflanze hat, ist es dazu gerufen, diese zu gießen, wenn es einen Hund hat, ist es dazu gerufen, mit ihm spazieren zu gehen.

Das alles sind keine Befehle der Eltern, die mit den Ohren des Kindes vernommen werden, sondern Sinnmuster der einzelnen Lebenssituationen, die vom Kinde selber zunehmend erspürt werden mit den feinen, sich vortastenden Antennen seines in Entfaltung begriffenen Gewissens, wenn es nur dafür aufgeschlossen worden ist. Vielleicht kann ein Zitat von Viktor E. Frankl meine Hinweise ergänzen. Er schreibt in seinem Buch „Psychotherapie für den Laien":

„Wir leben im Zeitalter eines um sich greifenden Sinnlosigkeitsgefühls. In diesem unserem Zeitalter muß es sich die Erziehung angelegen sein lassen, nicht nur Wissen zu vermitteln, sondern auch das Gewissen zu verfeinern, so daß der Mensch hellhörig genug ist, um die jeder einzelnen Situation innewohnende Forderung herauszuhören. In einem Zeitalter, in dem die Zehn Gebote für so viele ihre Geltung zu verlieren scheinen, muß der Mensch instand gesetzt werden, die 10 000 Gebote zu vernehmen, die in den 10 000 Situationen verschlüsselt sind, mit denen ihn sein Leben konfrontiert. Dann wird ihm dieses sein Leben wieder sinnvoll erscheinen..."

Daraus wird verstehbar, was es mit dem Verzicht und der Bereitschaft, einen solchen zu leisten, auf sich hat. Gemeint ist immer ein *sinnvoller Verzicht*, dessen Sinn darin liegt, daß er etwas Sinnvolles ermöglicht, die Erfüllung eines Gebots der Stunde. Gemeint ist nie eine ichfeindliche Selbstkasteiung, eine Bestrafung, ein grundloses Opfer, eine sinnwidrige Erniedrigung. Der Verzicht des 13jährigen Jungen auf die tägliche Bequemlichkeit zu Hause hätte seinem Hund ein hundewürdiges Dasein ermöglicht. Oder anders herum: Der Verzicht auf den Hund hätte diesem unter den gegebenen Umständen ein hundeunwürdiges Dasein erspart.

Von da war der Schritt nicht weit zur nächsthöheren Stufe: Der Verzicht auf die Mißhandlung der Mutter hätte eine menschenwürdige Eltern-Kind-Beziehung aufrecht erhalten. Das heißt, die pädagogisch gesunde Mitte finden wir dort, wo Kinder gelernt haben, von sich aus um einer sinnvollen Sache willen zu verzichten, wenn es nötig ist, und sich ihre Wunschbefriedigung dort zu holen, wo ein Verzicht unnötig ist.

Zwei Erfahrungsbeispiele mögen den genannten Erziehungsaspekt noch etwas untermauern. Das erste Beispiel ist typisch für fast jede Form von Rehabilitation. In der Rehabilitation wird versucht, einem Menschen, dessen körperliche oder psychische Gesundheit eine Zeit lang in einem recht kritischen Zustand gewesen ist, die Wiedereingliederung in ein einigermaßen normales Leben zu erleichtern und ihn vor Rückfällen zu schützen. Dabei ist die Rückfallgefahr erstaunlicherweise dann am größten, wenn sich die äußeren Lebensumstände des Rehabilitanten am besten stabilisiert haben. Ein ehemals Drogenabhängiger erzählte mir dazu folgende Geschichte:

Er hatte über ein Jahr in einer therapeutischen Wohngemeinschaft gelebt und war aus dem Drogenschlamassel herausgekommen. Aber es ging ihm äußerst schlecht, er litt an schweren Hepatitisanfällen, er hatte keine Arbeit, keine Unterkunft und keine Freunde. Die Verbindung zu seiner Herkunftsfamilie war abgebrochen, seine frühere Freundin hatte sich von ihm getrennt. In dieser Situation nahm er seine ganze Kraft zusammen und baute eines nach dem anderen wieder auf. Er ging regelmäßig zur ärztlichen Behandlung, fand eine Aushilfsstelle in einem Maschinenlager, mietete sich schließlich eine kleine Wohnung, die er eigenhändig möblierte, sprach sich mit seinen Familienangehörigen aus und verlobte sich mit einer netten Arbeitskollegin. Es kam der Tag, an dem das neuaufgebaute Lebensgebäude eingeweiht wurde, mit einem fröhlichen Fest bei den Eltern seiner Verlobten, die den jungen Mann trotz seiner Drogenvergangenheit akzeptierten und ihm ihr volles Vertrauen schenkten. Außerdem wurde seine Beförderung gefeiert, denn wenige Tage zuvor war er in der Firma fest angestellt worden. Alles war harmonisch und in Ordnung. Da gingen bei dem Fest die Zigaretten aus, und der junge Mann erbot sich, welche zu holen. Er kehrte nicht wieder und wurde von der Polizei nachts in der Gosse liegend gefunden, vollgepumpt mit Heroin.

Er kam auch aus diesem Rückfall wieder heraus, aber er mußte noch mühsam etwas dazulernen, was er in Kindertagen versäumt hatte zu lernen. Nämlich, daß der Sinnanruf an einen Menschen ein immerwährender ist und nicht verwechselt werden darf mit einer subjektiven Zielsetzung. Natürlich kann es sehr sinnvoll sein, sich ein Ziel zu setzen und sich auf die Zielerreichung hin zu orientieren. Allein, was geschieht *nach* der Zielerreichung? Das ist ein gefährlicher Zeitpunkt. Wieviele Ehen gehen just dann kaputt, wenn das hart erarbeitete Eigenheim fertiggestellt ist, und man genießerisch darin sitzen kann, während sie bestens gehalten haben, solange man sich noch gemeinsam um das zu entstehende Eigenheim abgerackert hat. Wieviele jüngere Leute rutschen just dann ab, wenn sie eine Ausbildung glücklich beendet haben, während sie sich in den Jahren und Monaten vor ihrer Schlußprüfung diszipliniert dem Tagesablauf untergeordnet haben. Wieviele ältere Leute verfallen einer resignativen Depression just dann, wenn sie den Höhepunkt ihrer beruflichen Karriere erklommen haben und sich in gesichertem Fahrwasser bewegen können, während sie vital und munter gewesen sind, solange sie um ihre Karriere ringen und für sie schuften hatten müssen. Die Zielerreichung läßt jedes weitere Leben und Streben zunächst sinnlos erscheinen, sie stößt in ein Sinnvakuum. Wofür soll man sich jetzt noch engagieren? Wofür lohnt sich ein weiterer Kräfteeinsatz?

Wohl dem, der imstande ist, den immerwährend neuen Ruf zu vernehmen. Wohl dem, der schon als Kind gelernt und sich von seinen Eltern abgeschaut hat, daß es immer eine Aufgabe gibt, die auf einen wartet, ob es einem gut oder schlecht geht, ob ein Ziel in weiter Ferne liegt oder soeben zur Wirklichkeit geworden ist. Nie darf man sich auf seinen Lorbeeren ausruhen, nie ganz die Hände in den Schoß legen, stets gibt es etwas am großen Gemälde des Lebens, das noch gestaltet werden soll; nur der Tod breitet den endgültigen Firnis darüber aus, der keinen Pinselstrich mehr erlaubt, aber das Bild konserviert.

Es ist deswegen nicht das Anliegen der Erziehung, den Kindern ihre kleinen Zielerreichungen so leicht oder so angenehm wie möglich zu machen. Es ist nicht einmal das Hauptanliegen der Erziehung, die Fähigkeiten der Kinder für unterschiedliche Zielerreichungen zu stärken, seien sie menschlicher, sozialer oder schulischer Art, sondern vielmehr geht es in erster Linie um die Entwicklung der *einen* Fähigkeit, sich selbst immer wieder aufs neue Ziele zu setzen aus der tiefen Überzeugung heraus, daß keine Lebenssituation und keine Minute des Leben sinnlos ist, auch nicht diejenige Minute, in der wir bei einer Zielerreichung scheitern, und auch nicht diejenige Minute, die einer erfolgreichen Zielerreichung nachfolgt.

Das zweite Erfahrungsbeispiel, das ich angekündigt habe, läßt sich relativ kurz umreißen. Es wurden so gut wie nie in Kriegsgefangenenlagern psychosomatische Krankheitsfälle beobachtet. Es gehen weltweit alle Fälle von Neurosen rapide zurück, sobald Wirtschaftskrisen, Hungersnöte oder sonstige Bedrohlichkeiten ein Volk überschatten. Magersucht und Brechsucht sind unbekannt in Ländern der dritten Welt oder im Ostblock. Familienkrisen und Beziehungskräche aller Art blühen im Wohlstand und verwelken in echten Notlagen, in denen die Menschen zusammenrücken, um einander beizustehen. Was kann man daraus für Schlußfolgerungen ziehen?

„Wenn es dem Esel gut geht, geht er auf's Eis tanzen", sagt der Volksmund. „Jeder Untergang einer menschlichen Kultur beginnt mit einem Güter-Überfluß", sagen die Ethnologen. Sehr tröstlich klingt das nicht für unser Abendland. Aber vielleicht können wir gegensteuern, wenn wir um die Gefahr wissen. Doch wo kann eine Gegensteuerung gegen diese Wohlstandsverwahrlosung mitsamt ihren schädlichen Auswirkungen ansetzen? Einzig bei unserem Nachwuchs! Schützen wir unsere Kinder, die unser Kostbarstes sind, vor dem Überfluß und vor der Mentalität einer Konsum- und Wegwerfgesellschaft. Man bedenke: Ein Teddybär wird geliebt, fünfe nicht, dem zehnten wird aus lauter Langeweile der Arm ausgerenkt und das Glasauge herausgerissen. Man bedenke: Auch der Urlaub in der Heimat ist schön, mitunter kindergerechter und erholsamer für die ganze Familie, als das Gedränge am überfüllten Badestrand zwischen den Souvenirläden irgendeiner exotischen Küste. Unsere Jugend lebt einer Zeit entgegen, in der der Gesamtgürtel der Menschheit sehr viel enger wird geschnürt werden müssen, als uns dies bisher bewußt ist. Wer sparen kann, wird überleben, wer bescheiden ist, wird sich trotz allem einen Zipfel Zufriedenheit erobern können, wer es beizeiten gelernt hat, Menschen, Tiere, Pflanzen und Dinge wertzuschätzen, wird innerlich reich bleiben noch in der bittersten Armut. Wer danken kann, dem wird auch ein schweres Schicksal den Lebensmut nicht völlig zerstören.

Noch nie zuvor in der Geschichte ist es einer breiten Bevölkerungsschicht so gut gegangen, wie uns heute in den Industrieländern der westlichen Welt, nämlich materiell gut, denn seelisch stehen wir hinter den weniger technologisierten Ländern weit zurück. Doch noch nie zuvor in der Geschichte ist die Zukunft des Menschengeschlechts so fragwürdig gewesen wie heute, und das heißt im Klartext: Wer heute seine Kinder verwöhnt, läßt sie ins offene Messer einer Zukunft rennen, die aller Voraussicht nach keinesfalls mehr verwöhnend sein wird.

Mir ist bei einem Seminar in Italien ein Mann begegnet, der ohne Arme geboren worden ist. Er war jedoch durch seine Behinderung kaum eingeschränkt, denn er hatte mit seinen Füßen ein derartiges Geschick entwickelt, daß er Gegenstände vom Boden aufheben, Türen öffnen, ja sogar mit den Zehen schreiben konnte. An einer Bahnstation schlüpfte er vor meinen Augen mit einem Fuß aus dem Schuh, ergriff die Fahrkarte mit den Zehen, steckte sie zum Abstempeln in den Automaten, danach in seine Hosentasche zurück, und schlüpfte mit dem Fuß wieder in den Schuh. Wissen Sie, was dieser Mann aus seiner Kindheit berichtete?

Wenn er als Kind morgens aufgestanden war, hatte ihm seine Mutter seine Hose und sein Hemd hingelegt und gesagt: „Nun schau, wie du hineinkommst in dein Gewand!" Und wenn seine älteren Brüder die Mutter fragten: „Warum bist du so hart und hilfst ihm nicht?", hatte sich die Mutter mit Tränen in den Augen abgewandt und geantwortet: „Das ist die einzige Möglichkeit, wie ich ihm helfen kann."

Denken wir manchmal an diese Mutter, die es aushielt, daß sich ihr Kind abquälte und abmühte beim selbständigen Anziehen und dadurch lernte, eines Tages auf eigenen Füßen zu stehen, im wahrsten Sinne des Wortes: ohne Arme auf seinen Füßen zu stehen! Denken wir an diese Mutter, wenn wir uns geneigt fühlen, unser Kind zu verweichlichen und zu verwöhnen, um es später in den Lebenskampf hinaus entlassen zu müssen, unvorbereitet und verzichtunfähig. Auch unsere Kinder werden im übertragenen Sinne ohne Arme geboren: die Arme der Natur sind vielfach abgehackt, sie können den Menschen kaum mehr unterstützen, die Arme des Glaubens sind geschrumpft, sie können den Menschen nur mehr bedingt emporheben, die Arme eines aus der Überlieferung heraus gültigen und bergenden Moralsystems sind verkümmert, sie geben uns keinen Halt mehr. Unsere Kinder, die Menschen von morgen, werden einen geistigen Halt in sich selbst haben müssen, in ihrem eigenen Gewissen, oder sie werden keinen wahren Halt mehr finden.

Was da nottut, ist zweierlei: Die Liebe, die wir Eltern unseren Kindern schulden; die Liebe, die sich darin ausdrückt, daß wir Eltern unsere Kinder nicht vernachlässigen, sondern ihnen zukommen lassen, was sie brauchen. Aber noch ein zweites tut not: unser Aufruf zur Liebe, zu einer Liebe, die die Kinder ihrer Mit- und Umwelt schulden, und die sich darin ausdrückt, daß sie nicht nur etwas brauchen, sondern auch für etwas gebraucht werden und gebraucht werden können. Ein Aufruf zur Liebe, der jeder Verwöhnungshaltung entgegengesetzt ist und die Hellhörigkeit des Kindes schult für den jeweiligen und immerwährenden Sinnanruf der Situation, der genaugenommen ja nichts anderes ist als der Ruf der Liebe schlechthin.

Die sinnzentrierte Familientherapie

Logotherapie in der Eheberatung

> Wir sind die Engel mit nur einem Flügel.
> Um fliegen zu können,
> müssen wir uns umarmen.
>
> (Luciano de Crescenzo)

Die dem logotherapeutischen Gedankengut entsprungene „sinnzentrierte Familientherapie"[*] unterscheidet sich von der systemischen Familientherapie durch eine „Wende von der Funktion zur Person". In der systemischen Familientherapie wird nämlich die Person lediglich in ihrer funktionalen Bedeutung als „Symptomträger" eines gestörten Systems betrachtet, wobei stets die ganze Familie oder das ganze Umfeld als krank eingeschätzt wird. Demnach ist das kranke System zu therapieren und nicht der einzelne. Diese Betrachtung gewährt zwar dem einzelnen eine gewisse Entlastung, weil er seiner Schuld am eigenen Fehlverhalten enthoben wird, verbaut ihm aber gleichzeitig auch die Möglichkeit, durch eigenes, zielgerichtetes Eingreifen positive Veränderungen in der Familie herbeizuführen. Dem systemischen Ansatz gemäß läuft alles in mehr oder weniger unbewußten Kausalzusammenhängen ab: einzig in deren Aufdeckung und Bewußtmachung sieht man eine Heilungschance.

In der sinnzentrierten Familientherapie wird hingegen jedes einzelne Familienmitglied als freie und verantwortliche Person verstanden und, davon ausgehend, auf seinen persönlichen Beitrag zum Familiegeschehen angesprochen. Ist dieser Beitrag ein destruktiver, wird die damit verbundene Schuld nicht als „Symptom" hinwegerklärt, sondern stehengelassen und gemeinsam mit dem Familienmitglied der Frage nachgegangen, welche denkbaren Verhaltensweisen seinerseits konstruktiver wären und warum dies der Fall wäre. Angesichts von systemischen Wechselwirkungen wird mit jedem einzelnen eine „finale Vorleistung" erarbeitet, die sich, falls sie gelingt, heilsam auswirken kann auf das ganze Beziehungsgefüge. Wichtig dabei ist, daß eine solche „finale Vorleistung" unabhängig davon erbracht

---

[*] Erstmals vorgestellt im Buch „Psychologische Vorsorge" von Elisabeth Lukas, Herder Verlag, Freiburg 1989

wird, ob der Anlaß bzw. die Ursache des gegenwärtigen Problems noch besteht oder nicht. Der Macht unbewußter Kausalzusammenhänge wird also die Macht bewußter und gänzlich akausaler Entscheidungen gegenübergestellt, die aus keinem anderen Grunde fallen, als aus Liebe zur Familie und dem Wunsch nach ihrem Weiterbestand. Wie die Aufdeckung gegenseitiger Manipulationen den Kern systemischer Modelle bildet, so ist die *bedingungslose Vorleistung einzelner Personen* der Kern des sinnzentrierten Modells in der Familientherapie.

Gehen wir zur Erläuterung des konkreten Vorgehens in der sinnzentrierten Familientherapie zunächst von jenen störenden Wechselwirkungsprozessen aus, die das Zusammenleben von Menschen erschweren. Es sind in sich geschlossene „Teufelskreise", nicht unähnlich den neurotischen „Teufelskreisen" zwischen Angst und Versagen, wie sie bei psychogenen Erkrankungen typisch sind.

Beispiel: Der Vater ist aggressiv, weil ihn keiner in der Familie mag. Keiner in der Familie mag ihn, weil er aggressiv ist.

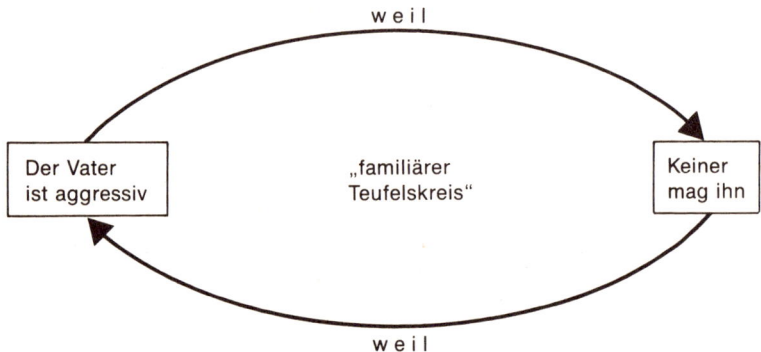

Meist laufen derartige Wechselwirkungsprozesse durchaus nicht unbewußt ab, sondern werden von den Familienmitgliedern klar erkannt, aber falsch ausgelegt. Jeder sagt: „Wenn der andere..., dann würde ich...", jeder läßt sozusagen dem anderen den Vortritt bei der Sprengung des „Teufelskreises". Auf unser Beispiel übertragen könnte der Vater leicht den Standpunkt vertreten: „Wenn meine Angehörigen netter zu mir wären, wäre ich auch nicht so aggressiv!", während die Angehörigen den Standpunkt vertreten könnten: „Wenn unser Vater nicht so aggressiv wäre, wären wir schon netter zu ihm!". Jeder wartet dann auf die Änderung, die der andere vollziehen soll, aber durch das Warten allein ändert sich nichts. Wo liegt der Ausweg?

Aus logotherapeutischer Sicht gibt es nur eine effiziente Möglichkeit, nämlich die, daß wenigstens eine – optimalerweise jedoch jede – Seite freiwillig ihr eigenes Verhalten ändert, *unabhängig davon*, was die andere Seite tut. Wenn der Vater nicht mehr aggressiv ist, *obwohl* ihn keiner mag, oder wenn ihm die übrigen Familienmitglieder zu verstehen geben, daß sie ihn mögen, *obwohl* er aggressiv ist, dann ist das für die Familie wie ein kleines „Wunder". (Wunder haben ja stets mit Akausalität zu tun!) Dieses „Wunder" erhöht die Wahrscheinlichkeit, daß alle zunehmend dazu neigen, beim Harmonisierungsprozeß mitzuwirken. Wohlgemerkt, die jeweils andere Seite muß nicht mitziehen, denn niemand reagiert automatisch. Die Familienmitglieder können auch entscheiden, den plötzlich nicht mehr aggressiven Vater weiterhin abzulehnen. Oder der Vater kann entscheiden, trotz seines Gemochtwerdens weiterhin aggressiv zu bleiben. Dennoch vermehrt das „Wunder" jeder „finalen Vorleistung" die Hoffnung darauf, daß positive Folgen entstehen und immer öfter ein guter Umgangston untereinander gewählt wird. Je mehr Familienmitglieder sich gleichsam zu einer „Liebe auf Vorschuß" aufraffen, umso realistischer wird die Hoffnung auf ein Gesamtgelingen der Familie.

Überlegen wir uns: Was bewegt eine Person, ihr Verhalten freiwillig zu ändern? Die Antwort lautet: a) ein autonomes Selbstverständnis, und b) ein sinnvoller Grund.

ad a): Wer sich selbst als eher unfrei begreift, als von seiner mitmenschlichen Umwelt manipuliert, getrieben und geschoben, der wird sich bei Unstimmigkeiten auf diese Umwelt berufen („ausreden"), aber selber kaum an sich arbeiten. Er spinnt sich in die Rolle des armen „Opfers" ein und ignoriert die Tatsache, daß er gleichzeitig und unausweichlich ein „Täter" ist. Daraus resultiert, daß er seine Taten nicht eigenverantwortlich setzt, sondern „geschehen" läßt.

Deshalb wird in der sinnzentrierten Familientherapie jedes Familienmitglied (ausgenommen vorpubertäre Kinder, die nicht einbezogen werden, weil sie wirklich noch mehr oder weniger „Opfer" und keine „Täter" sind) auf seine Freiheit und Verantwortlichkeit aufmerksam gemacht und zum Bewußtsein seiner vollen Autonomie gebracht.

Zitat: „Die Freiheit hat der Mensch auf jeden Fall; nur daß er sich ihrer nicht selten begibt – freiwillig begibt. Und daß sie ihm nicht immer bewußt ist; aber sie kann ihm dann bewußt werden – sie muß ihm dann eben bewußt gemacht werden. Dieses Ziel setzt sich die Existenzanalyse – als Analyse der Existenz auf Freiheit und Verantwortlichkeit hin; und an die dann bewußt gewordene Freiheit zu appellieren, ist die Aufgabe jener psychotherapeutischen Ausgestaltung der Existenzanalyse, welche die Logotherapie darstellt."
(Viktor E. Frankl in „Der leidende Mensch", Verlag Huber, Bern 1984, S. 142/143)

ad b): Wer keinen sinnvollen Grund für eine Änderung seiner selbst sieht, ändert sich auch dann nicht, wenn er sich prinzipiell frei fühlt zur Änderung. Taten setzen einen Grund voraus, aus dem sie gesetzt werden. Für die Familie macht es nun einen großen Unterschied, ob die Taten ihrer Mitglieder vorrangig aus selbstbezogenen Gründen oder aus familienbezogenen Gründen erfolgen. Wir möchten jedoch in der Logotherapie das Selbst nicht gegen die Familie ausspielen, sondern suchen mit den einzelnen Familienmitgliedern nach *sinn*bezogenen Gründen ihres Handelns, das heißt, nach dem, was sowohl für ihr Selbst, als auch für ihre Familie sinnvoll, hilfreich und gut ist. Sinn ist immer „Sinn fürs Ganze", für alle Beteiligten, für das Individuum und die Gemeinschaft, der es angehört.

Deshalb wird in der sinnzentrierten Familientherapie jedes Familienmitglied (ausgenommen wiederum die vorpubertären Kinder) mit Argumenten konfrontiert, die – unter Wahrung und Erhaltung seiner Individualität – für den Dienst an seiner Familie sprechen und es nach Möglichkeit motivieren, in Freiheit das Beste für alle zu tun.

Zitat: „Der Sinn der Individualität erfüllt sich erst in der Gemeinschaft. Insofern ist der Wert des Individuums auf die Gemeinschaft angewiesen. Soll aber die Gemeinschaft selber Sinn haben, dann kann sie der Individualität der sie bildenden Individuen nicht entraten – während in der Masse der Sinn der einzelnen, der einzigartigen Existenz untergeht, untergehen muß, weil in der Masse jede Einzigartigkeit sich als störender Faktor auswirken würde. Der Sinn der Gemeinschaft wird durch Individualität konstituiert und der Sinn der Individualität durch Gemeinschaft; der „Sinn" der Masse wird durch die Individualität der Individuen, die sie zusammensetzen, gestört und der Sinn der Individualität geht in der Masse unter, während er in der Gemeinschaft aufgeht."
(Viktor E. Frankl in „Ärztliche Seelsorge", Verlag Deuticke, Wien 1982, Seite 88)

Aus dem bisher Gesagten wird deutlich geworden sein, daß in der sinnzentrierten Familientherapie zunächst und viel mit den einzelnen Personen gearbeitet wird. Es gibt allerdings auch ein speziell entwickeltes Fragen-Schema zur Paarberatung, das auf Familiensitzungen ausgedehnt werden kann. Es ist dreistufig und je nach Beratungssituation abwandelbar.

Fragen-Schema zur logotherapeutischen Paarberatung
(von Elisabeth Lukas)

Ein Ehepaar schildert eine bestimmte Konfliktsituation, die bei ihm aufgetreten und zum Zündstoff für gegenseitige Kränkungen geworden ist. Beide Partner sind verärgert oder traurig über das Vorgefallene.

Stufe I

Frage des Eheberaters an den Mann:
„Was meinen Sie, war das eigentliche Element, das Ihre Frau getroffen hat? Was hat sie gekränkt bzw. traurig gemacht?"
Der Mann antwortet.

Frage des Eheberaters an die Frau:
„Und was meinen Sie, was das eigentliche Element war, das Ihren Mann getroffen hat, das ihn so verärgert hat?"
Die Frau antwortet.

Kontrollfrage des Eheberaters an beide:
„Ist das, was Ihr Partner jeweils vermutet, richtig? Hat er das entscheidende Element Ihrer Kränkung erraten?"
Kommt keine Zustimmung von einer oder beiden Seiten, kann der nicht zustimmende Teil das „Element seiner Kränkung" richtigstellen, gleichsam als Information an den anderen.
Kommt Zustimmung von beiden Seiten, kann sogleich zur Stufe II übergegangen werden.

Stufe II

Frage des Eheberaters an den Mann:
„Falls Sie beide wieder in eine ähnliche Konfliktsituation geraten sollten, sehen Sie persönlich dann eine Möglichkeit, zu verhindern, daß Ihre Frau so stark getroffen wird? Sehen Sie einen Schritt in Richtung Kränkungsvermeidung, den Sie selbst tun könnten?"
Der Mann antwortet.

Frage des Eheberaters an die Frau:
„Sehen auch Sie eine Möglichkeit, in einer ähnlichen Konfliktsituation zu verhindern, daß ihr Mann seelisch verletzt wird? Könnten Sie ebenfalls einen Schritt in Richtung Kränkungsvermeidung tun?"
Die Frau antwortet.

Kontrollfrage des Eheberaters an beide:
„Würde dieser Schritt, den Ihr Partner genannt hat, tatsächlich für Sie eine Erleichterung und Konfliktlinderung bedeuten? Wäre Ihnen im Wiederholungsfall damit geholfen?"
Kommt keine Zustimmung von einer oder beiden Seiten, kann der nicht zustimmende Teil klären, was im Unterschied dazu eine Erleichterung bzw. Konfliktlinderung für ihn bedeuten würde. Kommt Zustimmung von beiden Seiten, kann sogleich zur Stufe III übergegangen werden.

Stufe III

Frage des Eheberaters an den Mann:
„Sind Sie bereit, die Möglichkeit, die Sie genannt haben (oder im hiesigen Gespräch erkannt haben), zu ergreifen und in einer ähnlich gelagerten Situation den aufgewiesenen Schritt in Richtung auf Ihre Frau hin zu tun, und zwar unabhängig davon, ob auch Ihre Frau Ihnen entgegenkommt?"
Der Mann kann dies bejahen oder verneinen.

Frage des Eheberaters an die Frau:
„Sind Sie bereit, die Möglichkeit, die Sie genannt haben (oder im hiesigen Gespräch erkannt haben), zu ergreifen und in einer ähnlich gelagerten Situation den aufgewiesenen Schritt in Richtung auf Ihren Mann hin zu tun, und zwar ebenfalls unabhängig davon, ob er Ihnen entgegenkommt?"
Die Frau kann dies bejahen oder verneinen.

Wenn beide Partner die Frage nach ihrer persönlichen Bereitschaft verneinen, hat die Eheberatung in diesem Stadium keine Aussicht auf Erfolg. Es ist jedoch äußerst unwahrscheinlich und sehr selten, daß zwei Menschen, die ihre Ehe noch aufrecht erhalten wollen und deshalb die Hilfe eines Fachmannes suchen, ihre Bereitschaft zu selber als hilfreich erkannten kleinen Veränderungsschritten völlig aufkündigen.

Wenn zumindest ein Partner die Frage bejaht, kann dies bereits eine Chance für die Ehe sein.

Kontrollfrage des Eheberaters an den jeweils anderen:
„Freuen Sie sich über die Bereitschaft Ihres Partners, können Sie sie für echt nehmen, ihr vertrauen? Sind Sie willig, sich von ihm überraschen zu lassen, sich seinen ‚Schritt auf Sie zu' schenken zu lassen, ohne diesen einzuklagen und abzuverlangen?"

Wenn die Kontrollfrage verneint wird, sollte der Berater auf kein „Warum?" mehr eingehen, sondern schlichtweg feststellen, daß der „Schritt auf den anderen zu" unabhängig von irgendwelchen positiven Rückmeldungen getan werden kann, sogar dann, wenn der andere nicht daran glaubt oder sich nicht darüber freut. Es ist ein Schritt der Liebe, nicht der Berechnung, es ist ein Geschenk und kein Handel.

Wenn die Kontrollfrage bejaht wird, ist es Zeit, die Eheberatung zu beenden und einen neuen Gesprächstermin zu vereinbaren.

Anmerkung zum Fragen-Schema:

Wenn nur einer der beiden Partner etwas bei sich ändert, um dem anderen künftig Kränkungen zu ersparen, verbessert sich die gesamte Paarbeziehung. Der typisch logotherapeutische Ansatz dabei ist, daß vom Beratungsbeginn an ein selbsttranszendentes Konzept durchkomponiert worden ist; denn die erste Frage des Beraters lautet schon nicht: „Was ärgert Sie an Ihrem Partner?", wodurch eine Flut von altem und neuem Groll hochgeschwemmt würde, sondern stattdessen: „Was meinen Sie, worüber sich Ihr Partner ärgert?", was praktisch dazu zwingt, in die Haut des anderen zu schlüpfen und sich in seine Seele einzufühlen. Es geht um die Umpolung des Gedankens: „Was kann ich vom anderen erwarten?" in den Gedanken: „Was wird von mir als Ehemann oder Ehefrau erwartet – nicht vom Partner erwartet, sondern ‚im Namen der Liebe', oder anders ausgedrückt, vom Logos erwartet?"

Variation des Fragen-Schemas:

Das Fragen-Schema zur logotherapeutischen Paarberatung kann bei Bedarf variiert werden, wesentlich ist nur, daß Stufe I dazu führt, den Standort des Partners zu erkunden, Stufe II dazu führt, Möglichkeiten des eigenen Entgegenkommens zu erkunden, und Stufe III die Bereitschaft offenlegt, solche eigenen Möglichkeiten im Interesse der gemeinsamen Beziehung auszuschöpfen.
  Hier ein Beispiel in einer abgewandelten Version:

Stufe I

Frage des Eheberaters an den Mann:
„Was meinen Sie, was Ihre Frau besonders freuen würde, wenn Sie es bei sich selbst verändern würden? Was würde Ihre Frau glücklich machen?"

Antwort des Mannes:
„Ich glaube, meine Frau wäre froh, wenn ich mehr Zeit für sie erübrigen würde. Aber das geht eben bei meinem Beruf als Manager schwer..."
  Der Eheberater diskutiert das Wenn und Aber des Berufs nicht allzu lange, läßt auch die Frau vorerst nicht dazu Stellung nehmen, sondern *wendet sich an sie mit der Frage:*
  „Bevor wir das Zeitproblem Ihres Mannes erörtern, möchte ich Sie fragen, über welche Veränderung Ihrerseits sich Ihr Mann freuen würde? Was würde ihn Ihrer Meinung nach glücklich machen?"

Antwort der Frau:
„Das weiß ich schon. Er wäre froh, wenn ich weniger an ihm herumnörgeln würde. Aber wie soll ich nicht nörgeln, wenn er doch kaum zu Hause ist, und sich zu Hause noch in seine Bücher vergräbt? Da würde jede Frau sauer werden..."

Der Eheberater diskutiert auch diese „Rechtfertigung" nicht allzu lange, sondern *geht zur Kontrollfrage über:*
„Demnach hat Ihr Mann richtig eraten, daß es für Sie eine große Freude bedeuten würde, wenn er etwas öfter für Sie Zeit hätte?" Die Frau bejaht heftig.

Kontrollfrage des Eheberaters an den Mann:
„Hat Ihre Frau auch ins Schwarze getroffen, als sie das Nörgeln ansprach? Wäre Ihnen ohne Nörgelei wohler?"
Der Mann verneint. Er korrigiert: „Das Nörgeln selbst ist nicht so schlimm. Aber wenn ich zu Hause etwas arbeiten will, stört sie mich ununterbrochen. Ständig heißt es: ‚Mach dies, mach jenes', und ich kann mich zu Hause überhaupt nicht konzentrieren. Dabei habe ich manchmal wichtige Terminangelegenheiten zu erledigen, die ich einfach nicht übers Wochenende aufschieben kann..."

Stufe II

Frage des Eheberaters an den Mann:
„Ich möchte Sie jetzt etwas fragen, das vielleicht schwierig zu beantworten ist. Bitte denken Sie darüber nach: Gäbe es irgendeine kleine Möglichkeit für Sie, Ihrer Frau trotz Zeitproblem ein wenig entgegenzukommen? Eine bestimmte Gelegenheit während der Woche oder am Wochenende, die sich für etwas mehr Kontakt ausbauen ließe, ohne daß Ihre unaufschiebbare Arbeit liegenbleiben muß?"

Antwort des Mannes:
„Ich könnte mir eventuell bei den Mahlzeiten mehr Zeit zum Gespräch nehmen. Da bin ich oft mit den Gedanken abwesend. Das muß nicht sein. Am besten wäre, wir würden hie und da auswärts essen. Wenn ich meine Frau am Sonntag Mittag in ein gutes Restaurant entführte, würde sich gewiß ein Gespräch ergeben, das wir auch noch am Heimweg fortsetzen könnten. Ich wäre dann mehr abgeschirmt, als wenn ich zu Hause neben meinen Büchern sitze."

Frage des Eheberaters an die Frau:
„Bevor wir die Idee Ihres Mannes diskutieren, möchte ich Ihnen noch die gleiche Frage stellen: Sehen Sie irgendeine kleine Möglichkeit, zu verhindern, daß Sie Ihren Mann bei unaufschiebbaren Heimarbeiten ständig stören?"

Antwort der Frau:
„Naja, ich weiß, daß er viel am Halse hat. Ich könnte ihm den Sonntagnachmittag dafür reservieren. Da nehme ich sowieso meistens ein Bad, wasche mir die Haare, lege eine Gesichtsmaske auf usw.. Wenn er soviel Wert darauf legt, ungestört zu bleiben, könnte ich mir vornehmen, mich am Sonntagnachmittag allein zu beschäftigen. Aber dann will ich wenigstens am Samstag mehr von ihm haben..."

Kontrollfrage des Eheberaters an die Frau:
„Angenommen, die Samstage bleiben, wie sie sind, aber Ihr Mann würde seine Überlegung wahrmachen und sich während der Mahlzeiten intensiver Ihnen widmen und Sie, wenn es geht, am Sonntagmittag zum Essen einladen, mit einem kleinen Spaziergang danach – wäre das für Sie ein akzeptabler Schritt in Richtung einer Verbesserung Ihrer Partnerschaft? Würde Sie das freuen?"

Antwort der Frau:
„Eigentlich hätte ich auch gern die Samstage für uns beide verplant..."

Wiederholung der Kontrollfrage des Eheberaters an die Frau:
„Ich verstehe Sie gut, doch diese Möglichkeit wurde vorläufig nicht zur Diskussion gestellt. Es geht im Moment um die Möglichkeit, das gemeinsame Essen zu einer Zeit der Begegnung umzugestalten."

Antwort der Frau:
„Ja doch, auch darüber wäre ich schon ganz froh!"

Kontrollfrage des Eheberaters an den Mann:
„Wie sieht es bei Ihnen aus? Wäre Ihnen mit einem ungestörten Sonntagnachmittag geholfen?"

Antwort des Mannes:
„Zweifellos, nur reicht der Sonntagnachmittag in Stoßzeiten nicht aus. Der Arbeitsanfall ist sehr verschieden, und schließlich muß ich am Ball bleiben und mich auch noch fortbilden..."

Wiederholung der Kontrollfrage des Eheberaters an den Mann:
„Die Frage war nicht, ob Ihnen der Sonntagnachmittag ausreicht, sondern ob es eine Erleichterung Ihres gegenwärtigen Lebens darstellen würde, wenn Ihre Frau, falls nötig, am Sonntagnachmittag auf gemeinsame Aktivitäten verzichten würde, um Ihnen ein ungestörtes Arbeiten zu ermöglichen?"

Antwort des Mannes:
„Ja klar, das wäre immerhin schon etwas!"

Stufe III

Frage des Eheberaters an den Mann:
„Sie haben vom Ausbau der Mahlzeiten gesprochen und insbesondere vom sonntäglichen Mittagessen. Darf ich Sie jetzt fragen, ob Sie zu diesem Ausbau bereit sind? Ob Sie künftig versuchen wollen, bei den gemeinsamen Mahlzeiten gedanklich mehr zu Hause als im Büro zu sein? Ob Sie den Restaurantbesuch und Spaziergang am Sonntag zunehmend in die Tat umzusetzen gedenken? Sind Sie bereit dazu?"

Antwort des Mannes:
„Naja, versuchen kann ich es ja."

Wiederholung der Frage des Eheberaters an den Mann:
„Ich meine nicht einen halbherzigen Versuch, sondern eine echte Bereitschaft. Angenommen, Ihre Frau nörgelt und stört Sie weiterhin bei Ihrer Arbeit, genau wie bisher. Sind Sie trotzdem willens, sich ihr während der Mahlzeiten mehr zuzuwenden, ihr mehr Aufmerksamkeit zu schenken, ihr dabei menschlich ein bißchen näher zu sein?"

Antwort des Mannes:
„Wenn Sie mich so fragen, sage ich Ja. Schließlich machen wir hier keinen Kuhhandel. Sie ist meine Frau und hat ein Anrecht auf eheliche Kommunikation. Ich bin bereit, mich in dieser Hinsicht zu bessern."

Frage des Eheberaters an die Frau:
„Wären auch Sie bereit, Ihrem Mann zuliebe auf die Sonntagnachmittage zu verzichten, wenn es sein muß – ihn ungestört gewähren zu lassen, selbst dann, wenn er beim Mittagessen wortkarg gewesen sein sollte, wie bisher? Wollen Sie ihm diese paar Stunden Ruhe aus tiefstem Herzen gönnen?"

Antwort der Frau:
„Wenn wir am Sonntag zum Mittagessen ausgehen und ich vormittags nicht zu kochen brauche, und wenn wir gar noch einen kleinen Spaziergang danach machen, fällt mir das leicht. Aber ich verstehe schon, wenn ich's mach', dann nicht als Bezahlung fürs Mittagessen, sondern für ihn. Also, an mir soll's nicht liegen! Solange mein Mann in seinem Beruf noch so eingespannt ist, sollen ihm die Sonntagnachmittage gehören."

Der Eheberater drückt beiden Personen seine Anerkennung für ihre selbstgewählten positiven Vorhaben aus und entläßt sie mit vielen guten Wünschen und einem Termin zur Fortsetzung des Eheberatungsgesprächs in drei bis vier Wochen.

Kommentare und Ergänzungen zum Fragen-Schema:
Die bisherigen Ergebnisse bei Anwendung dieses Fragen-Schemas in der sinnzentrierten Familientherapie sind überraschend gut. Zwei Beobachtungen wurden dabei gemacht. Zum einen wissen die allermeisten Ehepartner sehr wohl, was an eigenem Verhalten den anderen belastet bzw. was an eigenen Veränderungen den anderen glücklich machen würde (Stufe I). Äußerst selten wird „daneben geraten". Zum anderen sind die wenigsten zufrieden mit dem Angebot ihres Partners (Stufe II). Nach dem Motto: „Wem man den kleinen Finger reicht, der will die ganze Hand" versuchen sie, mehr für sich herauszuschlagen. Darauf aber darf sich der Eheberater nicht einlassen, denn ein sinnzentriertes Gespräch zentriert sich eben nicht um die Anforderungen des einen Partners an den anderen, die der andere tunlichst erfüllen soll, sondern um dasjenige, was jeder der beiden Partner sich selbst sinnvollerweise abfordern soll, zu keinem anderen Zweck, als um auszudrücken, daß ihm die Partnerschaft wert und teuer ist.

Eine weitere Beobachtung ist die, daß befragte Familienmitglieder der Frage ausweichen und von sich auf den anderen ablenken. Hier ein typisches Beispiel:

Therapeutenfrage:
„Sehen Sie eine Möglichkeit, die Stimmungslage zwischen Ihnen und Ihrer Frau zu verbessern, wenn Sie von der Arbeit heimkommen und kühl empfangen werden?"

Patientenantwort:
„Nun, ich sagte ja schon: Wenn meine Frau nicht andauernd im Haus putzen würde, wäre sie abends nicht so abgespannt und mißlaunig..."

Im Falle einer solchen Antwort darf der Familientherapeut nicht auf die Antwort des Patienten eingehen und in der Folge mit ihm über den Putzfimmel seiner Frau reden, sondern muß zur Ausgangsstellung seiner Frage zurücklenken. Die Frage lief darauf hinaus, welche Möglichkeiten der *Patient* habe, die Heimkehrsituation zu harmonisieren, und nicht, welche Möglichkeiten seine Frau habe. Konkrete Möglichkeiten seiner Frau müssen mit der *Frau* diskutiert werden und nicht mit ihm.

Allgemein gilt also die Regel, daß jedes Familienmitglied auf die Spur *seiner* sinnvollen Möglichkeiten gesetzt wird, und nicht nach den sinnvollen Möglichkeiten anderer Familienmitglieder zu fahnden hat.

Noch eine letzte Ergänzung:
Echte Partnerschaft gelingt nur zwischen Menschen, die auch ohne Partner leben können. Oder mit anderen Worten: Wer ohne Partner nicht leben

kann, kann mit Partner nicht leben. Beziehungsstörungen und das Nicht-allein-leben-Können haben eine sehr ähnliche Wurzel: die fehlende Selbständigkeit und fehlende Selbstverantwortlichkeit.

Ein Mensch, der nicht allein leben kann oder glaubt, es nicht zu können, tendiert dazu, einen Partner als „Krückstock", „Animateur", „Klagemauer", „Prellbock" etc. zu benützen. Er klammert sich vielfach am Partner an, wie man sich an Krückstöcken festhält, aber er läßt ihn auch fallen, wenn er seiner nicht mehr bedarf, wie man einen überflüssig gewordenen Krückstock in die Ecke wirft, sobald man allein gehen kann. Beides produziert Beziehungsstörungen.

Dieser Tendenz unselbständiger und wenig verantwortungsbewußter Personen ist entgegenzuhalten, daß man einen Menschen niemals und unter keinen Umständen als „Mittel zum Zweck" benützen darf. Folglich lautet der richtige Rat an beziehungsgestörte Personen, daß sie erst einmal lernen müssen, allein zu leben, um partnerschaftsfähig zu werden. Wenn sie allein im Leben zurecht kommen und dann jemanden kennenlernen, den sie lieben und mit dem sie auf freiwilliger Basis zusammenrücken, dann geschieht dieses Zusammenrücken nicht mehr, weil sie den anderen zum eigenen Wohlergehen benötigen, sondern weil sie sich ihm innerlich verbunden fühlen – an Stelle der Benützung und Ausnützung eines Menschen steht dann die Verbundenheit mit diesem Menschen.

So ist es auch in mancher zerrütteten Partnerschaft heilsam, eine Zeit lang auseinanderzurücken, was keinesfalls gleich eine Scheidung bedeutet, sondern vielmehr eine Chance zur Selbstbesinnung. Auseinanderzurücken, um allein zu leben, um quasi „in die Wüste zu gehen" und im Angewiesensein auf sich selbst Abstand zu allem Klammern und Fordern, Kritisieren und Manipulieren zu gewinnen. Nicht selten ist danach wieder eine gute menschliche Begegnung möglich, aber nur, wenn jeder wirklich „in der Wüste war". Wer sich zwischendurch auf die Schnelle mit einem Ersatzpartner „getröstet" hat, dessen Fähigkeit zu echter Partnerschaft ist „trostlos" verkümmert.

Gedanken zur Alkoholikernachbetreuung

Logotherapie in der Suchtkrankenhilfe

> Immer ist jetzt die beste Stunde.
> (Paul Claudel)

Ziel einer Nachbetreuung ist es nicht vorrangig, den Rückfall alkoholgefährdeter Personen in den Alkoholismus zu verhindern. Keine Nachsorge, auch nicht eine, die nach seelischen Krankheitsphasen anderer Art einzusetzen hat, kann sich darauf konzentrieren, vor Stolpersteinen im Leben zu warnen oder gar Stolpersteine aus dem Wege räumen zu wollen – mit einem Wort, ein Stolpern bei den Betreuten zu verhindern. Nachsorge hat eine ganz andere Aufgabe, nämlich: Nachdem die ihr vorausgegangene Therapie – bildlich gesprochen – die „Gehfähigkeit" eines Menschen wiederhergestellt hat, nunmehr mit diesem Menschen gemeinsam zu überdenken, wohin er überhaupt gehen kann und will und soll, welcher sein persönlicher Weg ist, der darauf wartet, von ihm gegangen zu werden, der Weg, der es wert ist, von ihm eingeschlagen zu werden, der eine Weg, der zu den Höhen seiner menschlichen Existenz hinaufführt. Wer auf *seinem* Weg ist, der stolpert nicht so leicht, aber wer bloß darauf achtet, nicht zu stolpern, kann leicht seinen Weg verfehlen. Nachsorge ist die Ausschau nach dem Essentiellen, die Zuwendung zum Eigentlichen, ist im Anschluß an einen Gesundwerdungsprozeß die Schärfung des Bewußtseins, *wofür* denn die wiederhergestellte Gesundheit wichtig und notwendig ist, wofür sie gebraucht und genützt werden kann.

Der Sinn des Lebens ist nicht der, gesund zu bleiben und Krankheiten vorzubeugen. Vielmehr ist es umgekehrt. Nur dann, wenn das Leben für einen Menschen Sinn hat, einzig dann ist es für diesen Menschen auch sinnvoll, gesund zu bleiben und Krankheiten vorzubeugen. Auf die Alkoholproblematik bezogen heißt dies: Das Trockenbleiben ist kein Lebensinhalt, sondern die unabdingbare Voraussetzung zur Erfüllung eines Lebensinhaltes. Deshalb bleiben letztendlich diejenigen trocken, die um die Erfüllung eines solchen Lebensinhaltes ringen, nicht aber diejenigen, die ums Trockenbleiben kämpfen. Klar und prägnant ausgedrückt hat dies ein Selbst-Betroffener, der einst in einem Brief an mich schrieb:

„Ich bin alkoholabhängig, lebe aber seit über einem Jahr abstinent. Der entscheidende Anlaß, etwas gegen die Sucht zu tun, kam nicht aus den verschiedenen Therapien, die ich mitgemacht habe, sondern aus dem Leben. Meiner Frau, die mich u. a. wegen meines Alkoholmißbrauchs verlassen hat, ging es schlecht, und ich wollte meinen Arbeitsplatz erhalten, um sie und unsere Tochter unterstützen zu können. So bin ich abstinent geworden. Die Therapeuten haben mir immer einen „gesunden Egoismus" einreden wollen, aber damit konnte ich nichts anfangen. Wozu sollte ich dem Alkohol entsagen? Um meinen Egoismus auszuleben? Ich verachtete mich sowieso wegen meiner verdammten Schwäche. Als dann aber das mit meiner Frau passierte, sah ich plötzlich einen Sinn darin, gesund zu werden. Das hat mir bis heute Kraft gegeben. Jetzt kann ich die Schuld abtragen, die ich auf mich geladen habe. Ich bin ein anderer Mensch geworden."*

Der Text des Briefes kann in vielfacher Hinsicht für uns lehrreich sein.

Wir haben den Satz gelesen: „Der entscheidende Anlaß, etwas gegen die Sucht zu tun, kam nicht aus den verschiedenen Therapien, die ich mitgemacht habe, sondern aus dem Leben." Der Briefschreiber wußte wahrscheinlich gar nicht, wie recht er hat. Das kann nämlich eine Therapie nicht leisten, sie kann den Anlaß nicht setzen für ein Ja zum Leben. Was sie hingegen leisten kann, ist, die Überzeugung in einem Patienten zu wecken, daß jedes Leben und jede Lebenssituation, wie sie auch beschaffen sein mag, einen echten Anlaß in sich birgt, das Ja zum Leben zu sprechen.

Als ich vorhin andeutete, daß in der Nachbetreuung von – symbolisch ausgedrückt – wieder gehfähig gewordenen Patienten die Richtung des Weges, das Wofür der mühsam erworbenen Rekonvaleszenz eines Patienten ins Blickfeld der gemeinsamen Betrachtung gerückt werden muß, meinte ich nicht einfach ein bestimmtes Vorhaben, das quasi zu seiner Beschäftigung ausgedacht und angepackt werden soll. Freilich ist es im psychohygienischen Sinne begrüßenswert, wenn jemand etwas vor hat, insbesondere, weil er dann auch etwas *vor sich* hat, trotzdem kann das bestausgedachte Vorhaben mißlingen, seine Durchführung kann plötzlich schieflaufen. Hängt dann die innere Stabilität eines Menschen an diesem bestimmten Vorhaben, ist im Falle des Mißlingens der Rückfall schnell geschehen. Und das ist gefährlich, denn alle irdischen Pläne und Projekte sind anfällig, nichts ist uns garantiert, ständig werden wir in irgendeiner

---

* Aus: Elisabeth Lukas, „Gesinnung und Gesundheit", Verlag Herder, Freiburg 1987, Seite 63

Form frustriert. Aber darum geht es gar nicht, es geht nicht darum, daß wir bei unseren menschlichen und allzu menschlichen Vorhaben Erfolg haben, daß wir uns auf der Gewinnerseite halten können. Jedes Ziel ist verlierbar, nur der konkrete Sinn-Anruf der jeweiligen Lebenssituation ist ein immerwährender und ein stets sich neu erschließender – sogar im Scheitern, noch im Mißlingen menschlicher Vorhaben ist Sinnerfüllung möglich in der Art und Weise, wie ein Ziel eben aufgegeben, mit welcher Haltung ein Plan, der sich als undurchführbar erweist, zurückgelegt wird.

Nehmen wir die erwähnte Textstelle aus dem Brief noch einmal unter die Lupe. Da steht: „Meiner Frau, die mich u. a. wegen meines Alkoholmißbrauchs verlassen hat, ging es schlecht, und ich wollte meinen Arbeitsplatz erhalten, um sie und unsere Tochter unterstützen zu können. So bin ich abstinent geworden." Zweifellos war das Elend der engsten Angehörigen für den Briefschreiber ein starkes Motiv zur Enthaltsamkeit. Ein selbsttranszendentes Motiv, wie wir in der Logotherapie sagen würden, das heißt, ein Motiv, das über die Abstillung seiner eigenen Bedürfnisse hinausreicht und sich an etwas oder jemandem in der Außenwelt, am Wohl einer Sache oder eines Mitmenschen orientiert. Der Briefschreiber hat dies in seinen nachfolgenden Zeilen sehr deutlich zum Ausdruck gebracht, indem er dem sogenannten „gesunden Egoismus", zu dem er aufgefordert worden war, eine klare Absage erteilte.

Er läßt sich also leiten von einem selbsttranszendenten Motiv, was sehr hoffnungsvoll aussieht, denn nur auf dem Wege der Selbsttranszendenz kommt der Mensch ganz zu seiner Bestimmung, nur wenn er sich selbst vergißt und übersieht in der Hingabe an eine Aufgabe, wie Viktor E. Frankl es formuliert*, verwirklicht er sich ganz selbst. Dennoch stellt sich beim Lesen der zitierten Textstelle die Frage, was passieren würde, sollte die getrenntlebende Frau des Briefschreibers etwa einen wohlhabenden Freund kennenlernen, der ab sofort für sie sorgt. Würde ihr Mann abstinent bleiben? Nun, er *wird* abstinent bleiben, wenn er mittlerweile einen inneren Wachstumsschritt vollzogen hat, und zwar die Bereitschaft entwickelt hat, seine geistigen Fühler auszustrecken und mit ihrer Hilfe abzutasten, was ihm angesichts einer veränderten Lebenssituation Sinnvolles abverlangt ist.

Wahrscheinlich ist es ein veränderter Sinn, nicht mehr die Erhaltung des Arbeitsplatzes, um Frau und Tochter unterstützen zu können, aber vielleicht die Erhaltung des Arbeitsplatzes, um nach wie vor seiner Tochter als vorbildlicher Vater gegenübertreten zu können, um wertvolle Bekanntschaften und Kontakte pflegen zu können, um eine Weiterbildung in An-

---

* Vgl. dazu: Viktor E. Frankl, „Ärztliche Seelsorge", Verlag Deuticke Wien, 10. Auflage 1982, Kapitel „Vom Aufgabencharakter des Lebens"

griff nehmen zu können, die ein zusätzliches Wirken ermöglicht, oder schlichtweg, um der Gesellschaft nicht zur Last zu fallen. Warum aber sage ich, daß der Briefschreiber dazu einen inneren Wachstumsschritt vollzogen haben müßte? Das ist leicht zu beantworten: Weil ich weiß, daß er in der Zeit vor seinem Abstinenzentschluß diese Bereitschaft, jede vorzufindende Lebenssituation mit geistigen Fühlern auf ihren Sinngehalt abzutasten, nicht besessen oder zumindest nicht bewiesen hat. Die Worte „Meiner Frau, die mich u. a. wegen meines Alkoholmißbrauchs verlassen hat..." verraten es mir. Wenn nämlich die spätere finanzielle Notlage seiner Frau ein Motiv hergegeben hat, ihr zuliebe mit dem Alkohol Schluß zu machen, dann hätte die psychische Notlage seiner Frau während der Ehe, bzw. als die Ehe schon zu kriseln begann, nicht minder ein Motiv hergegeben, der Bewahrung der Familie zuliebe auf den Alkohol zu verzichten. Doch damals waren die Antennen des Mannes offenbar noch nicht ausgerichtet auf den Sinn-Anruf, der seine Ehekrise durchtönt haben muß, eine *schwerere* Erschütterung war notwendig gewesen, um ihn in seinem personalen Kern zu erreichen. Jetzt wird alles darauf ankommen, daß diese seine ausgefahrenen Antennen ausgefahren bleiben, daß sie beweglich genug bleiben, um zu vernehmen, *was* da jeweils ertönt, *wozu* er gerufen ist, wieder und wieder aufs neue, ein Leben lang.

Kehren wir damit zum Thema „Nachbetreuung" zurück. Ich habe die Behauptung gewagt, daß es ihr Anliegen nicht sein kann, einem alkoholgefährdeten Menschen die unablässige Bedrohung seiner Existenz durch den Alkohol einzuhämmern. Daß er gefährdet ist, auch noch nach Jahrzehnten der Abstinenz, muß er bis dahin gelernt haben, das ist Pflichtteil und Pflichtübung seiner Therapie. Trotzdem macht die Alkoholgefährdung nicht sein ganzes Menschsein aus, ist sie nicht die komplette Geschichte seines Lebens. Der Zwang zum demütigen Bekenntnis einer dispositionellen Schwäche kann nicht den Schlußakt eines therapeutischen Geschehens bilden. Nachbetreuung aus logotherapeutischer Sicht will mehr zuwege bringen: die *Stimulierung* des ehemaligen Patienten zum Einsatz seiner persönlichen Stärken, und die Förderung seiner Fähigkeit, wahrzunehmen, was eines solchen Einsatzes wert ist. Oder in zwei Sätzen zusammengefaßt: 1) Die Nachbetreuung soll dem zu Betreuenden die Einsicht vermitteln, daß es unter den Möglichkeiten seines Daseins immer eine sinnvollste Möglichkeit gibt, die ergriffen und verwirklicht werden kann, und 2) die Nachbetreuung soll die detektivische Findigkeit des zu Betreuenden schulen, diese eine sinnvollste Möglichkeit unter den jeweils vorherrschenden Bedingungen zu orten und zu entdecken.

Vielleicht fragt der eine oder andere kritische Leser, wieso wir in der Logotherapie so überzeugt sind, daß die Einleitung eines derartigen permanenten Sinnfindungsprozesses den optimalen Schutz gegen die Selbstzerstörung gewährleistet. Auch darüber gibt unser Briefschreiber Auskunft, eine Auskunft, die in ihrer Einfachheit und Aufrichtigkeit geradezu rührend ist. „Wozu sollte ich dem Alkohol entsagen?" schrieb er, „Um meinen Egoismus auszuleben? Ich verachtete mich sowieso wegen meiner verdammten Schwäche." Das ist ein entscheidendes Moment: die Selbstachtung oder Selbstverachtung eines Menschen ist sein Ja oder Nein zum Leben. Alles darf unbeschadet verloren gehen, Hab und Gut, Liebe und Freundschaft, Beruf und Gesundheit, sogar Selbstbewußtsein und Selbstvertrauen, nur die Selbstachtung nicht, sie ist das Bestehen-Können vor sich selbst oder vor Gott. Sie ist nicht weniger als die subjektive Spiegelung der objektiven und unveräußerbaren Würde eines jeden Menschen, die nicht beeinträchtigt wird von Krankheit, Siechtum, Verfehlung und Tod.

Die Selbstachtung ist nun keineswegs abhängig davon, was die Umwelt von einem hält, sondern sie steht und fällt damit, was man selber von sich hält. Ob man aus tiefstem Inneren heraus seiner eigenen Existenz zustimmen kann, weil es aus irgendeinem erfahrbaren Grunde gut ist, daß man da ist, oder ob sich allmählich das lähmende Empfinden der Seele bemächtigt, daß es im großen und ganzen gleichgültig ist, ob man da ist oder nicht da ist, weil man doch nur überflüssig ist in der Welt. In diesem Zusammenhang pflege ich meine Studenten zu lehren: „Das Glück besteht nicht darin, daß jemand sagen kann: „Mir geht es gut", das Glück ist, wenn jemand sagen kann: „Ich bin für etwas gut". Wobei das Glück, das hier angesprochen wird, das Glück der eigenen Selbstachtung ist, das Ja zum Sein schlechthin.

Dieses Glück der eigenen Selbstachtung ist aber wiederum sehr eng verknüpft mit der Bereitschaft eines Menschen, das ihm aufgetragene und abverlangte Sinnvolle zu wählen, die sinnvollste Handlung oder die sinnvollste Haltung, die seinen gegenwärtigen Gegebenheiten entspricht, das heißt, das Ja zum Sein hängt an der Entscheidung zum Sinn. Vielleicht kann ein Beispiel diese komplizierten Querverbindungen erläutern*.

Ein Schiffssteward hatte die Pflicht, der Schiffsmannschaft das Essen zu servieren. Eines Tages, als er wieder einmal beim Servieren war, ärgerte sich der Erste Offizier über ein Stück Fleisch auf seinem Teller, das nicht ausreichend durchgebraten war, obwohl er wiederholt in der Küche Bescheid gegeben hatte, wie er seine Steaks zubereitet wünschte. Der Erste Offizier ärgerte sich dermaßen, daß ihn die Wut packte und er den Teller samt Inhalt dem Schiffssteward, der gerade den Raum verlassen wollte, hinterherwarf. Diesem blieb nichts anderes übrig, als zähneknirschend die Scherben und Essensteile aufzukehren und sich die Saucenspritzer von der Jacke zu waschen. Nachdem er damit fertig war, ging er grollend in seine

---

* Entnommen aus: Elisabeth Lukas, „Psychologische Vorsorge", Verlag Herder, Freiburg 1989

Kajüte und betrank sich. Unglücklicherweise wurde er in betrunkenem Zustand gefunden und mußte sich einem Disziplinarverfahren unterziehen, das ihn beinahe seinen Arbeitsplatz gekostet hätte.

Überlegen wir, was uns die Geschichte – abgesehen von allen moralischen Aspekten – verdeutlicht. Es ist die Geschichte von zwei Personen, und beide Personen, so dürfen wir annehmen, gehen aus dieser Geschichte zunächst reichlich unglücklich hervor. Die eine Person ist der Erste Offizier. Er hat sich hinreißen lassen, seine Wut über ein frustrierendes Ereignis an einem Unschuldigen abzureagieren, er hat einen Teller zerbrochen, er hat Essen verdorben, er hat einen Menschen gekränkt. Daß diese Handlung keine sinnvolle gewesen ist, kann ihm trotz möglicher Ausflüchte vor seinem Gewissen nicht verborgen bleiben, ebensowenig wie die Tatsache, daß er sinnvollere Möglichkeiten besessen hätte, mit dem Ärger über das nicht durchgebratene Fleisch umzugehen; z. B. es in die Küche zurückzuschikken, persönlich mit dem Koch zu reden usw. Freilich, nachdem er der Vorgesetzte war, hat ihm niemand einen Vorwurf gemacht, auf zwischenmenschlicher Ebene ist er glimpflich davongekommen. Dennoch bleibt unweigerlich ein Unbehagen in ihm zurück, ein leises Gefühl der Beschämung, ein lästiges Gefühl der Schuld, die Wahl wider den Sinn wird an seiner Selbstachtung nagen. Stolz kann er ja nun wirklich nicht sein auf seine große „Heldentat".

Die andere mitbeteiligte Person ist der Schiffssteward. Auch er ist mit einem frustrierenden Ereignis konfrontiert worden, und auch er hat die Wut darüber an einem Unschuldigen ausgelassen, nämlich an sich selber, indem er sich betrank. Bis zu dem Zeitpunkt, als er die Scherben zusammenkehrte, konnte er noch zu sich aufsehen, in Ruhe und Gelassenheit. Er war zwar gekränkt, beleidigt worden, und das ungerechtfertigterweise, aber die Verantwortung dafür lag auf anderen Schultern, nicht auf seinen, *von ihm* war nichts Sinnwidriges ausgegangen. Für ihn stellte sich lediglich die Frage, wie er gleichsam sinnvoll auf die erlittene Sinnwidrigkeit reagieren konnte, welche die beste Antwort sein würde, die er auf ein schmerzliches Ereignis geben konnte.

In seiner Kajüte hatte er Zeit, sich dies zu überlegen, und wenn er sich die Zeit dafür genommen hätte, wäre es ihm wahrscheinlich sinnvoll erschienen, in einer stillen Minute das Gespräch mit dem Ersten Offizier zu suchen und diesem in höflichem Tone rückzumelden, daß die Szene mit dem nachgeworfenen Teller nicht in Ordnung gewesen ist. Schließlich hatte er das Fleisch ja nicht gebraten. Ein solches Vorgehen hätte dem Ersten Offizier die Chance zugespielt, sich zu entschuldigen und die Angelegenheit damit zu bereinigen, wobei der Erste Offizier seine Selbstachtung wiedergewonnen hätte, während der Schiffssteward seine Selbstachtung nie eingebüßt hätte, im Gegenteil, er hätte mächtig stolz auf sich sein dürfen.

Doch der Schiffssteward hat einen anderen Weg gewählt: die Flucht in die Betäubung mittels Alkohol, die Fortsetzung einer fremden Sinnwidrigkeit in Form einer eigenen Sinnwidrigkeit. Danach konnte er nicht mehr zu sich selbst aufsehen, sondern fand sich wieder auf der Stufe seines Gegners, auf die er hinuntergestiegen war; wohl hatte er unschuldig ein Leid empfangen, aber er hat auch Leid vermehrt in der Welt – ein Leid, das er seinem eigenen Körper zugefügt hat, und das, wenn er etwa seinen Arbeitsplatz verloren hätte, unter Umständen noch mehr Unschuldige mitgetroffen hätte.

Lernen wir daraus, daß es vom Standpunkt der Psychohygiene aus irrelevant ist, was wir im Leben empfangen, Freud oder Leid, Zuwendung oder Ablehnung, Lob oder Tadel. Wesentlich ist stets, wie wir darauf reagieren, was von uns ausgeht, wesentlich ist die Antwort, die wir auf ein Ereignis geben, sei dieses erhebend oder frustrierend, eine Antwort, die wir selbst bestimmen und selbst ver-antworten müssen, wie Viktor E. Frankl in seinen Schriften hervorhebt.* Kein Mensch ist noch an einer Frustration allein zerbrochen, wohl aber haben sich viele Menschen mit negativen *Reaktionen auf Frustrationen* ins Unglück gebracht, was, wie gesagt, damit zusammenhängt, daß sie etwas Widersinniges in der Welt fortgesetzt haben, statt ihm sinnvoll zu begegnen.

Deshalb ist es unabdingbares Plansoll einer jeden effizienten Nachbetreuung, den zu Betreuenden die Augen dafür zu öffnen, daß kein schicksalhaftes Leid, das sie jemals erleben mögen, an ihrer Selbstachtung rütteln wird, ja, daß es umgekehrt ihre Selbstachtung stärken wird, je mutiger sie sich einem Leide stellen werden, je tapferer sie es tragen werden, sofern sie es nicht verändern können; daß jedoch jedes Leid, das sie selber ins Leben hineingeben werden, nicht das erlittene, sondern das zugefügte, auf ihrer Seele liegen und an ihrer Selbstachtung rühren wird. Das bekannte Schamgefühl des Alkoholikers ist nichts anderes als das Kennzeichen seines gesunden Ichs, ist die Stimme in ihm, die beharrlich darauf hinweist, daß Trinken keine Antwort ist auf Lebensprobleme, zumindest keine bejahungswürdige Antwort, hinter der und zu der ein Mensch stehen kann. Solange diese Stimme noch spricht, besteht Hoffnung, und wir wissen, daß sie bis zuletzt spricht, solange sich überhaupt noch ein geistiger Funke in einem Menschen regt.

Blicken wir noch einmal kurz auf die Schiffsgeschichte zurück. Worauf gründet sich unsere Hoffnung, daß diese Geschichte trotz ihres schlechten

---

* Vgl. dazu: Viktor E. Frankl, „Der unbewußte Gott", Kösel Verlag, München, 5. Auflage 1979, Seite 13

Anfangs noch gut ausgehen kann? Was würde ein „happy end" herbeiführen? Doch nur die über sein gesundes Schamgefühl geweckte und gezündete Reue des Ersten Offiziers, die ihn dazu veranlassen könnte, seinem Untergebenen die Hand zu reichen und zu bekennen, daß ihm das Vorgefallene leid tut. Oder die über sein gesundes Schamgefühl geweckte und gezündete Reue des Schiffsstewards, die ihn dazu veranlassen könnte, den eisernen Vorsatz zu fassen, im Dienst nie mehr zu trinken, komme was wolle. Oder, was am allerschönsten wäre, beides zusammen. Unsere Geschichte wäre dann die Geschichte der Wandlung zweier Menschen, die eine Schuld auf sich geladen haben, aber an der von ihnen freiwillig übernommenen Schuldabtragung über sich selbst hinaus und zu reiferen Menschen herangewachsen sind. Das „happy end" gibt es nicht nur im Märchen, das gibt es auch in der Wirklichkeit, und zwar gibt es das immer dann, wenn sich ein Mensch zu dem entscheidet, was Sinn hat; dann wandelt sich gesunde Scham in gesunden Stolz, dann wandelt sich innere Schwäche in innere Stärke, dann wandelt sich So-sein in Anders-sein. Der Briefschreiber, den ich bereits mehrmals zitiert habe, hat es bestätigt, als er schrieb: „Jetzt kann ich die Schuld abtragen, die ich auf mich geladen habe. Ich bin ein anderer Mensch geworden."

Bisher lautete mein Appell: Helfen wir den uns anvertrauten Menschen, zu der Einsicht zu gelangen, daß in jedweder Lebenssituation eine Sinnmöglichkeit auf sie wartet, und helfen wir ihnen, das Sinnmögliche zu verwirklichen, auch dann, wenn es nicht leicht ist; denn es erhält ihre Selbstachtung.

Doch noch einen Punkt gilt es zu erwähnen, den ich an dem kleinen Nebensatz: „... auch dann, wenn es nicht leicht ist" festmachen möchte. Der Süchtige hat ein schweres Los, und zwar vorwiegend deshalb, weil er das Leichte bevorzugt. Ihm ist langweilig? Naja, ein paar Schnäpse hinter die Binde, und schon sieht alles recht lustig aus. Das ist leicht, schwerer wäre es, selber kreativ zu werden, um freie Zeit produktiv auszugestalten. Er ist schüchtern und gehemmt? Er hat vielleicht sogar Angst? Naja, mit ein paar Promille Alkohol im Blut überspringt er solche Barrieren leicht. Sehr viel schwerer wäre es, eine Sache mitsamt Schüchternheit, trotz Gehemmtheit anzupacken, sich über seine Ängste hinwegzusetzen, sie schlichtweg auszuhalten. Diese Beschreibung ließe sich vielfältig variieren, die Quintessenz ist jedoch immer dieselbe: ein unangenehmes Gefühl wird kurzfristig vertrieben, ein angenehmes Gefühl wird kurzfristig erzeugt, aber um welchen Preis? Um den Preis einer langfristig menschenunwürdigen Existenz! Helfen wir folglich dem Abhängigen, sich von der Abhängigkeit – nicht bloß vom Suchtmittel, sondern von seiner eigenen Gefühlswelt – zu befreien. Was ist denn schon so begehrenswert an einem vorübergehenden Lustgefühl, was ist denn schon so schrecklich an einem vorübergehenden

Unlustgefühl? Wirklich frei ist, wer sich löst vom Getriebenwerden durch Ängste und Begierden, frei ist, wer auf emotionaler Ebene nichts wünscht und nichts fürchtet, sondern sich ausliefert einem natürlichen gefühlsmäßigen Mitschwingen im Lebensvollzug, wie er nun einmal ist.

Ein junger Mann fragte mich in einem Beratungsgespräch etwas provokant: „Sagen Sie mir, was Sie eigentlich gegen den Drogenkonsum einzuwenden haben?" Worauf ich ihm antwortete: „Das sage ich Ihnen gern. Ich bin gegen jede Art von Sklaverei. Was die Droge Ihnen schenkt, das ist ein temporärer Gefühlszustand, den Sie in gesteigertem Maße als angenehm erleben, aber was die Droge Ihnen raubt, das ist die Freiheit, nicht nach diesem Gefühlszustand zu gieren, ihn nicht ständig herbeizusehnen, nicht ständig an ihn denken zu müssen. Wissen Sie überhaupt, wie herrlich es ist, emotional frei zu sein? Unangreifbar zu sein von irgendeinem irrationalen Störgefühl, für dessen Entstörung Sie Ihren Seelenfrieden verkaufen müssen?" Der junge Mann wurde bei meinen Worten sehr nachdenklich.

Zugegeben, unsere Zeit ist der Suchtprävention abhold. Der Trend der Gegenwart ist es, die Gefühle möglichst wichtig zu nehmen, das Leben wenn möglich zu genießen. „Der lange Genuß" – ein Werbespot der Zigarettenindustrie. „Jetzt genießen – später bezahlen" – ein Werbespot der Kreditwirtschaft. Das ist die Sklaverei der Moderne. Bauen wir ein Gegengewicht auf gegen den Zwang zum Genuß. Leben wir bescheiden und erhalten wir uns unseren Seelenfrieden. Wenn wir dies den uns anvertrauten Menschen vorleben, wird ihnen eines Tages aufgehen, welch ein Reichtum es ist, entsagen zu können. Ich schließe deshalb dieses Kapitel mit einer fernöstlichen Geschichte*, die, wie ich glaube, die Perspektive von innerer Freiheit und innerem Frieden (die auch die logotherapeutische Perspektive ist) aufleuchten läßt wie kaum eine andere; wobei es unserer Phantasie anheimgestellt sei, König Alkohol im Gewande eines übergroßen Diamanten zu erkennen:

„Der Sannyasi hatte den Dorfrand erreicht und ließ sich unter einem Baum nieder, um dort die Nacht zu verbringen, als ein Dorfbewohner angerannt kam und sagte: „Der Stein! Der Stein! Gib mir den kostbaren Stein!"

„Welchen Stein?" fragte der Sannyasi.

„Letzte Nacht erschien mir Gott Shiwa im Traum", sagte der Dörfler, „und sagte mir, ich würde bei Einbruch der Dunkelheit am Dorfrand einen Sannyasi finden, der mir einen kostbaren Stein geben würde, so daß ich für immer reich wäre."

---

* Aus: Antony de Mello, „Warum der Vogel singt. Geschichten für das richtige Leben", Verlag Herder, Freiburg, 4. Auflage 1985, S. 103

Der Sannyasi durchwühlte seinen Sack und zog einen Stein heraus. „Wahrscheinlich meinte er diesen hier", sagte er, als er dem Dörfler den Stein gab. „Ich fand ihn vor einigen Tagen auf einem Waldweg. Du kannst ihn natürlich haben."
Staunend betrachtete der Mann den Stein. Es war ein Diamant. Wahrscheinlich der größte Diamant der Welt, denn er war so groß wie ein menschlicher Kopf. Er nahm den Diamanten und ging weg. Die ganze Nacht wälzte er sich im Bett und konnte nicht schlafen. Am nächsten Tag weckte er den Sannyasi bei Anbruch der Dämmerung und sagte: „Gib mir den Reichtum, der es dir ermöglicht, diesen Diamanten so leichten Herzens wegzugeben."

Das Buch als Lebenshilfe

Logotherapie in der Bibliotherapie

> Mit zwei Seiten eines Buches schon
> kann ich fliegen –
> sie ersetzen mir Flügel.
> Manchmal genügt schon eine Zeile,
> ein Wort –
> die Andeutung von Flügeln.
> Manchmal genügt schon,
> was zwischen den Zeilen steht –
> der Gedanke an Flügel.
>
> (Michael Groißmeier)

Ich habe nur wenige deutliche Erinnerungen an meine früheste Kindheit, und wahrscheinlich ist das gut so, denn ich bin 1942, mitten im Krieg geboren. Aber eine meiner allerfrühesten Erinnerungen hat mit einem Buch zu tun. Ich sehe noch heute meine Mutter vor mir, wie sie in einer kleinen Kammer der elterlichen Wohnung in Wien an einem Tisch saß, auf dem ein Kerzenstummel brannte. Sie war in ein Buch vertieft. Offenbar war mir langweilig, denn ich begann plötzlich zu weinen, da hob mich meine Mutter auf ihren Schoß, drückte das Buch in meine kleinen Ärmchen und erlaubte mir, immer wenn sie eine Seite fertiggelesen hatte, für sie umzublättern. Das machte Spaß, und so saß ich da, geborgen auf Mutters Schoß, gewärmt von ihrer Nähe, einbezogen in den hingebungsvollen Leseprozeß und ganz und gar durchdrungen von innerem Frieden – die Welt draußen vor der Kammer mochte aus den Fugen geraten sein, aber innerhalb unserer kleinen Kammer war die Welt in Ordnung. Vielleicht stammt aus dieser frühkindlichen Reminiszenz meine Überzeugung, daß ein gutes Buch Lebenshilfe zu leisten vermag.

Seit mehr als 17 Jahren habe ich Gelegenheit, in der klinisch-psychologischen Praxis zu beobachten, welche Art von Lebenshilfe heute gebraucht wird, wobei es, wie überall sonst, auch auf diesem Gebiet einen ungeheuren Wandel gegeben hat. Zwar bleiben die Urnöte des Menschen stets dieselben; stets ist es eine tiefe innere Unsicherheit, die den Menschen in eine Lage treibt, in der er nach Hilfsmöglichkeiten Ausschau hält. Dennoch haben sich die Inhalte der Verunsicherung mit dem Fortschreiten der Technisierung unserer Zivilisation rapide verändert. Kaum jemand leidet noch an einer sexuellen Verklemmtheit, an unausgesprochenem Liebesschmachten, an der Unterjochung durch Autoritäten oder an einer selbstquälerischen Demutshaltung, wie sie in den Zeiten vor und nach dem 1. Weltkrieg charakteristisch waren. Dafür aber leiden heute unzählige Menschen an einer Bindungs- und Beziehungslosigkeit, an ständig wechselnden unglücklichen Partnerschaften, an fehlender Einsatzfreudigkeit und fehlendem sachlichem Engagement, sowie an massiven Sinnlosigkeitsgefühlen, die ihr gesamtes Wirken durchziehen.

Fast könnte man meinen, die Unsicherheit hat sich von innen nach außen verlagert. Betraf die Unsicherheit in früheren Zeiten eher das Selbst, das in Frage gestellt wurde, bzw. das als nicht wert und nicht fähig angesehen wurde, den Anforderungen des Lebens zu genügen, während das Leben als Ganzes trotz all seiner Schwierigkeiten bejaht wurde, so betrifft die Unsicherheit des gegenwärtigen Menschen weniger ihn selber als vielmehr die Lebensanforderungen, die auf ihn warten, seine Mitwelt, seine Umwelt, seine Ziele, die auf einmal fragwürdig erscheinen. Lautete folglich die Sorge des früheren Menschen, auf einen Satz gebracht: „Bin ich überhaupt imstande, dasjenige zu erfüllen, was mir als sinnvolle Aufgabe vorschwebt?", so lautet sie heute anders, etwa folgendermaßen: „Ich wäre schon imstande, eine Aufgabe zu erfüllen, wenn mir bloß eine sinnvolle vorschweben würde..."

Die Lebenshilfe, die in unseren Tagen nottut, muß also mehr leisten als nur die Ermutigung und Ermunterung des Hilfesuchenden, seine persönlichen Wünsche auszudrücken und ihre Zielerreichung durchzudrücken. Die „Ichstärkung", wie man in der Tiefenpsychologie sagt, die Stärkung des Selbstbewußtseins oder, wenn man so will, die Emanzipation der modernen Generation, ist noch nicht das ganze Heilsrezept. Wer über Durchsetzungsfähigkeit verfügt, muß noch lange nicht wissen, was im Leben lohnt, durchgesetzt zu werden. Wem Wünsche offen stehen, der muß sich über den Inhalt seiner Wünsche und ihre Vertretbarkeit nicht im klaren sein. Das Selbstbewußtsein des Menschen ist gewachsen, aber das Bewußtsein, in einer menschenwürdigen Welt zu leben, ist ganz erheblich abgesunken; das Leben als Ganzes wird nicht mehr bedingungslos bejaht. In dieser Situation ist Lebenshilfe in erster Linie Hilfe zur Wiederbesinnung auf Sinn- und Wertperspektiven des Lebens, ja, ist Hilfe zur Erneuerung jenes Bundes mit der Schöpfung, den der Mensch in seiner Geistigkeit, Freiheit und Verantwortlichkeit einzugehen aufgerufen ist.

Lebenshilfe ist besonders dringlich dort, wo zum allgemeinen Unbehagen eine Grenzerfahrung dazukommt, oder anders ausgedrückt, wo der Mensch einem leidvollen Schicksal gegenübersteht, das sich der Macht seines Zugriffes entzieht.

Behinderung, Krankheit, Alter, Berufsunfähigkeit und Partnerverlust sind Schicksalsboten solcher Art, aber auch Folgen persönlichen Handelns und Irrens können sich später zum schicksalhaften Los verdichten wie im Falle sozialer Isolierung oder gar Inhaftierung. Dann tritt zur Frage, in welche Richtung, auf welche Ziele hin Leben gestaltet werden soll, die Ohnmacht, Leben überhaupt noch aktiv gestalten zu können; zum Gefühl der Sinnlosigkeit allen Tuns gesellt sich nicht selten das Gefühl der Hoffnungslosigkeit eigenen Seins.

Daraus folgt, daß wir heute ein multidisziplinäres Hilfsangebot brauchen, eine enge Zusammenarbeit all jener, die willens sind, den Schmerz in der Welt zu lindern und wennmöglich zu verhindern – keine Fachdisziplin allein wäre dieser Aufgabe gewachsen. Wenn wir etwas in unserem Jahrhundert der Eskalationen und Superlative gelernt haben, dann ist es die Einsicht, daß es gegeneinander nicht geht, nicht *mehr* geht, der Traum vom Sieg des Stärkeren ist ausgeträumt. Wir sind abrupt erwacht zu der Einsicht, daß es eine einzige Chance für uns alle gibt, und das ist die Chance des Miteinander.

Deswegen können wir auch den Kampf gegen Sinnlosigkeit und Hoffnungslosigkeit, Verzweiflung und Lebensabsage nur gemeinsam gewinnen, wir: Fachleute und Laien, jeder auf seine Art und in seinem Aktionsbereich, und unter uns Fachleuten Spezialisten auf allen Gebieten: Ärzte, Psychologen, Psychotherapeuten, Seelsorger, Pädagogen... *und* Bibliothekare! Auch sie reihe ich ein in die lange Kette derjenigen, die kraft ihres unmittelbaren beruflichen Kontaktes zur Mitwelt Einfluß nehmen auf diese Mitwelt und kraft ihres Berufsethos in der Pflicht stehen, sich um konstruktive statt um destruktive, und um positivierende statt um negativierende Einflußnahme zu bemühen. Ob das Medium in der Hand des Fachmannes ein Skalpell oder ein Buch ist, darauf mag es im wesentlichen nicht ankommen, wohl aber darauf, ob das schneidende Skalpell Krankes entfernt oder Gesundes zerstört, und wohl darauf, ob das empfohlene Buch Lebensmut fördert oder Resignation weckt.

Allerdings, vor dem Buch als Lebenshilfe steht der Mensch als Lebenshilfe. Ein afrikanischer Spruch besagt: „Es ist das Herz, das gibt. Die Hände geben nur her." Dieser Spruch sollte in jeder Bibliothek an einer freien Wand hängen und daran erinnern, daß auch die Hände des Bibliothekars hergeben, nämlich Bücher hergeben, daß er aber vor, während und nach dem Akt des Hergebens Gelegenheit hat, etwas zu geben, nämlich menschliche Anteilnahme, diese aber wiederum nur mit seinem Herzen. Die Begegnung ist Lebenshilfe, das Gespräch ist Lebenshilfe, das Angebot ist Lebenshilfe, und erst eingebettet in diesen vielfachen kommunikativen Bezug entpuppt sich das Buch selber und seinerseits als ein Element der Lebenshilfe, vorausgesetzt, daß es ein „entsprechendes" Buch ist. Bevor wir uns daher mit der Frage der Entsprechung von Büchern im Sinne von Angemessenheit oder gar Heilsamkeit beschäftigen, wollen wir zunächst ein wenig beim Aspekt der Gesprächsführung verweilen.

Jedes Gespräch besteht aus einem ständigen Wechsel von Reden und Zuhören, jedoch nicht aus einem Wechsel von Aktivität und Passivität. Denn auch das Zuhören ist kein passives, ist kein Das-Reden-des-anderen-über-sich-ergehen-Lassen und kein bloßes Warten-müssen-bis-man-wieder-das-Wort-ergreifen-Kann, sondern ein geistiges Beim-anderen-Sein, eine besondere Nähe zum anderen – Nähe nicht räumlich, sondern ontologisch gemeint –, die es ermöglicht, die Gedanken des anderen mitzuerschauen, seine Gefühle mitzuempfinden, sich auf denselben Erfahrungsgegenstand zu konzentrieren, dem seine momentane Aufmerksamkeit gehört. Man spricht zueinander, aber man spricht *über etwas,* und das Etwas ist der Raum, in dem man sich trifft, ob als Sprechender oder als Hörender, der Logos konstituiert den Dialog, wie es in der Fachsprache heißt.

Aus den genannten Gründen hat das Zuhören genauso eine Aussagekraft, ja sogar eine Chance der Gesprächssteuerung, wie das Sprechen selbst. Freundlich-interessiertes Zuhören vermittelt die Botschaft: „Du bist mir wichtig, du bist wert, daß ich dein Anliegen verstehe und teile", freundlich-interessiertes Zuhören läßt das Gespräch fließen; unfreundlich-desinteressiertes Zuhören hingegen oder geistige Abwesenheit des Zuhörers vermittelt auf einer Skala zwischen sichtlicher Ungeduld und höflicher Gleichgültigkeit die Botschaft: „Dein Anliegen geht mich nichts an", was das Gespräch zum Versickern bringt. In diesem Zusammenhang möchte ich fünf Regeln zur Gesprächsführung unterbreiten, die nicht den Anspruch erheben, aus Bibliothekaren Therapeuten zu machen, die aber durchaus mithelfen können, aus ehrenamtlichen Mitarbeitern und geschultem Personal ausgezeichnete Bibliothekare zu machen. Die fünf Regeln lauten:

1) Zuhören als Geschenk
2) Selektive Zustimmung geben
3) Keinen billigen Trost versuchen
4) Antworten auf menschlicher Ebene
5) Vorlesen als Geschenk

Überlegen wir uns die fünf Regeln im einzelnen und knüpfen wir dazu bei unserem letzten Gedankengang wieder an, dem *„Zuhören als Geschenk".* Zweifellos sind die Geschichten anderer Leute nicht immer erbaulich, und wenn man beruflich mit Menschen in sozial oder personal schwierigen Lebenssituationen zu tun hat, etwa mit Menschen in Krankenhäusern, psychiatrischen Kliniken, Behinderteneinrichtungen, Altenheimen, Strafanstalten etc. oder auch schlichtweg mit einsamen Menschen, dann hört man eine Unmenge an Klagen, Gejammer, Ungereimtheiten, Wiederholungen und Absonderlichkeiten. Das alles ist gar nicht so einfach zu verdauen, im Gegenteil, manch Gehörtes geht einem noch stunden- oder sogar tagelang nach. Auch hat man nicht immer die Zeit zum Zuhören, oft brennt einem eine wichtige Arbeit auf den Nägeln, und man weiß nicht, wie man sich dem Redeschwall seines Gegenübers entziehen soll.

Dabei bewährt es sich, das Zuhören dem anderen Menschen bewußt als Geschenk darzubringen, aber die Dauer des Zuhörens den eigenen Möglichkeiten gemäß zu definieren. Nehmen wir als Beispiel eine betagte Dame in einem Altenheim, die anläßlich der Buchausleihe stets von ihren Jugenderinnerungen zu erzählen beginnt. Der Bibliothekar, der vielleicht nur zwei Vormittage in der Woche Zeit hat, um das gesamte Heim zu betreuen, kann nun für sich bestimmen, daß er jener betagten Dame etwa 10 Minuten widmet, diese 10 Minuten aber sozusagen „ganz bei ihr ist", also ihr seine volle Aufmerksamkeit und Zugewandtheit gewährt, auch wenn er ihre Erinnerungen bereits auswendig kennt. Es ist sein Geschenk an sie, von Mensch zu Mensch, ja noch mehr, die Ehrung eines alten Menschen, dessen Würde trotz allem mentalen Altersabbau unverlierbar ist.

Mit dieser Einstellung hebt der Bibliothekar das Gespräch über frühere Zeiten, über Bücher usw. auf ein höheres Niveau, auf die Ebene einer geistigen Begegnung, die getragen wird von der Liebe im besten und weitesten Sinne. Daß diese Begegnung nur 10 Minuten dauert, spielt eine untergeordnete Rolle, wichtig ist, daß sie stattfindet – die *Länge* macht es nicht aus im menschlichen Leben, der *Inhalt* ist es jeweils, der ein menschliches Leben aufwertet oder abwertet, je nachdem. Das heißt, auch wenn sich der Bibliothekar nach 10 Minuten freundlich-entschieden verabschiedet, bleibt sein Geschenk bei der alten Frau zurück; es bleibt zurück, daß sie immer noch würdig genug ist, auf daß die Welt nicht gleichgültig an ihr vorüberrauscht, sondern daß jemand bei ihr innehält, um sie geistig zu berühren bzw. um sich geistig von ihr anrühren zu lassen. Es bleibt zurück, daß es irgendwie gut ist, daß sie da ist, und das ist die heilsamste Arznei, die wir in der Seelenheilkunde überhaupt zu vergeben haben.

Kommen wir damit zur Regel Nr. 2), die ich „*Selektive Zustimmung geben*" genannt habe. Man hört nämlich nicht bloß zu ohne jegliche Rückmeldung, sondern schwingt sich immer in irgendeiner Form auf den Gesprächspartner ein. Da oder dort nickt man, murmelt verständnisvolle Worte, schiebt kleine Satzfragmente dazwischen wie: „Aha", „Nein, wirklich?", „Das muß schlimm gewesen sein", „Naja, man kann es nicht ändern" und ähnliches. Daneben werden auch non-verbale Zeichen gesetzt: die Körperhaltung verrät an bestimmten Gesprächsstellen Solidarität oder Befremdung, die Augen des Zuhörers, die Mimik sprechen ihre eigene Sprache.

Wie stark dies alles auf den Sprechenden zurückwirkt, beweist eine Untersuchung an Hand von manipulierten Arzt-Patienten-Gesprächen, die gefilmt wurden und bei denen die Ärzte einmal zunehmend eine zerknirschte und deprimierte Haltung einnahmen, Schultern und Kopf hangen ließen, und ein andermal bei denselben Patienten eine aufrechte, zuversichtliche Haltung an den Tag legten, mit erhobenem Kopf und beruhigenden Gebärden. Beide Male kommentierten die Ärzte die Schilderungen der Beschwerden ihrer Patienten kaum, und dennoch war der Unterschied gravierend. Den selber zerknirscht und deprimiert aussehenden Ärzten schilderten die Patienten ihre Beschwerden um ein Vielfaches dramatischer und ihre Hoffnung auf Besserung um ein Vielfaches geringer als den aufrecht sitzenden und zuversichtlich aussehenden Ärzten; letzteren gegenüber wurde sehr viel mehr Genesungserwartung und Krankheitsakzeptanz zum Ausdruck gebracht. In Anbetracht der Tatsache, daß sich die Ärzte bei diesem Experiment mit den Anliegen ihrer Patienten fast gar nicht sprachlich auseinandergesetzt haben, ist das Ergebnis erstaunlich und zeigt, was allein schon die geistige Nähe zwischen Sprechendem und Zuhörendem an positiven oder negativen Signalen zuwege bringt.

Wenn wir uns dessen bewußt sind, können wir bei jedem therapeutischen oder sozialen Kontakt, und kann auch der Bibliothekar beim Umgang mit dem Leser „selektive Zustimmung" geben. Das bedeutet, daß die verbalen oder non-verbalen Rückmeldungen während des Zuhörens gezielt an bestimmten Stellen des Gesprächs eingesetzt werden, um hoffnungsvolle, aufbauende, selbstheilende Aspekte, die der Sprecher in seine eigenen Worte einflicht, zu markieren und zu verstärken.

Sagt zum Beispiel die betagte Dame aus dem Altenheim, die wir vorhin erwähnten, zum Bibliothekar folgendes: „Heute kennt man keinen Anstand mehr, die Jungen sind schamlos und frivol, nicht so wie zu meiner Zeit..., da haben wir noch Respekt gehabt vor unseren Eltern und vor dem Pfarrer..., obwohl wir natürlich auch keine Englein waren und uns mancherlei Schabernack ausgedacht haben...", so macht es einen Unterschied, ob der zuhörende Bibliothekar an der Stelle „heute sind die Jungen schamlos und frivol" nickt, oder ob er an der Stelle „wir waren auch keine Englein" lächelt. Ersteres drückt Zustimmung zu einer höchst bedenklichen Pauschalverurteilung aus, die den Verurteilenden innerlich verhärten läßt, zweiteres hingegen drückt Zustimmung zu einer höchst erfreulichen Selbstkritik aus, die den Selbstkritischen zur Milde gegenüber jugendlichem Ungestüm motiviert.

Wir sehen, selektive Zustimmung setzt Hellhörigkeit voraus in bezug auf positive Lebenseinstellungen, tolerante Weltanschauungen, gesunde Selbsteinschätzungen, kurz „Weisheiten des Herzens", die jedem Menschenherz eingegeben sind, aber leider oft von Kummer und Leid überdeckt nicht mehr ins Bewußtsein der betreffenden Person durchdringen, wenn sie auch noch hie und da im Gespräch durchschimmern. Sie dem menschlichen Geist zurückzugewinnen kann Aufgabe eines Buches sein – doch auch der Überbringer des Buches in seiner Eigenschaft als Gesprächspartner kann das Seine dazu beitragen, indem er sich aus einer eventuell an ihn herangetragenen Verbitterung im Sinne einer zynisch-nihilistischen Weltinterpretation heraushält und dafür die kindliche Empfänglichkeit für das Gute in der Welt, die sich ihm da und dort, wenn auch versteckt, eröffnen mag, mit einer ebenso schlichten und ungekünstelten Empfänglichkeit quittiert.

Wenn ich sage, daß man sich aus der Verbitterung seines Gegenübers heraushalten soll, meine ich damit allerdings nicht, daß man alles Negative ignorieren darf, bloß müssen wir diesbezüglich mit Worten und Antworten vorsichtig sein, was uns zum Punkt 3) führt, der lautet: *„Keinen billigen Trost versuchen"*. Machen wir uns klar, daß es für Schicksalsschläge ab einer gewissen Intensität keinen irdischen Trost gibt. Manche erlittenen Verluste sind unersetzlich, manche begangene Schuld ist nicht wiedergutzumachen. Der Tod als ständiger Begleiter des Lebens ist unabwendbar. Menschlichem Dasein eignet eine tragische Struktur, über die wir uns nicht hinwegtäuschen können; die Grenzen der Machbarkeit und Heilbarkeit werden von jedem von uns erlebt.

Aber gerade weil uns allen die urmenschliche Tragik vertraut ist, genügt die stille Anteilnahme als Beistand vollauf, das Bei-dem-anderen-Stehen in Betroffenheit, das Innehalten vor seinem Schmerz. Von Viktor E. Frankl stammt der schöne Satz: „Wo alle Worte zu wenig wären, dort ist jedes Wort zuviel". Und in der Tat nützen die gestammelten Versuche von Mitleidsbekundungen oder Beschwichtigungen und Verharmlosungen existentiell einschneidender Ereignisse nichts. Einer Frau, deren Mann sie betrogen und im Stich gelassen hat, zu sagen: „Ach, es gibt doch noch andere Männer!", ist genauso platt und unergiebig, wie die oft gebrauchte Phrase Todkranken gegenüber, daß „es schon wieder werden wird". Man täusche sich nicht, das Leid macht den Menschen hellsichtig und die Welt durchsichtig, um noch ein Frankl-Zitat zu gebrauchen, der leidende Mensch sieht mitunter mehr in die Tiefe, als seine Mitwelt denkt, und leidet umso stärker, wenn er mit Oberflächlichkeiten abgespeist wird. Darum empfehle ich Mitarbeitern in der sozialen Büchereiarbeit angesichts großer Tragödien, mit denen sie möglicherweise konfrontiert werden, zunächst einfach *zu bleiben und zu schweigen,* also weder sich durch unmittelbare Flucht aus der Affäre zu ziehen, noch durch unüberlegtes Reden die Misere zu verschlimmern.

Bei weniger tragischen und eher aufgebauschten Beschwernissen, die an sie herangetragen werden, ist im Gegensatz dazu ein *„Antworten auf* *menschlicher Ebene"* das Beste, wie ich es im Punkt 4) beschreiben möchte. Dazu zählen ehrlich gemeinte Verständnisbekundungen aller Art, aber auch zwei altbewährte Methoden: das *sanfte Ablenken* und das *sanfte Zumlächeln-Bringen*. Beide sind psychotherapeutische Variationen für den Laiengebrauch, nämlich Abkömmlinge der logotherapeutischen Methoden der Dereflexion und der paradoxen Intention*.

Zum sanften Ablenken eignet sich das Medium „Buch" vorzüglich, gibt es doch Beschäftigungsinhalt und Gesprächsstoff, der ein kummervollverzagtes Kreisen um die eigenen Sorgen beim Leser auflockert und seine Gedanken in neue Bahnen lenkt. Dazu muß das Buch nicht einmal ein literarisch wertvolles sein, schließlich kann auch ein spannender Kriminalroman oder ein schnulziger Liebesroman über die Nachwehen einer Operation hinweghelfen, oder eine Micky-Maus-Geschichte die Verlassenheitsängste eines Kindes im Krankenhaus reduzieren. Wichtig dabei ist, daß der Bibliothekar die richtigen Worte für die Buchübergabe, sprich, für das Ablenkungsmanöver findet, also etwa dem Kind zugesteht, daß es wahrhaftig eine lange Zeit bis morgen ist, bis seine Mutti wieder zu Besuch kommen kann – um freundlich anzufügen, daß sich die Zeit allerdings verkürzen läßt durch Besucher aus dem Walt-Disney-Fantasieland, die, welch ein Wunder, auch ohne Besuchserlaubnis bereits da sind.

Neben der ablenkenden Begleitfunktion des Buches gibt es noch eine andere: die aufheiternde, die nicht selten mit einer Prise feiner Ironie gewürzt ist. Es würde eine eigene Abhandlung verdienen, die krampflösende Wirkung des Lachens in der Bedrängnis zu untersuchen, denn keinesfalls ist sie gering. Das Lachenkönnen über etwas setzt voraus, daß der, der lacht, mit dem, worüber er lacht, nicht identisch ist, also auch der Bedrängte nicht mit seiner Bedrängnis, was eine absolut befreiende Erkenntnis ist. Führt sie doch vor Augen, daß nicht die Geschehnisse allgewaltig über den Menschen bestimmen, sondern der Mensch allemal bestimmt, wie er sich zu den Geschehnissen einstellt, welchen Stellenwert er ihnen gibt, und wie sehr er ihnen erlaubt, seine Seele zu ergreifen und zu belasten, oder auch nicht.

Viele von uns neigen heute dazu, Dinge zu dramatisieren, während Gelassenheit ein seltenes Gut geworden ist. Wir alle beschweren uns sehr viel häufiger über Unangenehmes, als wir uns für Angenehmes bedanken. Ein Drogentherapeut formulierte es einst so: „Die jungen Menschen sind vom Leben frustriert und greifen zur Droge. Sie sind von der Droge frustriert und kommen zur Therapie. Sie sind von der Therapie frustriert

---

* Viktor E. Frankl, „Die Psychotherapie in der Praxis" (Einleitung), Verlag Piper, München, 5. Auflage 1986

und gehen wieder ins Leben hinaus. Sie sind vom Leben frustriert und greifen wieder zur Droge. Unser Problem ist, daß wir die Sucht bekämpfen, aber nicht wissen, was wir gegen das ständige Frustriertsein tun sollen." Das ist eine erschütternde Aussage, die sich leider in vieler Hinsicht verallgemeinern läßt. Wir haben heute erstklassige Mittel gegen die Krankheiten unserer Zeit, aber wir haben keine Ahnung, wie wir Freude an der Gesundheit erzeugen sollen. Eine der wenigen Antworten auf diese Herausforderung ist das Wiedererlernen des Lachenkönnens als einem Akt der Selbstdistanzierung und der bewußten Weigerung, frustrierende Kleinigkeiten ernster zu nehmen als nötig.

Damit will ich nicht behaupten, daß speziell in Sonderbüchereien vorrangig Humoresken und Witzesammlungen ausgegeben werden sollen, obwohl gelegentlich ein Text mit Überraschungseffekten und gelungenen Pointen herzerfrischend sein kann. Doch es schadet nichts, etwas zum Schmunzeln parat zu haben, und vor allem schadet es nicht, auch selber etwas Humor einzuweben in den grauen Verleih-Alltag. So kann beispielsweise einer Leserin, die mühsam am Stock geht und deswegen kaum weite Reisen unternehmen wird, ein Bildband über die herrliche Tempelwelt Indiens oder über die geheimnisvollen Wunder der Tropen übergeben werden mit der Bemerkung: „Ja, auf *die* Art macht Reisen Spaß! Keine Strapaze, kein Staub, kein Trubel, kein Hitzekoller, keine Angst um vergessene Pässe und verlorenes Gepäck, und trotzdem die schönsten Landschaftsbilder vor Augen...; Sie haben die richtige Wahl getroffen!", was vermutlich ein leises Lächeln auf den Lippen der gehbehinderten Frau hervorrufen wird. Läßt es sie doch die banale Tatsache erfassen, daß auch das Herumreisen in der Welt, das ihr verwehrt ist, seine Schattenseiten hat, und andererseits auch das Daheimbleiben seine lichten Momente, zumal der menschliche Geist frei ist, nicht nur über alle Behinderung hinaus in die Ferne zu schweifen, sondern sogar, sich die Welt ein Stück weit nach Hause zu holen.

Ein anderes Beispiel ist ein Gespräch, das ich einmal mit einer alleinstehenden und recht zurückgezogen lebenden Patientin von mir geführt habe, im Laufe dessen sie mir erzählte, daß sie gerade an einer voluminösen englischen Familiensaga lese, in der es vom Ehebruch bis zur Erbintrige und vom unehelichen Kind bis zur wirtschaftlichen Fehlspekulation alles gebe. „Ja", sagte ich zu ihr, „das Schöne an solchen Büchern ist, daß sie einem vorführen, welche Probleme man alle *nicht* hat, was einem alles erspart geblieben ist, und wie glücklich man sich eigentlich schätzen darf". „Das ist wahr!", rief die Patientin aus, und auch in ihren Augen glomm ein Funke Humor auf, „bevor ich mit einer Gestalt aus dem Familienclan dieses Buches tausche, bleibe ich lieber ich selber!".

Kehren wir damit zu unserem Fünf-Regeln-Paket zurück, das ich zur Erinnerung und Einprägung nochmals wiederholen möchte: 1) Zuhören als

Geschenk, 2) Selektive Zustimmung geben, 3) Keinen billigen Trost versuchen, 4) Antworten auf menschlicher Ebene. Bleibt uns noch Regel Nr. 5), das „*Vorlesen als Geschenk*" zu besprechen. Nun, das Vorlesen bzw. das Geschichtenerzählen ist ein uralter Brauch, der bedauerlicherweise wie viele andere auch, der Zivilisation in steigendem Maße zum Opfer gefallen ist. Denn das Vorlesen und Nacherzählen von Texten schafft eine intime Atmosphäre der Entspannung und Spannung zugleich, von Trance und Wachheit, von anheimelnder Geborgenheit und aufregendem Abenteuer, von Einander-Zugewandtheit und Miteinander-Aufgebrochensein auf den verschlungenen Pfaden von Mythos und Kosmos. Es schafft eine Stimmung, die durch nichts zu ersetzen ist, am allerwenigsten durch einen abrollenden Fernsehfilm oder eine apersonale Schallplatte.

Ich weiß nicht, ob die Kunst des Vorlesens und Nacherzählens neu zu erwecken ist, aber ich möchte allen Eltern und Lehrern ans Herz legen, zu versuchen, sie in den Erziehungsprozeß einzugliedern. Diejenige Berufsgruppe aber, die vielleicht in der Lage wäre, der Kunst des Vorlesens zu einem Comeback zu verhelfen, ist die der Literaten, Buchhändler, Bibliothekare und Bibliotherapeuten. Sie könnten kleine Lesezirkel einführen, regelmäßige Erzählstunden, Märchenecken für Kinder, Abendveranstaltungen für Erwachsene, in denen ehrenamtliche Mitarbeiter ausgewählte Texte präsentieren, die sie der Druckerschwärze toter Buchstaben entreißen zum lebendigen Wort, zur persönlichen Botschaft, zum gemeinsamen Erlebnis.

Der Leser möge die Probe aufs Exempel machen, indem er die nachstehende Kurzgeschichte von Willi Hoffsümmer* in seinem Freundeskreis vorliest und damit die Stimmung, die ich meine, in seine eigenen vier Wände hereinholt:

---

* Willi Hoffsümmer, „Kurzgeschichten 1", Matthias-Grünewald-Verlag, Mainz 1981

Das Holzpferd

Das Holzpferd lebte länger in dem Kinderzimmer als irgend jemand sonst. Es war so alt, daß sein brauner Stoffüberzug ganz abgeschabt war und eine ganze Reihe Löcher zeigte. Die meisten seiner Schwanzhaare hatte man herausgezogen, um Perlen auf sie aufzuziehen. Es war in Ehren alt und weise geworden...

„Was ist wirklich?" fragte eines Tages der Stoffhase, als sie Seite an Seite in der Nähe des Laufställchens lagen, noch bevor das Mädchen heimgekommen war, um aufzuräumen. „Bedeutet es, Dinge in sich zu haben, die summen, und mit einem Griff ausgestattet zu sein?" „Wirklich", antwortete das Holzpferd, „ist nicht, wie man gemacht ist. Es ist etwas, was an einem geschieht. Wenn ein Kind dich liebt für eine lange, lange Zeit, nicht nur, um mit dir zu spielen, sondern dich wirklich liebt, dann wirst du wirklich."

„Tut es weh?" fragte der Hase.

„Manchmal", antwortete das Holzpferd, denn es sagte immer die Wahrheit. „Wenn du wirklich bist, dann hast du nichts dagegen, daß es weh tut."

„Geschieht es auf einmal, so wie wenn man aufgezogen wird", fragte der Stoffhase wieder, „oder nach und nach?"

„Es geschieht nicht auf einmal", sagte das Holzpferd. „Du wirst. Es dauert lange. Das ist der Grund, warum es nicht oft an denen geschieht, die leicht brechen oder die scharfe Kanten haben oder die schön gehalten werden müssen. Im allgemeinen sind zu der Zeit, da du wirklich sein wirst, die meisten Haare verschwunden, deine Augen ausgefallen; du bist wacklig in den Gelenken und sehr häßlich. Aber diese Dinge sind überhaupt nicht wichtig: denn wenn du wirklich bist, kannst du nicht häßlich sein, ausgenommen in den Augen von Leuten, die überhaupt keine Ahnung haben."

„Ich glaube, du bist wirklich", meinte der Stoffhase. Und dann wünschte er, er hätte das nicht gesagt – das Holzpferd könnte empfindlich sein. Aber das Holzpferd lächelte nur.

Wenn man diese Geschichte für sich allein liest, wird einen die Differenzierung der Seins- von der Habensebene und die im Text ausgedrückte Unabhängigkeit der Liebe von Äußerlichkeiten auch erreichen. Trotzdem geschieht in der Gemeinschaft etwas Zusätzliches: das Holzpferd taucht auf! Es wird buchstäblich Wirklichkeit – nicht nur in der Geschichte, sondern auch im Zuhörerkreis durch den Bann des gemeinsamen Lauschens: die Kurzgeschichte selber wird zur Wirklichkeit.

Deshalb empfiehlt es sich, das Vorlesen den zu betreuenden Menschen zum Geschenk darzubringen, insbesondere denjenigen, die sich aus irgendeinem Grunde mit dem Lesen schwer tun: die das Buch im Liegen schlecht halten können, deren Sehkraft nachgelassen hat, die das geschriebene Wort noch nicht oder nicht mehr gut verstehen, oder denjenigen, die sich mit sich allein nicht beschäftigen können, nicht genug Antrieb und Auftrieb haben, ein Buch zur Hand zu nehmen. Freilich bedeutet das Vorlesen einen Zeitaufwand, aber erstens brauchen die Vorlesezeiten nicht lang zu sein – wichtig ist, daß sie regelmäßig stattfinden –, und zweitens findet man vielleicht jemanden, der die Vorlesezeiten mit einem teilt, wenn nur erst einmal der Anstoß dafür gegeben ist: ein Verwandter einer betreuten Person, ein Praktikant, eine Aushilfskraft, eine freundliche Seele in der Nachbarschaft.

Es gibt mehrere psychiatrische Kliniken in Deutschland, die pro Woche einen Vorleseabend eingeführt haben und überraschende Erfolge damit erzielen konnten: Auch die gestörtesten Patienten verhielten sich ruhig und unterwarfen sich dem Bann des Lauschens, und auch die apathischsten Patienten gaben kleine Zeichen der Aufmerksamkeit von sich, so, als durchbrächen sie für kurze Zeit die Mauern ihrer Krankheit und schritten hinaus in eine Wirklichkeit jenseits ihrer Mauern, in die Wirklichkeit der gehörten Geschichte. Deswegen ist natürlich die Krankheit nicht geheilt, aber wo einmal Mauern durchbrochen worden sind, dort schließen sie sich nicht mehr vollkommen, und es bleibt die Chance bestehen, daß dem von der Krankheit unversehrten innersten Kern des Menschen ein „Schlupfloch" eröffnet wurde, seinem seelischen Gefängnis wenigstens hie und da zu entfliehen.

Damit möchte ich den Aspekt der Gesprächsführung und bibliothekarischen Interaktion beenden und mich noch dem Aspekt der Buchauswahl und bibliotherapeutischen Bedachtsamkeit zuwenden. Denn ein Buch wirkt auch an sich, ungeachtet der Geschicklichkeit und Einfühlungsgabe seines Überbringers, ja sogar ohne irgendwelchen Überbringer. Etwa dann, wenn es in einem Geschäft gekauft oder gar gestohlen wird, wie wir es in unserem Institut erlebt haben, in dem eines meiner Bücher verschwand und 14 Tage später reumütig zurückgebracht wurde, weil just in diesem Buch von der unbestechlichen Stimme des Gewissens die Rede war. Ein Buch wirkt also an sich, aber es wirkt nicht immer positiv, es kann den Leser auch negativ beeinflussen. Es kann eine sinnvolle oder eine sinnwidrige Funktion erfüllen.

Das Buch in sinnwidriger Funktion stopft eine existentielle Leere beim Leser zu, es wird zum Lebensersatz – das Buch in sinnvoller Funktion trägt dazu bei, existentielle Krisen zu überwinden und aus einem inhaltslosen Leben herauszufinden. Das Buch in sinnwidriger Funktion beschleunigt die Flucht vor der Realität in die irrationale Scheinwelt lebensfremder Idole – das Buch in sinnvoller Funktion schürt die geistige Auseinandersetzung mit der Realität und bereichert mit lebensnahen Vorbildern. Das Buch in sinnwidriger Funktion kreiert neurotische Selbstbespiegelung und Begaffung eigener Gefühlswellen – das Buch in sinnvoller Funktion produziert therapeutische Selbstvergessenheit und Hinhorchen auf des Lebens Rhythmus. Es ist daher nicht unerheblich, welches Sortiment in Büchereien angeboten wird, und welches Buch welchem Leser zu welchem Zeitpunkt offeriert wird.

Sucht man nach einigermaßen gültigen Voraussagekriterien, wann und ob ein Buch bei einem Leser eher im positiven oder eher im negativen Sinne wirksam werden wird, kann man weder auf dessen künstlerische Qualität noch auf dessen Beliebtheitsgrad und Absatzziffern zurückgreifen, denn so, wie manches große Werk der Weltliteratur die Gemüter mehr bedrückt als labt, so ist bekanntlich mancher Schund außerordentlich beliebt. Ich möchte daher anderen Kriterien, ein Buch auf seine Heilsamkeit – im weitesten Sinne – zu prüfen, den Vorzug geben, als da sind: das Menschenbild, das Weltbild und das Gottesbild, das ein Buch direkt oder indirekt, *in* seinen Zeilen oder *zwischen* seinen Zeilen vermittelt.

Es sei mir gestattet, zu diesen drei Bild-Projektionen speziell aus logotherapeutischer Sicht ein paar kurze Erläuterungen zu geben. Beginnen wir mit dem *Menschenbild,* das ein Buch vermittelt: Dies tut es nur dann, wenn menschliche Figuren darin eine Rolle spielen, aber das ist eben sehr häufig der Fall, und selbst Tierfabeln stehen meist für das Reich des Menschen. Wie also wird Menschsein in einem Buche verstanden? Da gibt es im Grunde zwei Alternativen: es gibt das Bild vom automatenhaften Menschen, und es gibt das Bild vom verantwortlichen Menschen. Der automatenhafte Mensch verhält sich, wie er programmiert worden ist. Wenn er Gewalt kennengelernt hat, ist er gewalttätig, wenn er Freundschaft kennengelernt hat, ist er nett. Wenn er eingeschüchtert wird, hat er Angst, wenn an ihn geglaubt wird, glaubt er an sich. Er hat erstaunliche Ähnlichkeit mit einem Fahrkartenautomaten am Bahnhof: wenn das richtige Geld eingeworfen wird, kommt die richtige Fahrkarte heraus; wenn kein Geld eingeworfen wird, kommt nichts heraus. Der automatenhafte Mensch entscheidet nicht, sondern ein anderer, der, der das Geld einwirft, das will heißen, jemand, der ihn haßt oder liebt, einschüchtert oder aufbaut, entscheidet über sie beide: über sich selbst – was er dem automatenhaften Menschen antun wird – aber gleichzeitig auch darüber, wie dieser darauf reagieren wird. Genauso, wie der Benützer eines Fahrkartenautomaten über seine und des Automaten Handlungen in einem entscheidet, indem er Münzen einwirft oder nicht.

Ein solcher Automat ist der Mensch nicht. Der Mensch ist nicht, was die Umwelt aus ihm gemacht hat. Und wenn ein Mensch sich so versteht, dann mißversteht er sich. Denn der Mensch entscheidet stets aufs neue über das, was von ihm ausgeht, über die Fahrkarten, die sozusagen aus ihm herauskommen. Der Mensch kann Gewalt kennengelernt haben und friedlich bleiben. Der Mensch kann Freundschaft empfangen haben und böse handeln. Der Mensch kann eingeschüchtert werden und einen gesunden Trotz entwickeln. An einen Menschen kann geglaubt werden, ohne daß er seinerseits an etwas glaubt. Der Mensch ist das Wesen, das immer entscheidet*, zumindest mitentscheidet, was es aus dem macht, was aus ihm gemacht worden ist...; hierin gründet seine fundamentale Verantwortlichkeit. Das Bild vom automatenhaften Menschen hingegen ist ein gefährliches Trugbild, das den Menschen seiner Verantwortlichkeit beraubt. Ein Buch, das ein automatenhaftes Menschenbild vermittelt, wenn auch noch so verschleiert und verdeckt, kann daher vom Standpunkt der Psychohygiene aus kein positives und hilfreiches Buch sein, im Gegenteil, es leistet einem verheerenden Mißverständnis Vorschub. Im Unterschied dazu ist jedes Buch, das, wenn auch in noch so zarten Konturen, das Bild vom entscheidungsfreien und verantwortlichen Menschen nachzeichnet, ein therapeutisch empfehlenswertes Buch, weil es das Selbstverständnis des Menschen wieder geraderückt.

Gehen wir jetzt einen Schritt weiter, und betrachten wir das *Weltbild,* das ein Buch vermittelt. Dies ist gewöhnlich sehr komplex und nicht einfach in eine „heile" und in eine „unheile" Welt zu dividieren, wie es das Schlagwort versucht. Beides wäre auch eine zu grobe Verallgemeinerung, denn die Welt ist, wie wir alle wissen, weder ganz heil noch ganz unheil. Und doch gibt es auch hier zwei Alternativen, die sich gegenüberstehen, nämlich das Bild von der Welt als einer „noch heilbaren", als einer, die folglich jedwede Heilungsbemühungen verdient, und das Bild der Welt als einer „unheilbaren", in der jedweder Heilungsansatz von vornherein zum Scheitern verurteilt ist. Das ist ein gravierender Unterschied in der Weltauffassung, der für das Einzelschicksal weitreichende Konsequenzen hat. Ein Mensch, der von einer heilbaren und verbesserungswürdigen Welt ausgeht, wird logischerweise mehr Engagement in seine diesbezüglichen Aktivitäten investieren als ein Mensch, der von einer unheilbaren und aussichtslos tristen Welt überzeugt ist. Abgesehen davon hängt vermutlich das Schicksal ganzer Völker und vielleicht sogar der ganzen Menschheit davon ab, daß es immer noch genug Menschen gibt, die unsere Welt für intensiver Heilsbemühungen wert halten – sie, die Optimisten sind es, von denen die Pessimisten stets zu zehren pflegen, wenn die Welt nicht, wie von den Pessimisten erwartet, untergegangen ist.

Prüfen wir also das Weltbild, das ein Buch vermittelt. Es kann durchaus Mißstände aufzeigen, es darf durchaus den Finger auf unheile Stellen der Welt legen und sich kritisch darüber äußern, das tut seiner psychohygieni-

---

* Viktor E. Frankl, „Der Mensch vor der Frage nach dem Sinn" (S. 99), Verlag Piper, München, 5. Auflage 1986

schen Bekömmlichkeit keinen Abbruch, aber es muß Heilbarkeit noch zulassen und darf nicht in finstere Verlorenheit entraten, sonst löscht es Lichtstreifen aus, die ringsum da sind, und die verbreitet werden können von jedem von uns auf seine persönliche Weise; Lichtstreifen, die trotz ihrer Spärlichkeit in der Summe zum Scheinwerfer werden könnten, der eine bessere Zukunft ausleuchtet.

An dieser Stelle sei mir eine Bemerkung zu den Kinderbüchern erlaubt. Auch aus ihnen ist vielfach die sogenannte „heile Welt" eliminiert worden im guten Glauben, die Kinder frühzeitig mit den gemischten Grautönen unseres Daseins vertraut machen zu müssen. Dies erwies sich jedoch als pädagogischer Fehlschlag. Kinder brauchen zur Grundsteinlegung ihres Urvertrauens das schwarz-weiße Modell, das heißt, sie können Heiles und Unheiles sehr gut begreifen und verkraften, aber sie müssen Klarheit haben zwischen beidem. Eine verworrene Mischung, wie wir Erwachsenen sie mitunter vorfinden und durchleben müssen, vertragen sie noch nicht, eine solche erzeugt bei ihnen Urangst. Nicht umsonst sind alle volkstümlich gewachsenen Kindergeschichten, Sagen und Legenden in sämtlichen Kulturen der Erde von auffallend gleichem Charakter: überall kommt Heiles und Unheiles vor, ja, gibt es neben dem verklärenden Zauber ganz brutale Szenen von Mord und Totschlag – schließlich stoßen auch Hänsel und Gretel die Hexe in voller Absicht und Berechnung in den glühenden Ofen, auf daß sie verbrenne! –, aber eines ist unverzichtbar mit geradezu überhöhter Deutlichkeit klar, nämlich: was oder wer zum Heilen und was oder wer zum Unheilen zählt. Darüber darf zuletzt kein Zweifel bestehen bleiben, der in der Kinderseele nagen könnte. Kinder brauchen somit keine heile Welt, sondern eine klare Welt, und wenn sie diese in ihrer Kindheit verinnerlichen dürfen, dann werden sie später, wenn sie älter geworden und die Klarheit der Außenwelt ein wenig verschwommener geworden ist, immer noch einen inneren Klärungsmechanismus besitzen, der sie durch die Nebelschwaden hindurch unterscheiden lassen wird zwischen gut und bös, zwischen dem richtigen und dem falschen Weg; sie werden ihre eigene klare Linie selbst im Labyrinth schillernder Versuchungen nie ganz einbüßen.

Soviel zum Weltbild, das ein Buch vermittelt. Jetzt fehlt noch ein letzter Schritt bei unserer Besprechung therapeutischer Kriterien von Büchern, die Lebenshilfe erbringen sollen: das *Gottesbild*. Wahrscheinlich wundert sich der Leser, was ich vom nicht-theologischen, sondern psychohygienischen Standpunkt aus dazu zu sagen habe. Wahrscheinlich überlegt er auch, daß die überwiegende Anzahl von Büchern gar kein Gottesbild anklingen läßt. Dem möchte ich widersprechen. Das Gottesbild hat etwas mit der Liebe zum Sein und mit dem Glauben an Sinn zu tun. Die Liebe zum Sein ist das echte Jasagen zur belebten und unbelebten Natur, zur lebendigen Kreatur, zum Nächsten und Fernsten, das Jasagen zu dem, was ist. Und der Glaube an Sinn ist die unerschütterliche Überzeugung, daß das, was ist, in seinem eigentlichen unverbildeten Wesen gut, notwendig und wichtig ist, daß alles, was ist, seinen Sinn hat*, und wenn er uns Menschen noch so verborgen sein mag. Der Glaube an Sinn ist die rational nicht mehr begründbare Gewißheit, daß sogar das entsetzliche Elend, dem wir überall begegnen, noch irgendwie seinen Sinn hat – nicht den, daß wir es fatalistisch und kampflos hinnehmen, keineswegs, aber doch den, daß wir es mit Fassung auf uns nehmen, wenn der Kampf mit den uns zur Verfügung stehenden Mitteln ausgekämpft ist.

Daher mein Rat an diejenigen, die bibliotherapeutisch arbeiten: „Suchen Sie nicht nach dem Wort ‚Gott' in den Büchern, suchen Sie nach der Ehrfurcht oder Verachtung allem Seienden gegenüber, und Sie werden das Gottesbild erkennen, das dieses Buch vermittelt. Suchen Sie nach der Verneigung vor dem Lebendigen oder nach den Ansprüchen menschlicher Überheblichkeit, und Sie werden das Gottesbild erkennen, das dieses Buch vermittelt. Suchen Sie nach dem Sinnhorizont, unter dem sich die im Buch geschilderten Geschehnisse abspielen, und nach der Perspektive, die über menschliches Begreifen hinausweist. Wenn Sie nichts davon spüren, keine Ehrfurcht und keine Verneigung, keinen Sinnhorizont und keine Übersinnperspektive, wenn es Sie nicht anweht wie ein zarter Lufthauch, unausgesprochen und doch Balsam gleich, dann fehlt dem Buch etwas, die Aura eines literarischen Charismas, dann ist der Logos, der alles heilt und alles wiedergutmacht, an diesem Buch vorbeigeschwebt."

Mehr kann ich dazu nicht sagen, bessere Kriterien habe ich nicht anzubieten. Aber ich zweifle nicht im mindesten daran, daß der Bibliothekar, der helfen will, helfen kann: mit dem Buch in der Hand, dem einen, das gerade paßt, weil es auf geheimnisvolle Weise seinen Wunsch zu helfen weiterträgt. Das Buch ist der verlängerte Arm einer Reihe von Personen: des Autors, des Verlegers, des Händlers, des Überbringers. Wenn all diese Arme in Liebe ausgestreckt werden, ist keine Gefahr, daß sie ihr Ziel nicht erreichen.

---

* Viktor E. Frankl, „Der leidende Mensch" (S. 123/124), Verlag Hans Huber, Bern, 2. Auflage 1984

Leiden zwischen Sinn und Sinnlosigkeit

Logotherapie in der Seelsorge

> Über Nacht, über Nacht kommt Freud und Leid,
> und eh du's gedacht, verlassen dich beid'
> und gehen dem Herrn zu sagen,
> wie du sie getragen.
> (3. Strophe eines von Hugo Wolf vertonten Liedes)

Im Jahr 1980 erschien ein bemerkenswerter Aufsatz von *Cynthia Gordon*, Professorin an der La Verne Universität in Kalifornien, zum Thema: „Die Entwertung des Leidens in der gegenwärtigen Psychotherapie"*. Darin führte sie folgendes aus:

Die traditionell-philosophische Einsicht, daß das Leiden zu jedem menschlichen Leben unvermeidlich dazugehört, ist zunehmend verloren gegangen. Die Erfahrung, daß ein Leiden sogar eine positive Wirkung haben kann, indem es den Leidenden in heilsamer Weise erschüttert und dadurch mit einer Wahrheit oder Erkenntnis in Berührung bringt, die er anderenfalls nicht gewonnen hätte, wird heute bloß noch belächelt. Alles Unangenehme gilt als abschaffbar und unerwünscht; geistig-seelisches Unbehagen wird zum Ergebnis falscher Verhaltensstrategien, schlechter Nerven und verkorkster Persönlichkeitsbildung degradiert. Man tut, als könne im menschlichen Leben ein Dauerzustand intensiven Wohlbehagens erwartet werden, wohingegen schmerzhafte Erlebnisse psychischen Dysfunktionen gleichen, die einer therapeutischen Korrektur bedürfen. Der moderne Mensch ist geradezu verpflichtet, glücklich zu sein, wenn er den Anspruch erheben will, psychisch „okay" zu sein. Auf Grund dieser irrealen Selbsterfüllungsideologie kommt es zu einer Entwertung allen tapfer geleisteten Leidens und zu einer Tendenz, den Leidtragenden an seinem Leiden grundsätzlich schuldig zu sprechen nach dem Prinzip: Neurotisch ist, wer sich mit Kummer, Sorgen und Kränkungen herumquält – er bräuchte sich dergleichen ja nicht gefallen zu lassen. Das Leiden in unserer Industriegesellschaft ist zum höchst unerfreulichen „Betriebsunfall", ja, zum persönlichen „Schwächeanfall" geschrumpft. Soweit Cynthia Gordon.

---

* Abgedruckt in „Analecta Frankliana", hrsg. von Sandra A. Wawrytko, Institute of Logotherapy Press, Berkeley 1982

Dieser Auffassung vom Leiden entsprechen auch die aktuellen Leid-Beseitigungsmodelle in der Psychotherapie. Nicht mehr steht das Ringen mit einer kaum zu begreifenden und noch weniger zu bejahenden Sache im Vordergrund, so wie Hiob einst gerungen hat, sondern es geht lediglich um die Elimination eines störenden unangenehmen Gefühls, das ein Individuum befallen hat und an seiner Glückseligkeit hindert, es geht um das Loswerden emotionaler Staus und um künstliche Ruhigstellung im Streß.

Unter diesen Vorzeichen ist es kein Wunder, daß es seit einigen Monaten einen neuen Verkaufsschlager aus Japan gibt, nämlich ca. 45 cm große Puppen, auf die das Gesicht der Ehefrau gemalt werden kann. Schlägt man auf eine solche Puppe ein, ruft sie mit weinerlicher Stimme: „Du hast völlig recht, bitte verzeih mir!" Dieses Anti-Streß-Spielzeug soll wütende Ehemänner wunderbar entspannen. Eine ähnliche Variante ist der sogenannte Rächer, ein Gerät, das auf dem Armaturenbrett des Autos befestigt wird. Ärgert sich der Autofahrer über einen anderen, der ihm den Weg abschneidet oder mit einem schnelleren Wagen vorfährt, kann er einen Knopf des Gerätes betätigen. Lautstark ertönt dann das Geräusch einer Maschinengewehrsalve. Auch dieses Gerät wird, insbesondere für Berufsfahrer im chaotischen Großstadtverkehr, als unentbehrlich gepriesen.

Wenden wir uns mit unseren Gedanken nun einer menschenwürdigen Betrachtung des Leidens zu. Menschenwürdig heißt auch: dem Wesen des Menschen gemäß, und es gehört in der Tat zum Wesen des Menschen, ein leidender zu sein, worauf uns Viktor E. Frankl in seinem Rehumanisierungsbemühen um die moderne Psychotherapie aufmerksam gemacht hat. Denn dem menschlichen Dasein eignet eine tragische Struktur, die über den rein kreatürlichen Schmerz, wie er auch im tierischen Dasein vorkommt, weit hinausreicht. Auf menschlicher Ebene ist das echte Leiden stets verbunden mit einem *Wertverlust*. Wo immer im eigentlichen Sinne gelitten wird, wird gelitten – um willen von etwas!

Man trauert zum Beispiel um einen geliebten Menschen, aber nicht nur, weil man ihn verloren hat, weil er einem nicht mehr zur Verfügung steht, nein, man trauert um *seine* positiven Möglichkeiten, die er nicht mehr hat, man trauert aus der Liebe zu diesem Menschen heraus, der einem wert und teuer ist, und wäre er einem gleichgültig, würde man auch nicht um ihn trauern. Oder man weint einem Wirkungsbereich nach, der verlustig ging, aber auch nicht bloß, weil man sich ohne ihn überflüssig fühlt und weniger Geld und Ansehen genießt, sondern vor allem, weil nicht mehr getan werden kann, was innerhalb dieses Wirkungsbereiches an Kreativem und Nützlichem hätte getan werden können. Oder man schämt sich eines begangenen Unrechts, aber diese Scham und Reue ist auch nicht identisch mit der simplen Furcht vor Strafe und negativer Konsequenz, sondern wurzelt im Gewissenseingeständnis, durch eine selbst getroffene Wahl die Welt in einer Weise verändert zu haben, wie sie besser nicht verändert worden wäre. Der Mensch setzt sich mit einer objektiv gegebenen Realität auseinander, auch wenn er stets nur einen subjektiv bedingten Ausschnitt aus dieser Realität wahrzunehmen vermag. Und zu dieser objektiv gegebenen Realität gehört auch eine objektiv gegebene Werterealität: dasjenige, was in der Realität entstehen *soll,* einfach weil es schön, gut, wichtig, sinnvoll, – theologisch ausgedrückt – gottgewollt ist. Wenn aber das, was subjektiv aus geistiger Tiefe heraus als ein objektives Soll erspürt und erfaßt wird, aus irgendeinem Grunde nicht oder nicht mehr entsteht, dann entsteht etwas anderes: Leid. *Das Leiden am unverwirklicht bleibenden Wert* ist das urmenschliche Leiden, ein Leiden, das eben nur einem Wesen möglich ist, das der Werterfassung überhaupt fähig ist.

Dieser Gedankengang führt uns zu der Entdeckung, daß mit zunehmender Entwicklungsreife alles Lebendigen auch der Grad der Leidensmöglichkeit steigt. Die Pflanzen leiden auf ihre Art mehr als die anorganischen Steine, die Tiere mehr als die Pflanzen, der Mensch leidet mehr und anders als die Tiere, der feinsinnige und wertfühlige mehr als der dickhäutige und brutale. Wenn eine Reifesteigerung vorliegt in einer umfassenderen Realitätswahrnehmung, muß offensichtlich ein Preis dafür gezahlt werden. Nicht umsonst gibt es sogar eine Weltreligion, die davon ausgeht, daß die Liebe des Schöpfers zu seinen Geschöpfen abgelesen werden kann an der göttlichen Bereitschaft, eigenes Leiden einzubringen zur Erlösung der Welt. Oder negativ formuliert: Nur der, der ohne Bezug ist, der nichts und niemanden liebt, dem alles gleichgültig ist, der leidet an nichts und um niemandes willen. Wir sehen, die tragische Struktur menschlichen Daseins gründet in der geistigen Überhöhung menschlicher Existenz, und wollte man das Leiden als solches abschaffen, müßte man Menschsein auslöschen.

Jetzt wird auch verständlich, was bei der Erfindung aus Japan und analogen Psychotechniken in Wahrheit passiert. Nehmen wir das Beispiel „Ehekrach": Die Beteiligten leiden daran, daß ein Wert in der Realität, nämlich die harmonische Partnerschaft, getrübt worden ist, daß ein Schatten auf sie gefallen ist. Wenn sie nun auf Puppen einschlagen, um „Dampf abzulassen", und diese Puppen sich weinerlich entschuldigen, ändert sich in der Realität noch lange nichts, der Schatten ist nach wie vor da. Im Gegenteil, sofern die Puppen tatsächlich für den jeweiligen Partner stehen und nicht bloß Spielzeug sind, treffen die Schläge symbolisch den Partner und zerschlagen den Wert der Partnerschaft ganz. Dasselbe gilt für das Beispiel „Verkehrschaos". Dabei leiden die Beteiligten am unverwirklicht bleibenden Wert der Straßenkollegialität. Und auch diesen Wert bauen sie mit Pseudoangriffen auf Feindbilder nicht auf, sondern eher ab. Wer Leiden mit derart primitiven Methoden ausbügeln will, wird immer ein Stück Menschlichkeit mit hinwegbügeln.

Fragen wir uns: Wie können wir dann positiv mit dem Leiden umgehen? Wie kann der tragischen Struktur unseres Daseins eine menschenwürdige Struktur der Daseinsbewältigung gegenübergestellt werden? Viktor E. Frankl hat auf diese Frage eine geniale Antwort gegeben: Wenn das urmenschliche Leiden stets mit einem Wertverlust in Verbindung steht, kann der Leidende Aussöhnung und Akzeptanz nur finden, indem er selber und seinerseits neue Werte verwirklicht, sei es durch eine Handlung, mit der er seinem Leiden begegnet, sei es durch die Haltung, in der er es trägt. Erfahrener Wertverlust und errungener Wertzuwachs mögen sich dann in jener den Menschen übergreifenden Werterealität wieder ausgleichen; das zusätzlich erfüllte Soll verleiht einem unerfüllt gebliebenen Soll rückwirkend seinen Sinn.

Was dies konkret in der Praxis bedeutet, möchte ich anhand von zwei Problembereichen aufzeigen, die uns beide sehr nahe gehen: dem Problembereich „Zurückweisung der eigenen Person" und dem Problembereich „Vergänglichkeit des Lebens". Was Zurückweisungen der eigenen Person betrifft, also Beleidigungen und Demütigungen seitens der mitmenschlichen Umwelt, so wird in der Psychologie meist damit argumentiert, daß sich das Opfer solcher Zurückweisungen zu leicht beleidigen und demütigen *läßt*. Es müßte sich nur entsprechend wehren, dann käme schon alles in Ordnung. Nun ist es richtig, daß ein gewisses Leid nur gewissen Personen zugefügt werden kann. Selbstmorddrohungen wirken nur bei Angehörigen oder Freunden, denen der damit Drohende etwas bedeutet. Gewalt anwenden kann man nur bei jemandem, der schwächer ist als man selbst. Unterdrücken kann man nur einen Partner, der unsicher, hilflos und ängstlich ist. Die Weißen konnten die Indianer ausrotten, und nicht die Indianer die Weißen.

Aber die Tatsache, daß man jemandem etwas antun *kann,* rechtfertigt das Antun keineswegs und führt auch nicht folgerichtig dazu. Denn das Argument: „Das Opfer läßt es ja mit sich machen" berührt die Sinnfrage überhaupt nicht. Ob ich etwas kann oder nicht, ist eine Sache, aber ob ich es auch darf oder nicht, in dem Sinn, ob es wert und würdig ist, getan zu werden oder nicht, das ist eine andere Sache. Das heißt, genaugenommen wird die Fehlentscheidung eines Aggressors auch durch einen ihm geleisteten Widerstand, der die Fortsetzung seiner Aggression abbremst, noch zu keiner rechten Entscheidung. Die Attacke, die er nicht wagt, ist noch keine Attacke, auf die er freiwillig, einem anderen Menschen zuliebe, verzichtet.

Eine Mutter, deren 17jähriger Sohn ihr im Zuge eines Streites ins Gesicht gespuckt hatte, brachte dies einmal deutlich zum Ausdruck. Sie sagte zu mir: „Mein Mann wirft mir vor, daß ich dem Jungen nicht sofort die Tür gewiesen habe. Er meint, dann hätte sich dieser sein flegelhaftes Benehmen schon abgewöhnt. Aber wenn mir mein Sohn nur deshalb nicht ins Gesicht spuckt, weil er einen Hinausschmiß fürchtet, kann er mich genausogut anspucken, das ist mir dann auch egal. Mein Problem ist nicht, wie ich mich vor seiner Spucke schütze, sondern die Sorge um seine Charakterentwicklung." Die Mutter hatte nicht unrecht. Ihr Leiden war mit einer Taktik des Selbstschutzes allein nicht zu beheben.

Obwohl somit der Widerstand gegen Feindseligkeit die Feinseligkeit an sich noch nicht aufhebt, gibt es dennoch ein Sinnargument, das dafür spricht, daß man sich wehren soll. Wehren allerdings nicht bloß zu dem Zwecke, ein beschädigtes Selbstbewußtsein dadurch wieder herzustellen, daß man die erlittene Beleidigung mit einer Retour-Beleidigung erwidert. Das Aug-um-Aug-und-Zahn-um-Zahn-Rezept hat sich in der Menschheitsgeschichte kaum je bewährt, wie uns die unzähligen Kriege und nicht zuletzt die Rüstungsspirale vor Augen geführt haben. Wehren kann man sich – wenn es sich nicht gerade um einen Fall von Notwehr handelt – auch in einer Form, die die Beleidigung ins Leere gehen läßt, die der Aggression den Stachel nimmt. Wehren könnte sich die vorhin erwähnte Mutter z. B. auch, indem sie sich zunächst wortlos zurückzieht, aber später vor der Wiederaufnahme des natürlichen Kontaktes mit ihrem Sohn eine Aussprache über das Vorgefallene verlangt. Mahatma Gandhi und Martin Luther King waren bekanntlich leuchtende Beispiele dafür, daß eine Leidbewältigung gelingen kann, ohne daß man entweder jede Erniedrigung einstecken oder auf die Ebene des Erniedrigers hinabsinken muß.

Überlegen wir uns: Was ist das eigentlich Sinnvolle an einer solchen Form von „friedlichem Widerstand"? Es ist die Chance, mehr zu erreichen als die Aufpolierung des eigenen angeknacksten Selbstbewußtseins, nämlich: eine Wandlung in der Gesinnung des feindlichen Gegenübers! Das Nicht-zum-Ziel-Führen der Aggression macht es dem Aggressor leichter, sie aufzugeben, doch dazu gesellt sich etwas, das noch weit überzeugender wirkt als nur Ineffektivität, und das ist das persönliche Zeugnis eines Menschen, der gegen Feindseligkeit immun ist; in dessen Herz Feindschaft einfach keinen Platz hat. Nichts beschämt und belehrt zugleich so intensiv wie die Liebe, die sich als stärker erweist als der Haß.

Deshalb möchte ich zum Problembereich „Zurückweisung der eigenen Person" zusammenfassend sagen: Es stimmt, daß wir uns von unseren Mitmenschen nicht zurückweisen zu lassen brauchen, und daß es unser gutes Recht ist, uns zu verteidigen. Trotzdem steht die Wertminderung, die wir durch eine Zurückweisung erfahren haben, in keinem Verhältnis zu dem Wertzuwachs, den wir erzeugen können, wenn wir über uns selbst hinaus die Menschlichkeit und Brüderlichkeit zwischen den Menschen mitverteidigen; wenn wir uns wehren zum eigenen Heilbleiben *und* zum Heilwerden jenes anderen, der uns angegriffen hat – *das* ist Leidbewältigung, die durch das Leiden hindurch der Welt eine neue Chance schenkt!

Bliebe noch die Frage zu klären, was man tun kann, wenn man sich nicht (mehr) wehren kann, weil der Aggressor unerreichbar ist? Dazu die Wiedergabe eines kurzen Dialogs aus meiner Beratungspraxis.

Patient: Mein Vater hat mich als Kind hart angepackt und auch geprügelt. Was hatte ich damals für eine Angst vor ihm!
Ich: Haben Sie dies Ihrem Vater verziehen?
Er: Ich habe nichts zu verzeihen. Im großen und ganzen war er ein guter Vater.
Ich: Aber er hat Sie geängstigt und streng gezüchtigt. Haben Sie ihm dies verziehen?
Er: Ich glaub', der konnte nicht anders. Mein Vater war ein jähzorniger Mensch, der schnell aufbrauste, und ich war als Kind etwas tollpatschig und langsam von Begriff. Das hat ihn ganz kribbelig gemacht –
Ich: Nein, so einfach ist das nicht. Ihr Vater mag jähzornig gewesen sein, aber er konnte immer noch entscheiden, ob er den Jähzorn an seinem kleinen Sohn ausläßt oder nicht. Er konnte gewiß anders handeln und hat eben manche Fehlentscheidung getroffen. Diese Fehlentscheidungen Ihres Vaters sollten Sie ihm jetzt vergeben, damit Sie ihn in Ruhe loslassen und sich innerlich von den damaligen Geschehnissen distanzieren können.
Er: Meinen Sie? Wie soll ich das machen?
Ich: Das nächste Mal, wenn Sie das Grab Ihres Vaters besuchen, sprechen sie mit ihm. Sagen Sie etwa zu ihm: „Lieber Vater, Du warst manchmal zu streng mit mir. Das war nicht richtig. Aber Du sollst wissen, daß ich darüber hinausgewachsen bin und Dir nichts mehr nachtrage. Ich habe Dir verziehen."

Der Patient befolgte meinen Rat und war zutiefst erleichtert. Bislang hatte er das Erlittene eher „verdrängt", hatte es unter vagen Entschuldigungen verborgen mit sich herumgeschleppt. Nach der inneren Zwiesprache mit seinem Vater konnte er das Erlittene endlich begraben, unter einer Erde, auf der die Blumen der Versöhnung blühen. Auch dieses Beispiel beweist, daß es eine Form von Widerstand gibt, die nicht zurückschlagen muß, um heilen zu können.

Nehmen wir uns jetzt den Problembereich „Vergänglichkeit des Lebens" vor. In gewisser Weise läßt sich die Tatsache, daß wir sterbliche Wesen sind, *auch* als eine „Zurückweisung unserer Person" interpretieren. Erst werden wir ohne unsere Zustimmung ins Leben gerufen, und dann, wenn wir uns einigermaßen im Leben eingerichtet haben, werden wir wiederum sanft oder unsanft hinauskomplimentiert. Alles in uns bäumt sich gegen eine solche Sichtweise auf, folglich muß etwas daran falsch sein. Es klingt, als würde jemand gezwungen, ein Zimmer zu betreten, das er – kaum daß er sich darin umgesehen hat – wieder verlassen muß. Es klingt: sinnlos. Wie aber, wenn jemand etwas Wichtiges in einem bestimmten Zimmer zu erledigen hätte? Wenn er deswegen hineingebeten würde? Wenn etwas im Zimmer auf ihn warten würde? Ja, wenn das Wieder-gehen-Dürfen bedeuten würde, daß sein persönlicher Auftrag und Beitrag erfüllt worden ist? Daß das Zimmer, das er verläßt, durch sein Mitwirken ein anderes geworden ist als das Zimmer, das er einst betreten hat? Dann plötzlich hätte das Kommen und Gehen des Menschen Sinn, und noch mehr: Die „Einladung" zum Kommen wäre nichts weniger als eine „Zurückweisung der Person", sie wäre geradezu ein Vorschußvertrauen zu der Wirkkraft der „eingeladenen" Person, und die „Entlassung" aus dem Leben wäre dann gleichsam der Dank für das im Leben Gewirkte und Bewirkte. Eine solche Sichtweise ermöglicht uns eine ganz andere Einstellung zur Vergänglichkeit, eine Einstellung, die der des Abgeordneten in der folgenden Anekdote ähnelt:

Im vorigen Jahrhundert tagte irgendwo im Mittelwesten Amerikas ein Parlament. Da trat eine Sonnenfinsternis ein. Eine Panik drohte auszubrechen, weil man den Weltuntergang befürchtete. Daraufhin sagte ein Abgeordneter: „Liebe Leute, es gibt jetzt nur zwei Möglichkeiten. Entweder der Herr kommt, – dann soll er uns bei der Arbeit finden. Oder er kommt nicht, – dann besteht kein Grund, unsere Arbeit zu unterbrechen."

Weniger anekdotenhaft, aber in derselben Argumentationslinie habe ich erst vor kurzem den brieflichen Notschrei eines jungen Mädchens namens Lore beantwortet, einen der vielen, die uns im Institut erreichen. Da stand geschrieben, die beste Freundin habe sich von ihr abgewandt, der Vater habe nie Zeit für sie gehabt, die Mutter lebe anderswo, und die Lieblingslehrerin sei zu guter Letzt auch von ihr abgerückt. Dann kam der Kernsatz des Briefes: „Niemand war da, als ich Hilfe brauchte. Deshalb will ich mich umbringen." „Liebes Fräulein", schrieb ich zurück, „wenn Sie dies tun, dreht sich Ihr Satz ‚Niemand war da, als ich Hilfe brauchte' um und lautet eines Tages: „Kein Frl. Lore war da, als die Welt sie brauchte..." Dieser Gedanke beeindruckte das Mädchen derart, daß es die Selbstmordabsicht fallen ließ.

Soviel zu Todesangst und Todeswunsch. Setzen wir beidem die Bereitschaft entgegen, unsere Arbeit zu tun, die Aufgaben, die das Leben uns stellt, zu erfüllen, das Zimmer, das unseres ist, ein wenig heller und schöner zu gestalten. Nicht das Empfangene soll über uns bestimmen, sondern das zu Gebende soll uns leiten. Dann können wir am Ende unserer Zeit unser Werk getrost in die Zeitlosigkeit eintreten lassen, in der es von niemandem und nichts mehr zerstört wird. Wie weise ist doch ein Grabspruch, den ich einmal auf einem Friedhof fand, und der lautete:

> Steht nicht am Grab
> und trauert um mich –
> ich bin nicht da,
> denn ich sterbe nicht.

Das Ich eines Menschen ist sicher nicht „da", im Grab, es hat eine andere Heimstatt: ein Zimmer in der Ewigkeit – vielleicht genau das Zimmer, das dieser Mensch ein ganzes Menschenleben lang mit seinem Wirken erfüllt und gestaltet hat.

Zusammenfassend möchte ich daher zum Problembereich „Vergänglichkeit des Lebens" sagen: Nur wer den „Aufgabencharakter des Lebens" übersieht, um einen Ausdruck aus der Franklschen Logotherapie zu verwenden*, nur der hat Grund, den Tod zu fürchten, oder umgekehrt, den Tod zu wünschen, weil er das Leben fürchtet. Wer für nichts da ist, für den ist nichts da – wer für nichts gut ist, für den ist nichts gut. Wer aber im Leben die Gelegenheit sieht, einen persönlichen Beitrag zu erbringen und im Sterben den feierlichen Augenblick sieht, in dem dieser persönliche Beitrag endgültig übergeben und abgeliefert wird, der kann das Leiden an der Vergänglichkeit des Lebens transformieren in eine Freude an der Unzerstörbarkeit gelebten Seins. Der kann den Wertverlust, den der Tod bedeutet, aufwiegen im Wertgewinn, der ihm und der Welt erwächst aus stattgefundenem Leben. Sehr tiefsinnig formuliert hat dies Pater Bertschi aus Zürich in seinem Gedichtchen über die Violine, das mit den Worten beginnt:

> In ihrem Innersten
> trug die Violine diesen Spruch:
> „Als ich noch in den Wäldern lebte,
> habe ich geschwiegen;
> nun ich gestorben bin, singe ich."

Was sich hier poetisch andeutet, sind die Sinnmöglichkeiten des Leidens, die darin liegen, es in eine Handlung oder Haltung umzusetzen, die gleichsam eine menschliche Saite zum Klingen bringt, welche ohne dieses Leiden vielleicht stumm geblieben wäre.

---

* Vgl. dazu Viktor E. Frankl, „Ärztliche Seelsorge", Fischer Taschenbuch-Verlag Frankfurt/M., 4. Auflage 1987, S. 91 ff.

Zu meinen bisherigen Ausführungen ist aber noch eine Ergänzung nötig. Es gibt, wie die herkömmliche Psychologie trotz Cynthia Gordons Einwänden sehr richtig gesehen hat, tatsächlich auch ein „sinnloses", ein überflüssiges Leiden, das nicht auf schicksalhaften Wertverlust, sondern vielmehr auf chronische Unzufriedenheit und permanentes Selbstmitleid eines Menschen zurückgeht. Ein Unglücklichsein, das nicht selten gleichzeitig unglücklich macht, nämlich die Mitwelt unglücklich macht, und neurotisch unterlagert ist. Der Neurotiker ist ja, genau betrachtet, nicht bloß das „arme Kerlchen", das sich mit seinen irrationalen Ängsten und Launen abquält; er überträgt seine Mißlaunigkeit ganz ungeniert auf die Schultern anderer Menschen. Wie oft heißt es dann: „Ich bin so fix und fertig" oder „Ich bin so schlapp und kraftlos, daß ich dies oder jenes nicht tun kann", was im Klartext stets heißt, daß ein anderer es eben tun muß.

Auch die Frage, die ein verheirateter Mann mir einst stellte: „Wie mache ich es, daß ich die Freundin nicht aufzugeben brauche, mich aber trotzdem nicht schuldig fühle?" weist in Richtung eines „sinnlosen Leidens", das sich selbst und anderen zugefügt wird. Ich antwortete dem Patienten damals folgendes: „Wenn Sie sich weniger schuldig *fühlen* wollen, gibt es dafür ein paar altbewährte Mittel. Sie können sich z. B. mit Alkohol vollaufen lassen, der ertränkt Ihre Schuldgefühle garantiert. Sie können auch Argumente konstruieren, die gegen Ihre Frau sprechen und Ihnen quasi einen Freibrief zur Untreue liefern nach der Art: Sie ist nicht nett zu mir, warum soll ich nett sein zu ihr? Auf diese Weise können Sie Ihre Schuldgefühle recht gut austricksen." Der Patient sah mich betreten an. „Was wollen Sie damit sagen?" fragte er mich. „Was ich damit sagen will", fuhr ich fort, „ist, daß es durchaus Möglichkeiten gibt, sich weniger schuldig zu *fühlen*. Doch wenn Sie weniger schuldig *sein* wollten, müßten Sie sich ändern."

Ähnlich ist es mit irrationalen Angstgefühlen, Haßgefühlen, Eifersuchts- und Neidgefühlen; sie alle schaffen ein überflüssiges Leidensklima für die Beteiligten, das nur aufgehoben werden kann, indem ein Mensch sich selber ändert, also nicht – wie beim Vorliegen eines echten, schicksalhaften Leidensgrundes, Stellung zum Leiden als solchem nimmt, sondern vielmehr Stellung zu sich selber nimmt, zu seinen eigenen ichbezogenen Motiven. Überlegen wir uns: Was steckt denn hinter den meisten zwischenmenschlichen Konflikten? Doch generell die Angst, irgendwie zu kurz zu kommen, die Angst, zu versagen, die Angst, ein anderer könnte einen übertrumpfen, die Angst, ein anderer könnte einen nicht genug anerkennen, könnte einen sogar auslachen oder geringschätzen. Die ständige Angst des Menschen, ein anderer könnte *mehr haben* als man selber, ein winziges Stückchen mehr Glück. Das *Habenwollen* ist die stärkste leidschaffende Kraft, die es gibt, weswegen in allen Völkern die weisen Männer und Frauen, die Propheten und Heiligen, die Vorbilder der Ahnen gekennzeichnet sind als Persönlichkeiten, die grundsätzlich der Entsagung fähig sind, ja, die in innerem Frieden Abstand zu nehmen vermögen vom Habenwollen irdischer Güter und Zuwendung. „Was bin ich, wenn ich bin, was ich habe, und dann verliere, was ich habe?" fragte auch Erich Fromm sehr eindringlich in seiner berühmt gewordenen Analyse vom Haben und Sein. Habenwollen erzeugt Unzufriedenheit mit dem, was man hat, und Selbstmitleid bezüglich dem, was man nicht hat. Unzufriedenheit und Selbstmitleid aber sind, wie bereits erwähnt, die Bausteine, aus denen das sinnlose Leiden gebaut wird. Nirgends sehen wir dies klarer als in der Psychotherapie, deren tägliches Arbeitsfeld der schier nicht enden wollende Strom inner- und zwischenmenschlicher Konflikte ist.

Allein, nicht nur dieser. Auch der Konflikt zwischen Mensch und seinem Schöpfer, der Hader mit Gott, baut sich aus demselben Material auf; ein Konflikt, der vielleicht noch schärfere Konturen aufweist, noch basaler ansetzt als jede zänkische Plänkelei mit dem Nachbarn und Nächsten. Der Hader mit Gott belastet die Rückbindung an das Bergende, die Geborgenheit schlechthin. Im logotherapeutischen Meditationskreis, den ich gelegentlich zur Nachbetreuung geeigneter Patienten abhalte, lasse ich mir manchmal von den Teilnehmern über den Inhalt – nicht ihrer Träume, sondern – ihrer Gebete berichten. Dabei sind mir im Laufe der Zeit folgende vier Gebetsinhalte wiedergegeben worden:

Gebet einer kinderlosen Frau:
„Lieber Gott, wenn ich schon als Frau auf die Welt kam, warum konnte ich dann keine Kinder bekommen?"

Gebet einer Mutter, deren Tochter auf einem Auge blind ist:
„Lieber Gott, wenn ich schon ein Kind bekommen habe, warum konnte es dann nicht gesund sein?"

Gebet eines Vaters, dessen Sohn mit 45 Jahren verunglückt ist:
„Lieber Gott, wenn ich schon einen gesunden und tüchtigen Sohn hatte, warum konnte er dann nicht alt werden?"

Gebet einer Mutter, deren Sohn erwachsen und glücklich ist:
„Lieber Gott, wenn meinem Sohn schon ein langes und gutes Leben beschieden ist, warum konnte er dann keine nette Frau und keine Erben bekommen?"

Jedes dieser vier Gebete ist für sich genommen nachfühlbar und verständlich, aber wenn man sie nebeneinanderstellt, erkennt man die Signatur der ewigen Unzufriedenheit des Menschen, der nie genug bekommt, was ihm auch der Himmel beschert. Damit soll das echte Leiden des einzelnen keineswegs verniedlicht werden, nur die Behauptung gewagt werden, daß doch auch die Gnade im Leben eines jeden einzelnen irgendwo auffindbar ist. Was aber die schwierige Frage nach der Theodizee anbelangt, die Frage, warum Gott das echte Leiden überhaupt zuläßt, nicht das aus der menschlichen Gier des Habenwollens und Mehrhabenwollens heraus selbstverschuldete, sondern das unschuldige Leiden in der Welt, dazu möchte ich jemand kompetenteren als mich zu Wort kommen lassen: meinen Lehrer Viktor E. Frankl, der das Leiden von seiner grausamsten und vielleicht „gottabtrünnigsten" Seite kennengelernt hat, der viele lange Monate in verschiedenen Konzentrationslagern Zeit gehabt hat, sich diese Frage zu stellen. Er soll das letzte Wort in diesem Kapitel haben. Im vor kurzem neuaufgelegten Buch „Der unbewußte Gott" schreibt er:

„Auf Grund beruflicher Erfahrung und persönlicher Erlebnisse wage ich zu sagen, daß für die überwiegende Mehrheit gläubiger Konzentrationslager-Insassen Gott „nicht gestorben ist", womit ich der Aussage eines amerikanischen Rabbiners entgegentrete, dessen Buch „After Auschwitz" uns das Gegenteil glauben machen will (er war ja nicht in Auschwitz). Wie ich es sehe, ist der Glaube an Gott entweder ein bedingungsloser, oder es handelt sich nicht um einen Glauben an Gott. Ist er bedingungslos, so wird er auch standhalten, wenn sechs Millionen dem Holocaust zum Opfer gefallen sind, und ist er nicht bedingungslos, so wird er – um mich der Argumentation von Dostojewski zu bedienen – angesichts eines einzigen unschuldigen Kindes, das im Sterben liegt, aufgeben; denn handeln können wir mit Gott nicht, wir können nicht sagen: Bis zu sechstausend oder von mir aus einer Million Holocaust-Opfer erhalte ich meinen Glauben an dich aufrecht; aber von einer Million aufwärts ist nichts zu machen, und – es tut mir leid – ich muß meinen Glauben an dich aufkündigen.

Die Fakten sprechen dafür, daß sich ein Aphorismus von La Rochefoucauld bezüglich der Auswirkung der Trennung auf die Liebe variieren läßt: Gleich dem kleinen Feuer, das vom Sturm gelöscht wird, während das große Feuer von ihm angefacht wird, wird der schwache Glaube von Katastrophen geschwächt, während der starke Glaube aus ihnen gestärkt hervorgeht."

Zehn Thesen zur menschlichen Entscheidungsfähigkeit

Logotherapie in der Diagnostik

> Spüre den Sinn deiner
> alltäglichen Arbeit auf,
> und sein Lichtstrahl
> durchglüht deinen Tag.
> (J.Iljin)

Nous und Logos

Die logotherapeutische Devise geht über das „Erkenne dich selbst!" hinaus und heißt: „Entscheide dich selbst!" Die Logotherapie handelt somit von der Entscheidungsmacht des Menschen. Auf welchen Pfeilern ruht diese Entscheidungsmacht? Sie beruht zum einen auf dem *Nous*, dem menschlichen Geist. Nur Geistiges ist willensmächtig und entscheidungsfähig, wohingegen Nichtgeistiges ohnmächtig und entscheidungsunfähig ist. Sie ruht aber noch auf einem zweiten Pfeiler, nämlich auf der Tatsache, daß es etwas gibt, wofür oder wogegen man sich entscheiden kann. Ohne dieses Etwas wäre Entscheidung nicht möglich, denn echte Entscheidung ist allemal ein „intentionaler Akt" (Frankl), der ein zu intendierendes Objekt voraussetzt. Geliebt werden kann nur, wenn etwas zu Liebendes existiert. Ja gesagt werden kann nur, wenn etwas zu Bejahendes existiert. Der Nous setzt den *Logos* voraus und setzt sich mit dem Logos auseinander. Entscheidungsmacht und Sinnverständnis gehören zusammen.

Da sowohl das Wort „Geist" als auch das Wort „Sinn" im Sprachgebrauch auf vielerlei Art verwendet werden, möchte ich zur Vermeidung von Mißverständnissen beide der logotherapeutischen Konzeption gemäß definieren. Danach stellt das Geistige die entscheidende, die stellungnehmende, die bewertende und die personale Instanz im Menschen dar.

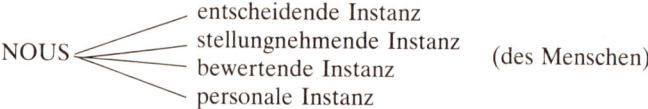

Alle vier Charakteristika sind „typisch menschlich", das heißt, für andere Lebensformen atypisch und unseres Wissens einzig dem Menschen gegeben. Denn nur der Mensch nimmt Stellung zu allem, was er in sich und um sich vorfindet, und zwar Stellung auf personale Art. Nur der Mensch bewertet das Vorzufindende. Nur dem Menschen eröffnet sich gut und bös. Er hat „vom Baum der Erkenntnis gegessen" und damit das Paradies jenseits von gut und bös für immer verlassen. Unter der geistigen („noetischen") Dimension des Menschen versteht man in der Logotherapie somit die spezifisch menschliche Dimension, die den Menschen erst auf seinen menschlichen Weg gebracht hat.

Ein Mißverständnis wäre es allerdings, die geistige Dimension des Menschen mit seiner intellektuellen Kapazität gleichzustellen. Intelligenz besitzen auch die Tiere bis zu einem gewissen Grad. Intelligenz besitzen sogar die Computer! Gehört doch erhebliches Denkvermögen dazu, etwa die Bahn einer Rakete exakt genug zu berechnen, auf daß sie im Feindesland mitten über einer dichtbesiedelten Stadt niedergeht. Der Bordcomputer einer modernen Rakete vermag dies in Minutenbruchteilen zu leisten. Aber der Bordcomputer auch der modernsten Rakete wird sich niemals Gedanken darüber machen, ob es vertretbar und sinnvoll ist, einen atomaren Sprengsatz über dichtbesiedeltem Gebiet zu zünden. Und er wird es deswegen nicht, weil er bei aller Intelligenz über keine geistige Dimension verfügt.

Das Geistige ist aber auch nicht völlig identisch mit dem Religiösen. Natürlich gründet die Gläubigkeit des Menschen in seiner Geistigkeit, weswegen kein Tier betet. Der Glaube ist eine Entscheidung für Gott, und nur ein Wesen, das zwischen gut und bös unterscheiden kann, kann sich für „das Gute in Person" entscheiden. Trotzdem umfaßt die geistige Dimension des Menschen mehr als religiöse Phänomene; auch die Liebe gründet in ihr, die Begeisterung, das Interesse an einer Sache, künstlerische Ambitionen, Forscherdrang, das Streben nach der Wahrheit und der Wille zur kreativen Veränderung. Der menschliche Geist langt über sich selbst hinaus, er greift nach der Welt.

Am besten läßt sich das Geistige als „Bewegung" definieren, wenn auch nicht als Bewegung im Raum, sondern als Bewegung im Sein. Der Philosoph Michael Rappenglück hat das Geistige einmal mit einem Tanz verglichen. Der Tanz ist, was sich zwischen den Tänzern abspielt, und das Geistige ist, was sich zwischen Mensch und Welt abspielt. Die Tänzer können krank werden, nicht aber der Tanz. Der Tanz kann lediglich mißlingen. Er kann mißlingen wegen der Krankheit einiger Tänzer oder trotz gesunder Tänzer, wenn ihre Bewegungen in die falsche Richtung laufen. Ähnlich ist es beim menschlichen Geist. Er kann nicht krank werden, aber in seiner „Beweglichkeit" durch organismische Krankheit eingeschränkt und behindert sein. Er kann aber auch trotz organismischer Gesundheit irren und fehlen, und trotz organismischer Krankheit Hervorragendes zustande bringen. Materie, und in einem mit ihr der menschliche Organismus, hat mit Gesundheit und Krankheit, Geburt und Tod zu tun, Geist hingegen hat mit richtig und falsch, Sinn und Widersinn zu tun. Wenden wir uns deswegen jetzt der Definition des Sinns, des Logos zu. Sinn ist das Gemeinte*, das Bestmögliche, das Gesollte, in theologischen Termini das Gottgewollte.

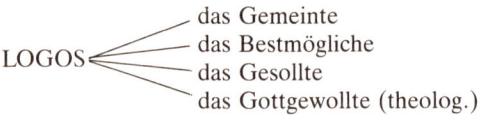

Aus der obigen Definition geht hervor, daß sich der Sinnbegriff in der Logotherapie an etwas Transsubjektivem orientiert, das von menschlicher Willkür unabhängig ist. Der Mensch kann nicht beliebig deuten, was sinnvoll ist, er kann es nur *entdecken*, und zwar deswegen entdecken, weil Sinn in der Welt ist. Merken wir uns dazu drei Gesetzmäßigkeiten:

1. Die Sinnsuche erzeugt nicht den Sinn

Bei einem Seminar in Rom erklärte ich dieses Gesetz meinen Schülern folgendermaßen: Ich sagte, sie können hinaus auf die Straßen gehen und nach Katzen suchen. Ihre Suche nach Katzen wird jedoch keine Katzen erzeugen, sondern umgekehrt wird ihre Suche von Erfolg gekrönt sein, weil es Katzen in den Straßen Roms gibt. Ebenso ist der Sinn im Leben „vorfindlich" vorhanden und kann gesucht, entdeckt und gefunden, nicht aber erzeugt oder ausgedacht werden. Er ist vorfindlich wie die Wirklichkeit selbst, die sich der Mensch auch nicht bloß „zusammenphantasiert".

2. Der Sinn ist kein Mittel zur Triebbefriedigung

Wenn ich meine Schüler frage, warum Viktor E. Frankl von einem „Willen zum Sinn" und nicht von einem „Sinntrieb" spricht, der den Menschen veranlaßt, nach Sinn in seinem Leben zu suchen, müssen sie meistens eine Weile nachdenken, ehe ihnen die korrekte Antwort einfällt. Deswegen sei dem Leser diese Antwort vorweggenommen. Ginge es bei einer Sinnerfül-

---

* Vgl. dazu: „Meaning is what is meant" in Viktor E. Frankl, „The will to Meaning", New American Library, New York 1970

lung um die Abstillung eines Triebes, so ginge es im Endeffekt um das Selbst und seine Befriedigung und gar nicht um den zu erfüllenden Sinn. Wer etwas tut, um einen Trieb zu stillen, tut es mit dem Ziel, den unangenehmen Triebdruck loszuwerden. Er will sich wohler fühlen als mit Triebdruck. Wer etwas ißt, weil er Hunger hat, ißt es nicht, damit es gegessen ist, sondern damit sein Hunger verschwindet. Das Essen ist bloß ein Mittel dazu, daß sein Hunger verschwindet. Könnte er seinen Hunger auf eine andere Art loswerden, würde er vielleicht das Essen verschmähen und die andere Art von Triebstillung wählen. Das Endziel jeglichen Triebgeschehens ist die Triebbefriedigung.

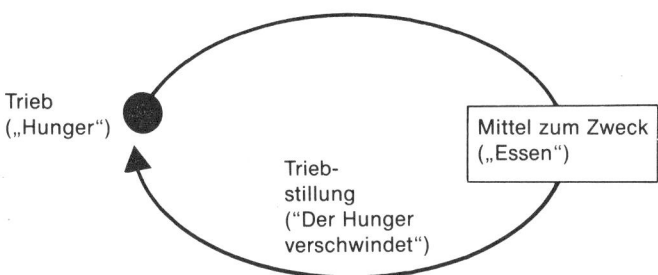

Bei der Sinnerfüllung ist dies nicht der Fall. Da geht es um etwas, dessen Verwirklichung als sinnvoll und wichtig erkannt worden ist. Dieses Etwas ist und bleibt das Endziel aller Bemühungen um seine Verwirklichung. Wer immer sich darum bemüht, tut es nicht, damit er sich nachher wohler fühlt und irgendeinen inneren Druck losbekommt, sondern schlichtweg, damit es getan ist. Er tut es für den Sinn, den er darin sieht, und nichts sonst. Freilich wendet auch er Mittel zum Zweck der Sinnerfüllung an, doch die Sinnerfüllung selbst kann nie Mittel zum Zweck werden – sie ist „Ziel an sich" oder keine Sinnerfüllung.

Sehen wir uns dazu eine Gegenüberstellung aus der Psychologie an, die für die Begutachtung von Motiven kennzeichnend ist. Es wurden umfangreiche Abhandlungen darüber geschrieben, was Geschenke „besagen". Etwa, daß jemand, der Schmuck verschenkt, sich eine dauerhafte Freundschaft mit dem Beschenkten wünscht, oder daß jemand, der Ausgefallenes schenkt, die Aufmerksamkeit des Beschenkten auf sich ziehen will. Solche tiefenpsychologischen Deutungen stehen auf dem Boden der Triebebene, denn sie laufen darauf hinaus, daß die Geschenke im Grunde Mittel zur Triebbefriedigung sind. Man schenkt, um eigene Wünsche anzumelden und durchzusetzen. Die Frage, ob ein bestimmtes Geschenk für eine bestimmte

Person sinnvoll ist, weil diese Person das Geschenk gut gebrauchen kann und voraussichtlich Freude damit haben wird, stellt sich in der Triebebene nicht, sie scheint erst in der nächsthöheren Ebene der Sinnerfüllung auf. Hier ist das Endziel die zu beschenkende Person, zu der das ausgewählte Geschenk passen soll, weiter nichts. Die Freude des Beschenkten am Geschenk ist Sinn genug.

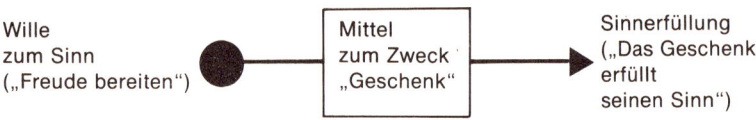

Anhand des Beispiels mag auch die logotherapeutische Definition des Sinnbegriffs plastischer werden. Sinn ist das Gemeinte – im Beispiel das mit dem Geschenkakt Gemeinte: der Ausdruck von Liebe und Freundschaft. Sinn ist das Bestmögliche – im Beispiel das Bestmögliche, das durch das Geschenk entstehen kann: die Vertiefung der Freundschaft. Sinn ist das Gesollte – im Beispiel dasjenige, was die Geschenkübergabe beim Beschenkten bewirken soll: Freude. Sinn ist das Gottgewollte – im Beispiel der Segen, der einem liebevoll ausgesuchten Geschenk anhaftet.

3. Der Auslöser für seelische Krankheiten schlechthin ist eine erfahrene oder begangene Sinnwidrigkeit

In der logotherapeutischen Literatur wird wiederholt darauf hingewiesen, daß nicht Überforderung und Überanstrengung die Krankheitsauslöser erster Ordnung sind, wie es der Volksansicht entspricht, sondern die Abwesenheit von Sinnerfahrung und Sinnerfüllung. Die falsche Entscheidung eines anderen, an der man zu leiden hat, oder die falsche Entscheidung, die man selber getroffen hat, liegen weit mehr auf der Seele, als kontinuierliche Arbeit und vergnügungsarme Zeiten. Wenn der „Wille zum Sinn" frustriert wird, wird der Mensch in seinen Grundfesten erschüttert; der Nous, der des Logos nicht mehr gewahr ist, bäumt sich auf in heller Verzweiflung. Sinnsuche und Sinnfindung sind daher tragende Elemente der Gesundheitsvorsorge und Zentralthemen jedes therapeutischen Eingriffs, wie an anderer Stelle vielfältig beschrieben. Der Nous jedoch, der des Logos gewahr wird, der bei seiner Sinnsuche fündig wird und sich nicht dafür entscheidet, der „Geist, der verneint", ist das Elend des Menschen in seiner größten Potenz und stärksten Erlösungsbedürftigkeit, was zum Begriff der Verantwortung überleitet.

Mensch und Wirklichkeit

Wollen wir Verantwortung allgemein definieren, so können wir sagen: Verantwortung ist immer das Angefordertsein seitens einer Sinn- und Wertverwirklichungsmöglichkeit. Denn nur dort, wo der Mensch Möglichkeiten freier Wahl hat, ist er verantwortlich für das zu Wählende, und zwar insbesondere dafür, ob er unter dem zur Wahl Stehenden etwas Wertvolles auswählt oder etwas Minderwertiges. Verantwortlich sind wir nicht für die Möglichkeiten, die sich uns darbieten; sie wechseln im Leben ständig und liegen nicht in unserer Hand. Verantwortlich sind wir für die Auswahl, die wir treffen, unter den Möglichkeiten, die wir antreffen, denn die Auswahl läßt manche Möglichkeiten unverwirklicht vergehen und andere Möglichkeiten zur Wirklichkeit werden. Verantwortlich sind wir dafür, daß wir die weniger wertvollen Möglichkeiten vergehen lassen und die wertvolleren Möglichkeiten in die Wirklichkeit hineinretten, in der sie geborgen sind.

Während es nun grundsätzlich wertvolle Möglichkeiten gibt, sind die *Sinnmöglichkeiten* solche wertvollen Möglichkeiten, die speziell auf einen Menschen und seine Lebenslage zugeschnitten sind. Dabei gelten wiederum zwei Gesetzmäßigkeiten:

1. Es gibt in jeder bewußt erlebten Situation Sinnmöglichkeiten für jeden Menschen. Sinn liegt sozusagen bereit, wie eine Lebenssituation auch beschaffen sein mag.
2. Es gibt keine Sinnmöglichkeit für einen Menschen, die er nicht verwirklichen könnte.

Die logischen Gründe dafür sind die folgenden:
a) Was ein Mensch nicht kann, liegt außerhalb seiner Möglichkeiten, also auch seiner Sinnmöglichkeiten, die ja eine Untergruppe seiner Möglichkeiten bilden. Was ein Mensch nicht kann, ist weder möglich noch sinnmöglich für ihn.
b) Was für einen Menschen möglich ist, ist verwirklichbar. Sonst wäre es „eine Möglichkeit, die eine Unmöglichkeit ist", was sich widerspricht. Da die Sinnmöglichkeiten eine Untergruppe der Möglichkeiten sind, ist auch verwirklichbar, was sinnmöglich ist.

Ein Beispiel dazu. Die Aussage: „Der Gelähmte hat die Möglichkeit, spazieren zu gehen, kann sie aber nicht verwirklichen", ist falsch. Der Gelähmte hat diese Möglichkeit nicht. Vielleicht aber hat er die Möglichkeit, sich einen Rollstuhl anzuschaffen. Dies könnte eine Sinnmöglichkeit unter seinen Möglichkeiten sein, und sie ist verwirklichbar. Falls er diese Sinnmöglichkeit ergreift, würde sie ihm die zusätzliche Möglichkeit eröffnen, spazieren zu fahren. Das heißt, alles Verwirklichbare kann nur sukzessive aus dem Bereich des Möglichen geschöpft werden.

Unbewußtes und Automatismen

Dem Argument, daß der Mensch zu verantworten hat, was er unter seinen Wahlmöglichkeiten auswählt, steht das tiefenpsychologische Konzept der Verdrängung gegenüber, das davon ausgeht, daß unbewußte Kräfte im Menschen wirken und ihn zu Handlungen („Wahlen") drängen, die er bewußt nicht wählen würde. Zu Ende gedacht bedeutet dieses Konzept, daß der Mensch gar nicht selbst „entscheidet", sondern von seinen unbewußten seelischen Impulsen getrieben und geleitet wird.

In der Logotherapie leugnen wir das Phänomen der Verdrängung nicht, stellen aber zur Diskussion, *wer* darüber entscheidet, ob ein Gefühlsinhalt oder ein Erlebnis überhaupt verdrängt wird oder nicht. Ist es nicht der Mensch selbst, ist es nicht die geistige Person im Menschen, die jeweils prüft und entscheidet, ob sie sich mit einem (unangenehmen) Inhalt bewußt auseinandersetzen oder ihn ins Unbewußte abschieben will? Ein Gefühlsinhalt kann schließlich keinen Gefühlsinhalt verdrängen; die Gabelung, ob etwas bewußt verarbeitet oder lieber im Unbewußten ruhen gelassen wird, muß von höherer Stufe aus gesteuert werden, als jenes Etwas steht, um dessen Verarbeitung es geht.

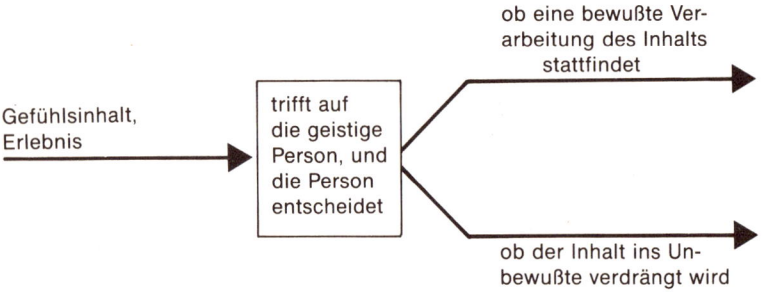

Obigem Modell zufolge ist daher die Person auch für Verdrängtes mitverantwortlich und kann sich auf Impulse aus dem Unbewußten nur bedingt „ausreden".
Dazu noch ein paar ergänzende Gesichtspunkte:

1. Manche Verdrängung kann sogar sinnvoll sein, um die bewußte Lebensbewältigung eines Menschen nicht mit zuvielen problematischen Inhalten gleichzeitig zu überfordern. Im allgemeinen „denkt sich die Natur etwas dabei, wenn sie am Werke ist", und da die Verdrängung ins

Unbewußte einen natürlichen Vorgang darstellt, der bei jedem Menschen vorkommt, wird sie prinzipiell eine Schutzfunktion ausüben, auch wenn sich diese Schutzfunktion unter Umständen ins Krankhafte steigern kann. Hierin liegt die Gefahr begründet, daß Patienten, die mit Hilfe eines Therapeuten viele schmerzliche Ereignisse aus ihrer Lebensvergangenheit ans Licht des Bewußtseins gehoben haben, dann mit diesem Wissen gar nicht gut fertig werden, was sich u. a. in den häufigen Selbstmorden von Ärzten in „Lehranalysen" spiegelt.
2. Sich auf eingefahrene Muster („Skripts") zu berufen, denen zufolge man unbewußt handelt, ist allzu einfach. Es wäre, als würde sich ein Pianist im Falle seines Versagens auf einen falsch eingelernten Fingersatz berufen. Es sei unbestritten, daß es im täglichen Ablauf zu einer Reihe von Handlungsautomatismen kommt, nur darf nicht vergessen werden, daß vor jeder Herausbildung eines Automatismus die bewußte Einübung in diese Handlung steht, wie eben auch der Pianist die Fingersätze selber einübt, die er später beim zunehmend automatisch ablaufenden Klavierspiel benützt. Wo aber etwas eingeübt worden ist, kann es wieder „umgeübt" und anders eingeübt werden, so daß stets dafür Verantwortung besteht, *was* zum eingefahrenen Muster wird und *was* es bleibt.

Zitat: „Ein Mensch springt von einer Brücke ins Wasser. Ein anderer springt ihm nach, um ihn zu retten. Nachdem ihm das geglückt ist, fragen wir ihn, wie ihm diese Entscheidung innerlich möglich gewesen sei. Er antwortet uns aber, von einer Entscheidung könne keine Rede sein, vielmehr sei der Versuch einer Lebensrettung für ihn eine Selbstverständlichkeit gewesen. Die Frage, auf die all dies nunmehr hinausläuft, lautet: Ist eine Handlung deshalb, weil sie für einen eine Selbstverständlichkeit ist, keine Leistung? Gingen nicht so und so viele andere Leute im selben Augenblick wie unser Gewährsmann über die Brücke und waren nicht sie gleich ihm Zeuge der Lebensgefahr, ohne daß es ihnen eingefallen wäre, dem Gefährdeten nachzuspringen, also ohne daß dieses Nachspringen für sie die gleiche Selbstverständlichkeit gewesen wäre wie für den anderen?

Wir sehen: Daß das Nachspringen für jemanden eine Selbstverständlichkeit ist, *ist* die Leistung. Denn daß so etwas für einen selbstverständlich ist, ist durchaus keine Selbstverständlichkeit. Das ist ja die Leistung: daß es dazu kommt – daß es einer dahin bringt, daß so etwas für ihn selbstverständlich ist. Nichts *ist* eine Selbstverständlichkeit – alles *wird* eine Selbstverständlichkeit. Aus dem immer wieder Gutes-tun wird schließlich das Gutsein."
(Viktor E. Frankl in „Der Mensch vor der Frage nach dem Sinn",
Piper Verlag 1985, S. 260/261)

3. Die Experimentalpsychologie hat vor Jahren einige Untersuchungen zur unbewußten Manipulierbarkeit des Menschen getätigt, doch zeigte sich durchgehend, daß eine Manipulation nur dort gelingt, wo der zu Mani-

pulierende geistig nichts dagegen einzuwenden hat. Beispielsweise wurden in einer Versuchsanordnung während eines Kinofilmes sekundenschnelle Reklamebilder von Coca-Cola-Flaschen eingeblendet, um bei den Zuschauern das unbewußte Bedürfnis nach Coca-Cola zu wecken. Das Beabsichtigte gelang; nach dem Filmende stürzten sich viele Kinobesucher auf einen Getränkestand an der Straße und verlangten eine Coca-Cola... Mit einer Ausnahme: Kinobesucher, denen aus medizinischen Gründen das Coca-Cola-Trinken untersagt war, wählten andere Getränke. Das bedeutet im Klartext: Wenn jemand Appetit auf Coca-Cola verspürt und keinen sinnvollen Grund sieht, warum er darauf verzichten sollte, wird er mit hoher Wahrscheinlichkeit zum Coca-Cola greifen. Sieht er aber einen sinnvollen Grund zum Verzicht, wird er es mit ebenso hoher Wahrscheinlichkeit stehen lassen, selbst wenn sein Appetit auf Coca-Cola zuvor manipulatorisch angeheizt worden ist. Daraus folgt, daß sogar der manipulierte Mensch noch frei ist, seinen manipulierten Gefühlen und Bedürfnissen gegenüber geistig in Opposition zu gehen.
4. Mit Blick auf die New-Age-Bewegung meint die Logotherapie, daß auch die Sterne und ihre Konstellationen nicht über uns bestimmen, sondern daß wir selber über uns bestimmen müssen, geleitet von jenem „guten Stern" in unserem Inneren, den man das Gewissen nennt. Freilich bestimmen wir nicht allein, ein unhinterfragbares Geschick bestimmt mit, aber wir können das Unsrige tun, und das ist mehr als genug. Die Hoffnung auf ein „neues Denken", ein „Umdenken" teilen wir allerdings, obwohl wir lieber von „Umorientierung" sprechen möchten. Denn das Denken ist einseitig, während das Sich-orientieren einen dialogischen Bezug herstellt zwischen dem, *der* sich orientiert und dem, *woran* er sich orientiert, zwischen dem Messenden und dem Maßstab, zwischen dem Erkennenden und dem zu Erkennenden, zwischen ermöglichtem Geist und dem Geist der Ermöglichung. Die einzige Orientierung, die wirklich ein neues Zeitalter eröffnen könnte, wäre die Orientierung am Sinn.

Zehn Thesen zur menschlichen Entscheidungsfähigkeit

Auf dem Boden des dargelegten logotherapeutischen Menschenbildes habe ich 10 Thesen zur menschlichen Entscheidungsfähigkeit aufgestellt, die als Richtschnur für Begutachtungen und diagnostische Zwecke dienen mögen:

1. Menschliche Entscheidungen sind nicht erklärbare freie Willensakte.
2. Für diese freien Willensakte gibt es Gründe, aber keine Ursachen.

3. Solche Gründe erklären nicht die Wahl eines bestimmten Verhaltens, sondern nur seinen Sinn.
4. Der Mensch kann sich auch gegen sinnvolle Gründe entscheiden.
5. Ursachen sind Erklärungen für das Nicht-Entscheidbare.
6. Auch zu den Ursachen und ihren Folgen kann der Mensch noch willentlich Stellung nehmen.
7. Diese willentliche Stellungnahme hebt eine bestehende Nicht-Entscheidbarkeit nicht auf, kann aber zu ihrer Akzeptierung führen.
8. Der Konflikt zwischen einem Wollen und Nichtkönnen oder einem Nichtwollen und Müssen läuft auf eine Auseinandersetzung mit den Ursachen des Nichtkönnens bzw. des Müssens hinaus.
9. Der Konflikt zwischen einem Wollen und Nichtsollen oder einem Nichtwollen und Sollen läuft auf eine Auseinandersetzung mit den Gründen des Sollens oder Nichtsollens hinaus.
10. Die Auseinandersetzung mit Ursachen ist eine Konfrontation mit dem Schicksal, die Auseinandersetzung mit Gründen ist eine Konfrontation mit der eigenen Freiheit und Verantwortlichkeit.

Erklärung zu den zehn Thesen und ihrer graphischen Veranschaulichung

„Der Mensch ist das Wesen, das in jedem Augenblick entscheidet, was es im nächsten Augenblick sein wird." Dieser Ausspruch Viktor E. Frankls verdeutlicht den zentralen Punkt und gleichzeitig radikalen Ansatz seiner Lehre. Er kollidiert mit der Freud'schen Verdrängungslehre und mit allen Theorien, die den Menschen als Sozialprodukt betrachten. Zugleich kündet er von einem ungeheuren *Vertrauen zum Menschen*, das das schwächste und stärkste Argument der Logotherapie bildet. Ihr schwächstes insofern, als sich die geistige Freiheit des Menschen als Fundament der Entscheidungsfähigkeit wissenschaftlich nicht nachweisen läßt. Immer werden die „Zeugen der geistigen Freiheit", also Menschen, die unter schwierigsten Bedingungen heroische Entscheidungen treffen, in der Minorität sein, während die anderen, die von ihrer Entscheidungsfähigkeit keinen sinnvollen Gebrauch machen und sich von ihren Triebgefühlen leiten lassen, in der Majorität sind. Immer wird, in nüchternen, statistischen Daten besehen, mehr für die Unfreiheit des Menschen sprechen.

Wie aber das Vertrauen zum Menschen und seiner trotz allem bestehenden Entscheidungsmacht das schwächste Argument der Logotherapie in ihrer Theorie ist, so ist es ihr stärkstes Argument in der Praxis. Denn einzig dieses Vertrauen „zieht den Patienten hoch", fordert ihn in seinem Menschsein an und holt aus ihm geistige Potenzen hervor, mit deren Hilfe er Krankheit und Leid zu überwinden vermag. Kein Mensch, der sich als

Graphische Veranschaulichung der zehn Thesen

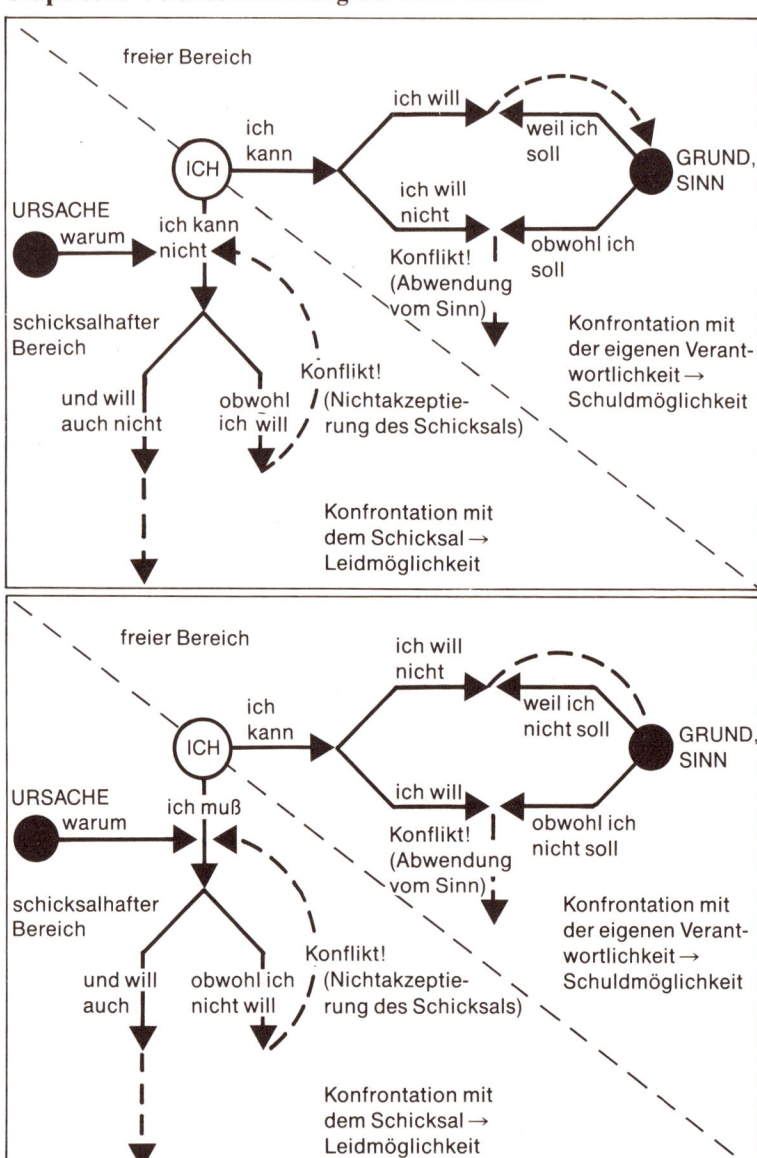

Opfer seiner Umstände erlebt und von unbewußten Kräften getrieben versteht, rührt einen Finger zu seiner Genesung; jede Abhängigkeit – und wenn sie bloß eine vorgestellte ist – lähmt. Erst der Mensch, der von seiner Entscheidungsfähigkeit weiß, nimmt auch seine Verantwortung für das von ihm in Freiheit Entschiedene auf sich.

So gehen Abhängigkeit und Schuldzuweisung Hand in Hand miteinander: der Alkoholiker vermeint, trinken zu müssen, weil ihn seine Frau verlassen hat. Und genauso gehen Freiheit und Selbstverantwortung Hand in Hand miteinander: der Abstinente trinkt nicht, weil er sich dafür entschieden hat, seine Ehe wieder in Ordnung zu bringen (vgl. dazu Kapitel 5!).

Lassen wir also den „freien Bereich" im menschlichen Leben zu und trennen wir ihn vom „schicksalhaften Bereich" ab, wie es in der Graphik durch die Diagonale geschieht. Was finden wir dann im „freien Bereich" vor? Hier sind das Können, das Wollen und das Sollen angesiedelt. Alles Gesollte bewegt sich im Rahmen des Gekonnten, denn was ich nicht kann, ist mir auch nicht als ein Soll zugedacht. Aber nicht alles Gesollte ist ein Gewolltes. Seelische Konflikte im „freien Bereich" haben mit einem Wollen des Nicht-Gesollten oder mit einem Nicht-Wollen des Gesollten zu tun, was beides „Abwendungen vom Sinn" bedeutet und existentielle Schuld initiiert.

Zitat: „Angesichts dieser radikalen Freiheit läßt sich auch verstehen, mit welchem Recht die Theologie von einem mysterium iniquitatis spricht: da unsere Entscheidungen letzten Endes frei sind, können sie unmöglich von irgendwelchen Determinanten zur Gänze bestimmt und von ihnen her pandeterministisch erklärt werden, ohne einen unerklärlichen Rest, der eben ein Mysterium bleibt. Und gäbe es das Mysterium nicht, so wären wir weder frei noch verantwortlich, und dann gäbe es eben auch keine Schuld. Sie wäre dann hinwegerklärt."
(Viktor E. Frankl in „Der Mensch vor der Frage nach dem Sinn",
Piper Verlag 1985, S. 220)

Tatsächlich steht und fällt die Schuldproblematik mit der freien Entscheidungsfähigkeit des Menschen. Dies zeigt sich etwa beim Umgang der Gesellschaft mit dem Phänomen der Kriminalität. Nie verstummt die Frage, was denn Kriminalität verursacht. Ein schlechtes Elternhaus, Armut, enge Wohnverhältnisse, Verführung durch negative Vorbilder, politische Repressalien und fehlende Bedürfnisbefriedigung werden als die häufigsten Ursachen benannt. Kriminell gewordenen Menschen hängen solche Verursachungstheorien ihren eigenen Angaben zufolge „beim Hals heraus", weil sie sich nicht für voll genommen erleben. Es wird ihnen gleichsam Unmündigkeit und Ausgeliefertheit bescheinigt, als wären sie Marionetten, die am Boden liegen, weil irgendein Faden gerissen ist oder jemand am falschen Faden gezogen hat. Wer möchte schon gerne eine Marionette sein?

Es untergräbt die Würde und Identität eines Menschen, ihm eine Schuld abzusprechen, die er auf sich geladen hat, und vor allem verhindert es die einzig sinnvolle Auswirkung einer Schuld: die Sühne in Form einer Wiedergutmachung, und sei es, daß der Mensch *sich* wieder „gut macht", indem er sich wandelt und bessert. Es ist daher wesentlich humaner, sich mit der Idee anzufreunden, daß eine letzte und vollkommene Erklärung bzw. Aufklärung von menschlichen Entscheidungen für oder wider den Sinn nicht möglich ist, weil es sich dabei um freie Willensakte handelt, die im Könnensbereich liegen.

Sehen wir uns nun den „schicksalhaften Bereich" an, den die Diagonale in der Graphik vom „freien Bereich" abtrennt. Was finden wir in diesem Bereich vor? Hier sind das Nicht-Können, das Müssen und die Ursachen für beides angesiedelt. Hier gibt es Erklärbarkeit (ein Warum), und hier gibt es Nicht-Entscheidbarkeit, die wiederum Konflikte hervorrufen kann, aber Konflikte anderer Art als im „freien Bereich". Die Konflikte im „schicksalhaften Bereich" haben mit dem Wollen eines Nicht-Gekonnten oder mit dem Nicht-Wollen eines Gemußten zu tun. Es sind keine Abwendungen vom Sinn, sondern Nicht-Akzeptierungen von (sinnlos erscheinendem) Schicksal, welches Leiden erzeugt.

Doch selbst diesem unabänderlichen Leiden gegenüber verbleibt dem Menschen eine letzte Freiheit in der frei wählbaren Einstellung zum Leiden (wie wir bereits ausführlich besprochen haben), wodurch auf erstaunliche Weise jeder der beiden klar getrennten Bereiche vom Lichtschein des anderen durchdrungen ist: Im „schicksalhaften Bereich" leuchtet jene letzte Freiheit im Umgang mit dem Schicksal auf, und im „freien Bereich" leuchtet ein Grund, ein Sinn auf, der sich dem freien Zugriff des Menschen entzieht, weil er zwar bejahbar oder verneinbar, aber nicht erfindbar ist.

So offenbart sich uns in der Summe, was aus der Konfrontation mit dem Schicksal einerseits und aus der Konfrontation mit der eigenen Verantwortlichkeit andererseits optimal hervorgehen kann: das Wollen des Gesollten, das Nicht-Wollen des Nicht-Gesollten, das Wollen des Gemußten und das Nicht-Wollen des Nicht-Gekonnten, das richtige Wollen als letztes Geheimnis... Wer sich am Sinn orientiert und sein Schicksal annimmt, ist gerettet. Wer sich nicht am Sinn orientiert und/oder sein Schicksal nicht annimmt, gerät in eine Verlorenheit, die mitmenschliche Hilfe und mitmenschlichen Beistand auf den Plan ruft. Solange wir diese beiden Aspekte in unsere Begutachtungen miteinfließen lassen, werden wir keine allzu falschen Diagnosen stellen, wenn es darum geht, Menschen in ihrer Verlorenheit aufzuspüren und aus ihr herauszuführen.

Von der Selbstverwirklichung zur Weltverantwortung

Logotherapie in der Krisenprävention

> Es ist besser,
> auch nur eine Kerze anzuzünden,
> als über die Finsternis
> zu klagen.
>
> (Chinesischer Spruch)

Noch einmal möchte ich ein Kapitel mit einer persönlichen Erinnerung beginnen. Ich bin ein Kriegskind, und da meine Großeltern mütterlicherseits ausgebombt waren, wohnten sie bei uns in der 2-Zimmer-Wohnung meiner Eltern. Nun gab es in jener Nachkriegszeit hie und da am Nachmittag einen kleinen Disput zwischen meinen Großeltern, der die Familie zu erheitern pflegte. Es war kein Ehestreit, keineswegs, meine Großeltern waren einander bis zu ihrem Tod von Herzen zugetan. Aber gerade dieses Einander-zugetan-Sein bewirkte den Disput, so seltsam dies ist. Es ging nämlich darum, daß manchmal vom Frühstückskaffee eine Tasse voll übriggeblieben und zum Aufwärmen für den Nachmittag aufgehoben worden war. Dann ging folgendes Zwiegespräch los.

Mein Großvater sagte zu meiner Großmutter: „Hier, trink deinen Kaffee, der wird dir gut tun!" Woraufhin prompt meine Großmutter widersprach: „Nein, nein, trink nur, ich bin nicht durstig." Großvater ließ dies nicht gelten. „Trink du ihn", beschwor er meine Großmutter, „du brauchst ihn mehr als ich." „Mir geht es prima", wies Großmutter ihn erneut zurück, „du würdest mir wirklich einen Gefallen tun, wenn du ihn trinken würdest." Und so ging das Spielchen weiter, mitunter so lange, bis der aufgewärmte Kaffee schließlich wieder kalt geworden war. Einer drängte dem anderen die übriggebliebene Tasse auf, wohl wissend, daß das bißchen Koffein, wenn überhaupt eines drinnen war, dem unterernährten Körper des anderen die Kraft geben würde, sich bis zum Abend aufrecht zu halten.

Ja, das war die Generation unserer Großeltern, die Generation, in deren Kindertagen sich eine Psychologie entwickelte, die die Parole ausgab: „Du mußt auch einmal an dich selber denken und dir selber etwas Gutes gönnen!" Recht hat sie gehabt, diese Psychologie von damals, die den Menschen vor seiner eigenen „Aufopferungswut" bewahren wollte.

Kehren wir damit in die Gegenwart zurück. Vor wenigen Wochen führte ich ein Beratungsgespräch mit den Eltern von zwei Kindern, einem 1jährigen und einem 3jährigen Kind. Der Konflikt bestand in der unterschiedlichen Urlaubsplanung beider Elternteile. Die Mutter sagte zum Vater: „Ich habe die Kinder das ganze Jahr über daheim, jetzt muß ich mich wenigstens drei Wochen erholen. Deshalb nimm du die Kinder und laß mich wegfahren." „Kommt gar nicht in Frage", antwortete der Vater, „ich arbeite das ganze Jahr lang für euch, aber wenn ich Urlaub habe, will ich mich ohne Kindergeschrei erholen!" „An mich denkst du überhaupt nicht", schrie die Mutter zurück, „wenn du mir die Kinder anhängst, wo bleibt dann meine Erholung?" „Das weiß ich nicht", zuckte der Vater mit den Achseln, „aber mir hängst du sie jedenfalls auch nicht an..."

Die Zeiten haben sich gewandelt, neue Generationen sind herangewachsen. Und ohne daß ich behaupten möchte, daß das erwähnte Ehepaar aus meiner Beratungspraxis repräsentativ sei für den modernen Menschen schlechthin, muß doch zugegeben werden, daß „Aufopferungswut" derzeit rar geworden ist. Man stelle sich nun vor, was passiert, wenn die Psychologie weiterhin ihre alten Sprüche klopft! Wenn sie tatsächlich den urlaubshungrigen Eheleuten aus unserem Fallbeispiel nichts anderes anzubieten hat als den antiquierten Rat, sie mögen schließlich an sich selber denken und sich etwas Gutes gönnen! Brauchen wir nicht heute eine ganz andere Maxime des Handelns? Ist es nicht die Aufgabe der Psychologie und Psychotherapie, ungesunde Extreme auszugleichen, und müssen sich diese Wissenschaften nicht in Erfüllung ihrer Aufgabe stets aufs neue fragen, *welche* ungesunden Extreme in der Strömung der Zeit gerade die meisten Turbulenzen verursachen?

Es gab eine lange dunkle Periode in der Menschheitsgeschichte, in der der einzelne von vielerlei Zwängen geknechtet war und Mühe hatte, sich selbst zu verwirklichen, wie wir heute rückblickend sagen würden. Doch diese Periode neigt sich ihrem Ende zu, und eine noch viel dunklere hat heraufzudämmern begonnen. Eine, in der die Welt, unsere Welt, von vielerlei Zwängen geknechtet ist, von Zwängen, die von der Marktwirtschaft, von den Medien, von der Überbevölkerung, von der Technologie ausgehen. Was wir jetzt brauchen, das ist nicht mehr die Selbstverwirklichung des einzelnen, sondern die Verantwortlichkeit vieler, das ist das Wissen, Mitverantwortung zu tragen im Weltgeschehen. Nach der Befreiung von sinnloser Aufopferungswut muß etwas in vollem Ausmaß noch nie Dagewesenes entstehen: die sinnvolle *Opferbereitschaft* im Namen aller – Egoismus ist heute keine Alternative mehr.

Von da her gewinnt die Logotherapie, die niemals irgendwelchen egoistischen Handlungsmotiven das Wort geredet hat, unter den seriösen psychologischen Richtungen der Gegenwart zunehmend an Gewicht. Sie ist ja von ihren Grundgedanken her als „Erziehung zur Verantwortung" konzipiert worden, und dies bereits zu einer Zeit, als die Beschäftigung mit der menschlichen Psyche noch pure „Nabelschau" war, wenn auch eine „Nabelschau" mittels hochpräziser seelenärztlicher Okulare. Die Logotherapie jedoch ging immer schon davon aus, daß das Verständnis der je eigenen Psychodynamik nicht genügt, um den Menschen zu einer ihm und seinem Daseinsraum entsprechenden Lebensführung zu befähigen.

Der Mensch, seinem Wesen nach geistige Existenz, fragt nach dem ihm Übergeordneten; der Blick auf den „Nabel" kann beim Ego nicht stehen bleiben, er gleitet suchend weiter, die „Nabelschnur" entlang zum Woher des Lebens, zum Wohin des Lebens und zum Sinn des Lebens. Freilich, bei dieser Suche reichen die seelenärztlichen Okulare nicht aus, wir müssen die wesentlich weniger präzisen philosophischen und theologischen Okulare, die uns zur Verfügung stehen, mitheranziehen, und selbst mit ihrer Hilfe erschauen wir das Übergeordnete nicht – nur seinen Abglanz, der in unser Innerstes fällt. Diesen Abglanz nennt man in der Logotherapie den „Sinn des Augenblicks" oder „das Gebot der Stunde". Womit bekanntlich gemeint ist, daß jeder Augenblick und jede Stunde menschlichen Daseins einen partikulären Sinn hat, der sich erfüllen läßt. Was, wenn es geschieht, eben diesen Augenblick oder diese Stunde für immer in Gleichklang bringt mit jenem uns unfaßbaren Übergeordneten, das der letzte Sinn des Ganzen sein muß.

Ein schlichtes Beispiel möge das Gesagte illustrieren. Im vergangenen Winter hatte ich in einer norddeutschen Stadt eine Fortbildung zu leiten und fuhr mit der Bahn dorthin. Die Veranstaltung verlief zufriedenstellend, und beim Abschied wurde mir ein prachtvoller Blumenstrauß überreicht. Mit den Orchideenblüten in der einen Hand und meinem Köfferchen in der anderen kämpfte ich mich durch eisigen Wind zum Bahnhof und überlegte dabei im stillen, was ich mit den Blumen machen sollte. Wenn ich sie im geheizten Bahnabteil mit nach München nahm, kamen sie nach 9 Stunden Fahrt vertrocknet an, und ich hatte noch die Mühe, die welken Blumen nach Hause zu tragen. Das einfachste war, sie gleich in einem Müllcontainer am Bahnhof zu deponieren. Aber irgendwie war es schade um die schönen Blumen, die, wie mir schien, liebevoll ausgesucht worden waren. Ich brachte es nicht über mich, sie wegzuwerfen, und so stieg ich in meinen Zug. Im Abteil war es, wie erwartet, sehr warm, und ich öffnete das Fenster. Da sah ich am Ende des Bahnsteigs eine gebeugte Frau an einem Geländer lehnen. Sie wirkte müde oder traurig; wer weiß, welche Last sie beugte. Als ich die Frau erblickte, wußte ich plötzlich, was der Sinn des Augenblicks war. Ich packte die Blumen, stieg aus dem Zug und lief auf sie zu. „Entschuldigen Sie bitte, darf ich Ihnen die Blumen schenken?" sprach ich sie an. „Ich bin nämlich auf dem Weg nach München und möchte den Orchideen diese lange Fahrt nicht zumuten." Die Frau hob ihr verhärmtes Gesicht. „Mir hat schon lange niemand mehr Blumen geschenkt", antwortete sie ernst. „Dann war es Zeit, daß es wieder einmal jemand tut", rief ich ihr noch zu und sputete mich, um meinen Zug nicht zu verpassen. Als ich bei der Abfahrt aus dem Fenster schaute, winkte sie mir freundlich nach. Gewiß, ein nebensächliches Ereignis. Vielleicht. Vielleicht auch ein Schlüsselerlebnis für einen einsamen Menschen am Rande der Bitterkeit. Mir geht es in diesem Beispiel nicht um den eventuell erzielten Effekt, sondern um das Herausmeißeln der einzigartigen Sinngestalt einer einmaligen Lebenssituation, die darin bestand, Blumen, die ich selbst nur zerstören konnte, in diejenigen Hände zu legen, wo sie wahrscheinlich noch Freude bringen würden. Unter allen Möglichkeiten, die ich am Bahnhof gehabt hatte, hatte es *eine* sinnvollste Möglichkeit gegeben, und hätte ich sie nicht erkannt oder hätte ich sie erkannt, aber nicht ergriffen, wäre sie vergangen und nie mehr zurückgekehrt. Dadurch aber, daß ich sie noch rechtzeitig verwirklicht habe, ist sie – nicht vergangen, sondern – eingegangen in die Wirklichkeit, wo sie sich nahtlos einfügen mag in den letzten großen Sinn.

Diese Betrachtungsweise verallgemeinernd läßt sich sagen, daß die Logotherapie, wie jede andere Psychotherapie auch, etwas ins Bewußtsein heben möchte, das in manch kritischem Falle einem Menschen nicht bewußt oder nicht genügend klar bewußt ist. Doch dreht es sich dabei weder um verdrängte Schocks, noch um heimliche Wünsche, die ihrem Träger offenbart werden sollen, sondern vielmehr um die Bewußtmachung der lebbaren *Möglichkeiten*, die zu einem bestimmten Zeitpunkt gegeben sind, ferner um die Bewußtmachung der lebbaren *Sinnmöglichkeiten* unter diesen lebbaren Möglichkeiten, und drittens um die Bewußtmachung der persönlichen *Verantwortung* gegenüber solchen lebbaren Sinnmöglichkeiten. Ist dieser Dreierschritt vollzogen, ist ein Mensch befähigt, Gutes zu tun in der Welt. Und wer Gutes tut in der Welt, tut sich das Allerbeste, obwohl er dabei an sich am allerwenigsten denkt.

Das klingt sehr rational, dennoch sind Bewußtmachung und Bewußtwerdung keine rein rationalen Akte. So bewußt, daß ich es tatsächlich auch beherzige, wird mir nur, was ich über das Verstehen hinaus zutiefst erspüre und empfinde, was mir gegenwärtig und bedeutsam ist. Gelebt werden kann nur, was in mir lebt. Deswegen sind bei jeder Bewußtwerdung Verstand und Gefühl gleichermaßen beteiligt; die geistige Erhellung muß einhergehen mit seelischen Schwingungen, die den Wechsel vom Dunklen und Ungeschauten zum Hellen und Einsichtigen mitvollziehen. Die zu erkennende Sinngestalt rührt den Menschen an, sie berührt ihn, aber umgekehrt wird ein Mensch auch nur dann zu ihrer praktischen Umsetzung schreiten, wenn er sich von ihr hat anrühren und berühren lassen. Woraus folgt, daß es in der Logotherapie keineswegs bloß auf rationale Abwägungen und Überlegungen ankommt, wie ihr manchmal unterstellt wird, sondern durchaus auf die Weckung und Aktivierung von Gefühlen.

Allerdings müssen wir, was diese Weckung und Aktivierung von Gefühlen betrifft, achtgeben, daß wir nicht den heute stark verbreiteten „Gefühlsexhibitionismus" der westlichen Psychokultur unterstützen. Im Gegensatz zur asiatisch-östlichen Kultur, in der Gefühlsäußerungen eher verpönt sind, und es als eine hohe Tugend gilt, seine Gefühle verbergen und beherrschen zu können, ist es bei uns Mode geworden, sich und seine Gefühle öffentlich zur Schau zu stellen. Die Selbstdarstellung hat Hochkonjunktur, was auf jene psychologisch forcierte „Nabelschau" zurückgeht, von der bereits die Rede war. Denn es ist doch klar, daß jemand, der – auf Selbstverwirklichung und Selbsterfahrung getrimmt – bald nichts außer seinem eigenen „Nabel" mehr sieht, leicht in Gefahr gerät, diesen für das Höchste und Vorzeigenswürdigste zu halten. Aber nicht nur das. Die Gefühle, die bei einer solchen Selbstbeobachtung und Selbstbespiegelung zum Vorschein gelangen, sind in ihrer überwiegenden Mehrheit abgekoppelt vom Weltbezug. Es sind kleinliche Ängste, narzißtische Sehnsüchte, hochstilisierte Frustrationen und wehleidige Selbstbemitleidungen, die keinen kreativen Nutzen haben und zu einem endlosen Klagefluß über des Lebens Beschwernisse gerinnen. In einem solchen Fluß ist das Kraftwerk „Verantwortung" nicht einzubauen, seinen Fluten ist kein Energiepotential abzugewinnen. Die Welt ist nicht zu retten durch Menschen, die ihre eigenen psychischen Zustände zum Mittelpunkt ihres Lebens machen und die extrapsychische Wirklichkeit um sich herum völlig vergessen. Es muß uns heute um mehr gehen, als um die Überwindung eines innerseelischen Unbehagens, und wir haben heute auch mehr zu erobern, als nur unser seelisches Gleichgewicht, nämlich *eine menschenwürdige Zukunft für uns und unsere Kinder!* Da lohnt es sich schon, den Blick vom eigenen „Nabel" wieder zu lösen und Gefühle für etwas zu intensivieren, das über das Ich hinausreicht, Gefühle, die ihrerseits Energien freisetzen könnten zur geistigen Erneuerung unseres Geschlechts.

Aus Sicht der Logotherapie sind es insbesondere drei Sensitivitäten, die wir, und das heißt: jeder bei sich selbst, reaktivieren sollten, um für den „Sinn des Augenblicks" empfänglicher und für das „Gebot der Stunde" bereiter zu sein: das Gefühl für das Sakrale, das Gefühl für das Notwendige, und das Gefühl für das Andersartige. Ihnen möchte ich im folgenden jeweils einige Erläuterungen widmen, denn sie ebnen uns den Weg von der Selbstverwirklichung zur Weltverantwortung, oder noch einfacher ausgedrückt: vom Ich zum Du, zum Wir und – zu Ihm.

Das Gefühl für das Sakrale

Beginnen wir mit dem Gefühl für das Sakrale. Was ist damit gemeint? Nun, der Mensch hat sich mit seiner Menschwerdung sozusagen „aufgerichtet", und als aufrechtes Wesen steht er in zwei Bezugsrichtungen: einem Bezug zu „oben", zur Transzendenz, und einem Bezug zu „unten", zum Boden der Natur. Wie er die Stirn in den unermeßlichen Raum über sich emporstreckt, so haftet er mit seinen Füßen fest auf der Erde. Es ist seine Verbundenheit und Rückgebundenheit, die sich darin symbolisiert, die Verbundenheit mit seiner biologischen und biochemischen Wurzel einerseits und die Rückgebundenheit („religio") an seine spirituelle Heimat andererseits.

Beide Bezüge haben sich mit fortschreitender Entwicklung des Menschen gelockert, und dies zu seinem Nachteil. Als ich beispielsweise durch Südamerika reiste, war ich sehr betroffen von der dort herrschenden Armut großer Bevölkerungsteile, aber eines traf mich am meisten: Die elenden Slums, die sich rund um die Großstädte ansammeln, stehen in keinem begreifbaren Verhältnis zu den riesigen Flächen unbebauten Landes ringsum, auf denen Früchte und Gemüse bestens wachsen würden, wenn sie angebaut würden. Ich fragte, ob die politischen Umstände es den Armen verwehren würden, kleine Parzellen des fruchtbaren Landes zu beackern, doch man klärte mich darüber auf, daß sogar diejenigen Bauern, die Land besitzen, es oft brach liegen lassen, um in die Großstädte zu ziehen, wo sie sich ein bequemeres und angenehmeres Leben erhoffen, aber moralisch und wirtschaftlich untergehen. Natürlich weiß ich, daß die Probleme der Dritten Welt sehr komplex sind und nicht auf einen gemeinsamen Nenner gebracht werden können; wenn aber dennoch ein gemeinsamer Nenner gefunden werden müßte, dürfte er wohl mit dem Verlust eines gesunden Bezugs zur Natur und ihren Schätzen nicht ganz falsch umschrieben sein.

Ein solcher Nenner wäre auch für die Industrieländer der Ersten Welt aktuell, wie sich an der inzwischen dramatisch zugespitzten Umweltsituation zeigt. Trotzdem spricht vieles dafür, daß wir hier am schwindenden und fraglich gewordenen Bezug zur Transzendenz noch mehr leiden. Es rollt zwar gerade eine neue Mystikwelle über uns hinweg, doch bleibt allzuviel davon an der Oberfläche, weit entfernt vom Eigentlichen. Deswegen ist es so wichtig, das Gefühl für das Eigentliche, für das echte Wunder, für das Große im Kleinen, für das Wertvolle im scheinbar Wertlosen, eben das Gefühl für das Sakrale, wiederzuentdecken.

Nehmen wir einen alten, dementen Menschen. Er liegt bewegungslos im Bett, mit einem „blöden" Gesicht. Was bedeutet das schon? Es bedeutet, daß die geistige Person, die er ist, sich nicht mehr kundtun kann, und daß auch wir zu ihr nicht vordringen können. Aber sie ist da, die geistige Person dieses Menschen, unbeschädigt und unbeschädigbar steht sie hinter einem beschädigten, alten Körper verborgen und verklärt ihn mit ihrer Würde. Dasselbe gilt für ein neugeborenes Baby. Auch das Baby ist „blöde", wenn man so will, aber auch das Baby trägt die geistige Potentialität in sich, die es zu etwas Besonderem macht; weshalb es die Liebe und Achtung seiner Eltern verdient, wie der alte Mensch die Liebe und Achtung seiner Kinder verdient. Niemand hat dies überzeugender dargelegt als der Psychiater Viktor E. Frankl.

Denken wir an einen Gral. Wir sehen nur die Schale, das Innere ist verborgen. Wir verneigen uns vor der Schale, weil sie Heiliges trägt. Denken wir an einen Apfelkern. Ein Stückchen Holz. Und doch trägt es einen ganzen gewaltigen, verästelten Baum potentiell in sich. Denken wir an eine befruchtete Eizelle. Ein bißchen Schleim. Aber was trägt sie an Lebensschicksal in sich! Denken wir an eine normale organismische Zelle vom Menschen- oder Tierleib. Ein paar Aminosäuren. Aber was trägt sie an Erbinformationen in sich! Denken wir an einen simplen Stein. Anorganische Materie, aber jedes Atom ein Kunstwerk an Ordnung, Bewegung und elektrischer Spannung! Wir müssen wieder lernen, hinter die äußere Hülle zu schauen, ins Zentrum zu schauen, ins Zentrum der Materie, ins Zentrum der Person, dorthin, wo Schöpfung pulsiert, und wir werden aus dem Staunen nicht herauskommen. Das Wunder liegt in der *Potentialität von Sein*. Jedes einzelne, unsichtbare Atom hat potentiell die Kraft einer Atombombe. Jede einzelne, unsichtbare Zelle behütet und bewahrt potentiell das Abbild eines Lebewesens. Jeder einzelne menschliche Körper ist potentieller Sitz von Geistigkeit, Freiheit und Verantwortlichkeit. Das „blöde" Gesicht, der Apfelkern, der Stein sind Gralskelchen gleich, die etwas Unfaßbares bergen und für den Sehenden entbergen, obwohl auch der Sehende nie weiter als bis an den Kelchrand hinan sehen wird – für das Innere ist menschliches Fassungsvermögen um eine Nummer zu klein.

Wenn wir solcherart unser Gefühl für das Sakrale erweitern, werden wir sowohl unseren Bezug zur Transzendenz, als auch unseren Bezug zur Natur allmählich wiederherstellen. Dies wird zweifellos für unser Gemüt bekömmlich sein, doch ich wage noch mehr zu prognostizieren: Es wird auch für unsere Mit- und Umwelt bekömmlich sein. Denn wer könnte sich dazu entschließen, in gravierendem Ausmaß sinnwidrig zu handeln, wenn er durchdrungen ist von einem unerschütterlichen Glauben, daß auch der jämmerlichste Mitmensch noch seine Würde und das geringfügigste Ding noch seinen Wert hat? Wer könnte Natur leichtfertig zerstören, wenn er in ihr seine eigene Wurzel erkennt? Wer könnte das Übergeordnete leugnen, wenn er sich darin geistig beheimatet fühlt? Üben wir uns in Bescheidenheit und Innigkeit im Umgang mit allem Seienden, und wir werden eine neue Anbindung ans Sein erfahren.

Das Gefühl für das Notwendige

Viktor E. Frankl definiert den „Sinn des Augenblicks" unter anderem als „das eine, das not tut" oder „dasjenige, worauf es ankommt". Um ihn zu finden, muß man sich auf das Wesentliche konzentrieren, auf das Notwendige, auf dasjenige, was „Not wendet", was Verbesserungsbedürftiges verbessert, Negatives positiviert und Unvollendetes vollendet.

Nun ist es ein soziologisches Phänomen, daß mit fortschreitender Zivilisation die offenkundigen Notwendigkeiten in den Hintergrund treten. Wenn früher eine Magd am Felde mithalf, den Haushalt versorgte und nebenbei fünf Kinder großzog, tat ständig „etwas not", seien es die Arbeiten in Haus und Feld, seien es die Kinder, die die Mutter be-nötigten. Sinnfindung war für diese Magd kein Problem. Wenn im Gegensatz dazu eine Frau in unseren Tagen nur stundenweise berufstätig ist, über alle gängigen Haushaltsmaschinen verfügt und bloß ein Kind zu betreuen hat, das tagsüber in Schule und Hort untergebracht ist, dann bleibt ihr freie Zwischenzeit, in der nichts Ersichtliches „not tut". Dort aber, wo die offenkundigen Notwendigkeiten zur Deckung der Lebensbedürfnisse schrumpfen, tritt die Frage der Sinnfindung mit Vehemenz auf.

Beobachten wir dieses soziologische Phänomen in seinen weiteren Konsequenzen, stoßen wir auf eine eigentümliche Polarisierung. Es ist nämlich nicht so, daß alle Frauen unserer Tage – und die Männer will ich keineswegs ausnehmen – gleich darauf reagieren. Es kommt sogar häufig zu extrem unterschiedlichen Reaktionen, die einander gegenüberstehen. Da gibt es Menschen, die die neuen Freiräume mit Freude und Ideenreichtum ausgestalten. Sie legen sich einen schönen Garten an, tun etwas für ihre Bildung, engagieren sich im Sozialbereich, schmökern in Büchern, pflegen Kontakte und unternehmen Ausflüge, um nur einige wenige Stichworte aufzuzählen. Aber es gibt auch die anderen: Menschen, die in den neuen Freiräumen verloren sind, die in Passivität und Apathie versinken und dabei einer geistigen Öde anheimfallen, die schließlich, weil sie nicht auszuhalten ist, mit Fernsehsucht, Eßsucht, Drogensucht und ähnlichem zugestopft wird.

Fragen wir uns: wie kommt es zu dieser Polarisierung, bzw. wo ist die Gabelung, an der sich entscheidet, ob ein Mensch seine Freiräume sinnvoll nützt oder nicht? Dazu hat uns Giselher Guttmann, der Vorstand des Psychologischen Instituts der Wiener Universität, überaus wichtige Hinweise geliefert. Er fand bei ergopsychometrischen Messungen heraus, daß gewisse Personen dann, wenn es darauf ankommt, also in Bewährungssituationen, zusätzliche Kräfte mobilisieren, was ihre Leistungen anspornt, während andere Personen just dann versagen, wenn es darauf ankommt, obwohl sie unter neutralen Bedingungen gleich gute Leistungen erbringen wie die erstgenannten Personen. So können z. B. Rennläufer, die im Training identische Geschwindigkeiten erreichen, in zwei Gruppen eingeteilt werden: in die Gruppe derjenigen, die in der Bewährungssituation, in diesem Fall beim Wettkampf, erheblich langsamer sind als sonst – sie werden etwas ironisch die „Trainingsweltmeister" genannt –, und in die Gruppe derjenigen, die beim Wettkampf sich selbst noch übertreffen – sie zählen nicht selten tatsächlich zu den Siegern.

Die Ursache, warum Menschen mit gleichen Fähigkeiten in Belastungs- und Bewährungssituationen derart unterschiedliche Tüchtigkeitsgrade aufweisen, ist ebenfalls bekannt. Es hängt davon ab, woran sie in diesen Situationen denken, oder noch genauer formuliert, ob sie *an sich* denken oder sich *selbstvergessen* hingeben an das, was „not tut". Denken sie an sich, steigen automatisch Ängste in ihnen auf. Die Angst, sie könnten sich blamieren, die Angst, sie könnten ihre Freunde enttäuschen, oder die Angst, einem Schicksal ausgeliefert zu sein, das ihnen vielleicht nicht wohlgesonnen ist. Wer in erster Linie an sich selber denkt, muß in der Bewährungssituation unweigerlich zittern vor dem, was geschieht, wenn er sich nicht bewährt. Solche „Erwartungsängste" (Frankl) aktivieren die Großhirnrinde, ja es kommt aufgrund einer Veränderung bestimmter Gleichstrompotentiale zur Überaktivierung der Großhirnrinde, und damit ist der Leistungsabfall vorprogrammiert. Die geistigen Kapazitäten werden durch emotionale Faktoren blockiert.

Anders ist es bei den Menschen, die sich selbstvergessen hingeben an die Situation. Sie haben allein das, worauf es gerade ankommt, im Blickfeld und bündeln ihre Kräfte, um dieser gegenwärtigen Aufgabe zu dienen, so gut es geht. Der Streß der Bewährung blockiert sie nicht, sondern erzeugt maximale Konzentration bei ihnen, was sich wiederum an den Werten der Gleichstrompotentiale in der Großhirnrinde ablesen läßt. Die hohe geistige Konzentration aber ermöglicht eine optimale Leistungskapazität.

Aus alledem können zwei interessante Schlußfolgerungen gezogen werden, die ich am Rande erwähnen möchte. Erstens sagen Intelligenztests, Eignungsuntersuchungen etc., die normalerweise unter druckfreien Bedingungen durchgeführt werden, absolut nichts darüber aus, wie sich der Betreffende in einer Streß- oder Prüfungssituation verhalten wird. Das ist für die herkömmliche Testpsychologie ein ernster Anlaß zur Revision ihrer Methoden. Zweitens liegt ein eventuelles Versagen eines Menschen unter Streßbedingungen nicht an seiner etwaigen Überforderung, wie lange Zeit geglaubt, sondern an seinen in Egozentrik selbstproduzierten Ängsten. Das ist ein analoger Anlaß, die herkömmliche Streßlehre zu revidieren. Doch sollen uns diese beiden wissenschaftstheoretischen Probleme hier nicht weiter bekümmern, denn ich möchte auf etwas anderes hinaus. Ich möchte die Guttmann'schen Forschungsergebnisse auf jenes soziologische Phänomen übertragen, demzufolge manche Menschen neue Lebensfreiräume sinnvoll nützen, und andere nicht. Die Parallele ist unübersehbar. Diejenigen, die beim Wegfall offenkundiger Notwendigkeiten, wie ihn die Zivilisation zunehmend mit sich bringt, in eine Sinnkrise geraten und ihre Tage in stumpfer Passivität und pathologischer Inhaltslosigkeit verbringen, sind quasi die „Trainingsweltmeister", während die anderen, die beim Wegfall offenkundiger Notwendigkeiten zu voller Kreativität aufblühen, die „Sieger" sind. Das heißt konkret: Was wie geschenkte, freie Zeit aussieht, ist in Wahrheit eine echte Bewährungssituation, man könnte sogar sagen, eine „existentielle Bewährungssituation".

Solange einem die Umstände diktieren, was zu tun ist, solange man sachlich gezwungen ist, dies und das zu erledigen, solange handelt man gewissermaßen weisungsgebunden: das Leben gibt die entsprechenden Anweisungen. Um auf das Bild von der Magd zurückzukommen: Wenn die Kinder hungrig sind, müssen sie gefüttert werden, wenn die Wäsche schmutzig ist, muß sie gewaschen werden, wenn die Euter der Kühe voll sind, müssen sie gemolken werden, usw. Wir alle sind uns darüber einig, daß die Magd ihre Pflichten gut oder schlecht, gern oder unwillig erfüllen kann, doch davon abgesehen hat sie wenig Auswahl.

Sobald sich jedoch für einen Menschen mehr und mehr Freiräume öffnen und das Diktat der Umstände nachläßt, muß er sein Handeln in Selbstverantwortung wählen, und das stellt ihn eben in die Bewährung – jetzt entscheidet *er* und nicht das Leben, was er mit seinen Kräften, mit seinem Wissen, mit seinen unstrukturierten Stunden, mit seinem übriggebliebenen Geld und mit seiner Macht anfängt, *er* bestimmt, wem oder was er sein materielles und geistiges Kapital weiht – sinnvoller- oder unsinnigerweise weiht... Darauf wollte ich mit meinen Ausführungen hinaus. Denn es wäre eine Täuschung zu vermeinen, daß in dieser Situation die Notwendigkeiten aufgehört hätten zu existieren. Sie sind bloß nicht mehr so offenkundig wie zuvor, weil sie nicht mehr unmittelbar die eigene Haut betreffen. Es sind nicht mehr die eigenen Kinder, die eigene Wäsche, die eigenständig zu versorgenden Kühe, deren „Not gewendet werden soll", es ist das Anliegen der Welt, das einen ruft. Aus der Selbstverantwortung wird eine Weltverantwortung. Wieviel Not in der Welt kann nur „gewendet werden" von Leuten, die Zeit und Geld und Kraft genug dafür haben; wieviel Schönes und Erbauliches kann nur geschaffen werden von Leuten, die Muße und Ruhe genug dafür haben; wieviel gäbe es zu verbessern und auszubessern, zu ergänzen und zu erneuern auf dieser unserer Erde seitens all jener Menschen, die begnadet genug sind, nicht jede wache Minute ihres Lebens in das Bemühen investieren zu müssen, bloß am Leben zu bleiben!

Man muß nur das Gespür für das Notwendige haben, das Fingerspitzengefühl für die kleinen, sinnvollen Aufgaben, die um uns herumliegen und darauf warten, aufgegriffen zu werden, das Gefühl für die ästhetischen

Möglichkeiten und ethischen Herausforderungen, denen wir beim Wandern durch unsere Tage begegnen, das Gefühl für das, worauf irgendwo gehofft wird, daß jemand diese Hoffnung wahr mache. Wir könnten derjenige sein, der in den freien Zwischenzeiten seines Lebens Hoffnungen der Welt erfüllt.

Freilich, dieses Gespür für das Notwendige setzt eines voraus: Wir müssen den Blick von uns selber lösen. Die Erkenntnis aus dem Wiener Hirnforschungslabor, daß in der Bewährung, im entscheidenden Augenblick, Selbstvergessenheit die Voraussetzung für ein Gelingen ist, wohingegen Egozentrik ein Mißlingen fördert, gilt auch für die Sinnkrise unserer Tage. Kommen wir noch einmal auf das Bild von der Frau mit der stundenweisen Beschäftigung zurück. Nehmen wir an, sie langweilt sich in den übrigen Stunden und überlegt andauernd, wie sie sich besser amüsieren könnte. Nicht, daß gegen Unterhaltung etwas einzuwenden wäre, nur ist zu befürchten, daß diese Frau von einer Party zur nächsten oder von einem Modegeschäft zum nächsten oder von einer Männerbekanntschaft zur nächsten ziehen wird und sich dabei immer weniger amüsiert. Die Angst, etwas im

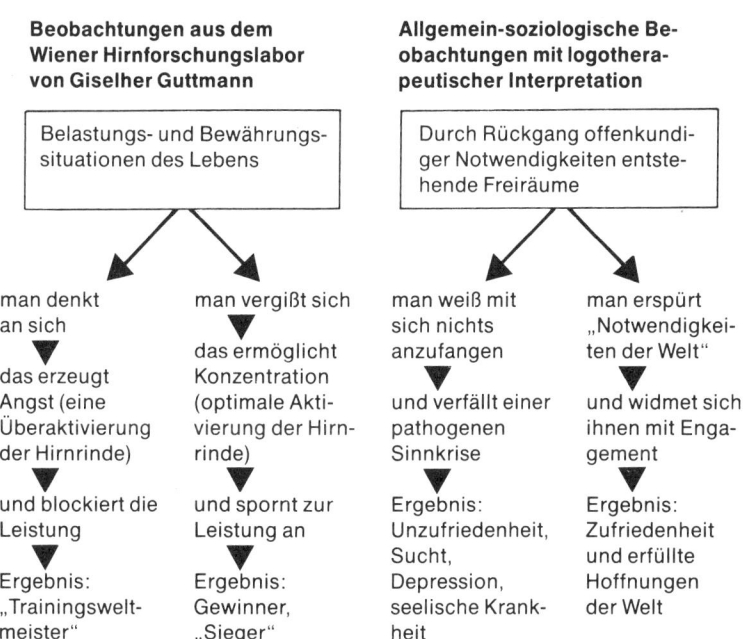

Leben zu versäumen, einfach nicht auf ihre Kosten zu kommen, wird sie zunehmend packen und ihr jegliche Lebensfreude verderben. Oder, um mit Giselher Guttmann zu sprechen, die emotionalen Faktoren werden ihre geistigen Kapazitäten blockieren.

Konzentrieren wir uns deswegen lieber auf unsere Mit- und Umwelt, und erweitern wir unser Gefühl für das Notwendige, auch wenn die „zu wendende Not" nicht unmittelbar uns selbst betrifft. Im Bewußtsein der Weltverantwortlichkeit stellen sich die Fragen ans Leben anders, als auf der Fährte der Selbstverwirklichung. Eine Krankenschwester sagte einst zu mir: „Bei der Berufswahl wußte ich nicht, was ich werden möchte, da dachte ich darüber nach, wo ich wohl am meisten gebraucht würde? Wo es einen Mangel an Arbeitskräften gäbe? Plötzlich wußte ich, wo mein Platz sein würde." Es wird kaum überraschen, wenn ich bestätige, daß diese Krankenschwester heute eine der beliebtesten in einem großen Münchner Krankenhaus ist.

Ähnliches drückt der folgende von Liliane Giudice beschriebene Dialog zwischen einem Professor und einem Dorfpfarrer aus.* Der Professor hat auf einer Wiese ein häßlich entstelltes kleines Mädchen spielen gesehen. Er sagt zu dem Dorfpfarrer: „Die Eltern dieses Kindes können einem leid tun." „Nun", antwortet der Dorfpfarrer, „diese Adoptiveltern kann man wirklich bewundern." „Adoptiveltern?" staunt der Professor. „Wer adoptiert denn ein solches Kind?" „Die Adoptiveltern meinten, daß gerade ein solches Kind mit viel Liebe und häuslicher Geborgenheit aufwachsen sollte. Deshalb haben sie es in ihre Familie aufgenommen", gab der Dorfpfarrer Auskunft und stimmte damit den Professor sehr nachdenklich. *Das* ist das Bewußtsein der Weltverantwortlichkeit, das Rezept derer, die sich bewähren. Unsere Stadt braucht Krankenschwestern? Und ich stehe vor der Berufswahl! Dieses Kind braucht liebevolle Eltern? Und wir sind in der Lage, ein Kind zu adoptieren! Menschen, die solche Gedankenbögen spannen, fühlen und erspüren das Notwendige, sie „wenden Not" und machen Hoffnungen der Welt wahr.

Das Gefühl für das Andersartige

Jetzt fehlt noch eine dritte Sensitivität, die es vom Standpunkt der Logotherapie aus zu fördern und zu entwickeln gilt, nämlich das Gefühl für das Andersartige. Wir leben heute in besonderer Dichte, und das erzeugt

---

* Liliane Giudice, „Oft ist es nur ein kleines Zeichen", Verlag Eugen Salzer, Heilbronn 1981

Aggressionen. Wir leben auch in besonderer Hektik und Ruhelosigkeit, und das erzeugt Ungeduld. Wir haben keine Zeit mehr für einander und reiben uns aneinander. Greifen wir eine beliebige Familie heraus, und prüfen wir den Umgangston ihrer Mitglieder – wir werden voraussichtlich betrübt sein. Greifen wir einen beliebigen Geschäftsbetrieb heraus und prüfen wir den Umgangston seiner Mitarbeiter – wir werden wahrscheinlich schockiert sein. Belauschen wir Angehörige von Berufsständen, die zur Elite der Gesellschaft gehören, und bei denen ein niveauvoll-höflicher Umgangston zurecht erwartet werden darf – wir werden vor Enttäuschungen nicht gefeit sein. Güte, Barmherzigkeit, Verständnis und Humor sind rare Qualitäten geworden. Dabei würde es für die Eroberung einer menschenwürdigen Zukunft nicht viel mehr bedürfen, als einer Armee gütiger, barmherziger und verständnisvoller Menschen mit einem kleinen, versteckten Lächeln in den Augenwinkeln, welches besagt, daß ihnen vertraut werden darf, weil auch sie Vertrauen zum anderen haben.

„Vertrauen zum anderen", was wäre dies für ein „Sesam, öffne dich"! Berge des Mißtrauens würden weichen, Feindbilder würden sich als Luftspiegelungen erweisen, und Haß würde zur Kuriosität verglühen, sobald dieser Zauber wirkt. Das „Vertrauen zum anderen" wäre der Balsam auf jede Wunde in der Familie, die man sich gegenseitig geschlagen hat, auf jede Kränkung im Betrieb, die man sich gegenseitig zugefügt hat, und auf jede Demütigung, die man sich Zeit seines Lebens eingehandelt hat. Aber dieses „Vertrauen zum anderen" ist ein zartes Pflänzchen, das nur auf ganz bestimmtem Nährboden gedeiht, es gründet im Gefühl für den anderen bzw. im Gefühl für die Andersartigkeit des anderen. Wer wie ich täglich Patienten anhört, die sich bei ihrem Therapeuten aussprechen, weiß, daß bei solchen Aussprachen die „anderen" eine große Rolle spielen. Was allerdings über die anderen ausgesprochen wird, ist zu mindestens 90% nichts Gutes. Die anderen müßten so oder so sein, sie sollten sich so oder so benehmen, sie hätten dies und jenes falsch gemacht. Die anderen sind die Bösen, die Schuldigen, nach Jean-Paul Sartre die Hölle. Nein, da wächst unser Pflänzchen nicht, in dieser Art von Hölle verdorrt das Vertrauen.

Dagegen hilft nur eines: die anderen in ihrer Andersartigkeit sein zu lassen und sie in ihrer Andersartigkeit anzunehmen. Zum Beispiel tun Eltern gut daran, sich vor Augen zu halten, daß ihre Kinder andersartig sind als sie selbst, und daß es daher keinen Sinn hat, ihnen aufzudrängen, was sie – die Eltern – sich für sich selbst gewünscht hätten. Aber auch die Kinder mögen im Zuge ihrer Reifung allmählich darauf stoßen, daß ihre Eltern andersartig sind als sie, und daß es daher keinen Sinn hat, sie aus eigener – des Kindes – Warte zu bewerten. Natürlich gibt es niemanden, der seinen Eltern nicht etwas zu verzeihen hätte. Aber es gibt auch niemanden, der seinen Eltern nicht etwas zu verdanken hätte.

Bei Partnerschaften ist es nicht minder wichtig, die Andersartigkeit des jeweiligen Partners unattackiert stehen zu lassen und in Liebe zu akzeptieren. Wie der Volksmund bereits weiß, ist es speziell die Andersartigkeit des anderen, die ihn anziehend macht („Gegensätze ziehen sich an"). Genauso aber ist sie der Ausgangspunkt für Konflikte, sobald einer den anderen nach seinen Vorstellungen ummodellieren will. Wie weise hat Khalil Gibran beschrieben, daß die beiden Partner einer Ehe wie zwei Saiten einer Laute in Harmonie schwingen sollen, daß sich die beiden Saiten jedoch nie berühren dürfen, indem eine Saite die andere ganz zu sich hinüberzieht, weil dann mit dem letzten kleinen Abstand zwischen ihnen auch die Harmonie des Tons verloren ginge.

Die Andersartigkeit eines anderen Menschen ist keinesfalls etwas, das nur ertragen werden muß, sie ist etwas, das zu erschauen sich lohnt, etwas, das den Beschauer sogar bereichert. Wie arm wäre unsere Gesellschaft, wie eintönig unsere Kultur, wie beschränkt unser Dasein, wären wir alle gleich. Es ist nicht auszudenken! Da wir aber alle andersartig, wenn auch gleichwertig sind, stehen wir mitten in einem Kaleidoskop des Lebens, das bunter und phantastischer nicht sein könnte. Erfreuen wir uns daran, ohne zu manipulieren und zu kritisieren, hören wir auf, das Andersartige zu verfolgen, und strecken wir stattdessen seelische Fühler aus, um es behutsam abzutasten und besser kennen zu lernen. Der Lohn wird groß sein. Denn, was man kennt und versteht, verwirft man nicht. Einen Menschen, der einen interessiert, verteufelt man nicht. Je mehr man sich in einen anderen einfühlt, desto näher steht man ihm, desto „verwandter" ist man ihm über alle Gegensätze hinweg, die durchaus vorhanden sein mögen. Das Gefühl für das Andersartige ist paradoxerweise die einzige Basis, auf der sich ein Gefühl für das Gemeinsame herausbilden kann. Solange das Andersartige als fremd und furchterregend, unpassend und unerwünscht empfunden wird, wird es bekämpft und abgewehrt. Man will es nicht zulassen, lieber nimmt man eine Spaltung in Kauf. Aber die Spaltung zwischen dem Ich und dem Du geht immer zu Lasten des Wir.

Dreht man den Spieß um und geht man mit ausgebreiteten Händen und offenem Herzen auf die Andersartigkeit des anderen zu, wird alsbald vertraut, was fremd war, wird überraschend und mitunter erheiternd, was furchterregend war, wird bedenkenswert wenn nicht gar nachahmenswert, was einst unpassend schien, und wird zulassungsfähig, was als unerwünscht deklariert worden ist. Die Spaltung schließt sich wieder; das Ich und das ganz andere Du werden integrierbar in einem gemeinsamen Wir.

Wen wundert es, wenn unter diesen Aspekten die Logotherapie ein *Agens der Versöhnung* genannt wird? Und wer möchte bezweifeln, daß unsere Generation und unsere Allgemeinsituation nach nichts dringlicher verlangt, als nach einem solchen? Die Logotherapie ist es in dreierlei

Hinsicht. Zum einen wirkt sie versöhnend zwischen den einzelnen Fachdisziplinen. Im Zeitalter des Spezialistentums, in dem fast jeder Ausgebildete nur mehr sein eigenes Fach kennt und aufgrund der Detailfülle des eigenen Fachs ansonsten „Scheuklappen" trägt, kommt dem große Bedeutung zu. Wir wissen um das Mißtrauen zwischen Ärzten und Psychologen, zwischen Theologen und Psychotherapeuten, zwischen Schulmedizinern und Naturheilpraktikern oder zwischen Nervenärzten und Sozialpädagogen, um nur einige Beispiele aus meinem Gebiet zu nennen.

Stattdessen braucht unsere Welt von morgen ein Bündnis aller Fachrichtungen: die Technik muß mit der Ökologie zusammenarbeiten, die Naturwissenschaft mit der Geisteswissenschaft. Die feindlichen Brüder und Schwestern müssen sich versöhnen und gemeinsam an dem großen Strick ziehen, der die moderne Arche Noah noch einmal heil durch die Sintflut der menschlichen Sünden ziehen soll, auch wenn es diesmal Umweltsünden, und nicht bloß Verstöße gegen Moralgesetze sind.

Ein solches Miteinander unterschiedlicher Fachdisziplinen, insbesondere derjenigen, die mit dem Menschen zu tun haben, ist nun in der Logotherapie längst verwirklicht. Ihre Thesen zur Beratung und Behandlung unglücklicher Menschen, von denen es ja nicht wenige gibt, bringen Mediziner und Psychologen, Seelsorger und Lehrer, Kranken- und Altenbetreuer an einen Tisch. Dabei sind Spezialtechniken nicht gefragt – es ist das Grundsätzliche, das zur Diskussion steht. Grundsätzliches, das heilt, Grundsätzliches, das Leben gelingen und Leiden bewältigen hilft, Grundsätzliches, das menschliche Existenz ermöglicht – *das* sind die Themen logotherapeutischer Diskussion und Schulung. Wenn alle, die beruflich ihren Mitmenschen in irgendeiner Form dienen, dieses Grundsätzliche berücksichtigen würden, würde der gemeinsame Dienst am Menschen ausreichen, die Schwachen und Lebensmüden dieser Welt neu aufzurichten, davon bin ich überzeugt.

Aber das logotherapeutische Agens der Versöhnung wirkt noch weiter, über die Kooperation der einzelnen Fachdisziplinen hinaus. Denn die Logotherapie ist auch geeignet, die einzelnen Völker einander näher zu bringen. Ist doch das Grundsätzliche, mit dem sie sich beschäftigt, zugleich das spezifisch Menschliche, das den Menschen von Tier und Pflanze unterscheidet, nicht aber von Mensch zu Mensch. Im Gegenteil, das spezifisch Menschliche ist dasjenige, das eben bei allen Menschen zu finden ist, welchen Völkern, Klassen und Rassen sie auch angehören, und welcher Mentalität sie auch zugehören. Die Lehre vom spezifisch Menschlichen ist daher mehr als ein frommer Glaube an die Gleichwertigkeit aller Menschen, sie ist die Lehre von der tatsächlichen Wesensgleichheit aller Menschen, die es uns gestattet, dem anderen in uns selbst und uns selbst im anderen zu begegnen, jedweder Andersartigkeit zum Trotz.

Was aber ist dieses spezifisch Menschliche? Es ist die geistige Dimension des Menschen. Der Geist, der nicht Geist vom Geist der Eltern ist, der nicht Geist vom Geist der Vorfahren und schon gar nicht Geist der tierischen Ahnen ist. Der Geist, der sich aus Materie nicht ableiten läßt, und der folglich auch nicht mit der Materie zerfällt. Der Geist, der jenseits menschlicher Gräber verbleibt. Ausnahmslos alle Religionen der Erde versuchen, dieses Mysterium in Symbole zu kleiden, was der Grund ist, warum die Logotherapie als letztes noch ein Agens der Versöhnung zwischen den einzelnen Religionsgemeinschaften sein könnte. Sie hat uralte Weisheiten der Menschheit in ein wissenschaftliches System gefaßt, das so gut wie in jede religiöse „Sprache" rückübersetzbar ist, und das daher etwas kristallisiert, dem alle zustimmen können, welche religiöse „Sprache" sie auch sprechen mögen, sofern sie überhaupt über das rein Materielle hinausdenken und hinausschauen. Wobei wiederum gilt, daß das Gefühl für die Andersartigkeit einer fremden Religion die Basis, und zwar die einzige Basis wäre für die überfällige Entdeckung des Gemeinsamen: der gemeinsamen inneren Zwiesprache mit Ihm.

Fassen wir also zusammen: Es gibt einen Sinn des Augenblicks, ein Gebot der Stunde, und das für jeden Menschen, überall und jederzeit. Es ist unsere Verantwortung, diesen Sinn des Augenblicks zu erfüllen und dem Gebot der Stunde zu gehorchen. Aber wir sind nicht nur für uns selbst verantwortlich, wir sind Teil der Welt und tragen Weltverantwortung. Das heißt, wir erfüllen den Sinn des Augenblicks nie lediglich zu unserer eigenen Selbstverwirklichung, sondern um eine menschenwürdige Zukunft für alle zu verwirklichen. Und wir gehorchen dem Gebot der Stunde nicht zum Eigennutz, sondern auf daß Gutes geschehe. Obwohl nicht abzuleugnen ist, daß mit einer menschenwürdigen Zukunft und in einer Welt, in der Gutes geschieht, auch wir selbst besser leben.

Um nun bereiter und befähigter zu sein, dieser unserer Weltverantwortlichkeit nachzukommen, empfiehlt es sich, drei Sensitivitäten nach Kräften zu erweitern: das Gefühl für das Sakrale, das Gefühl für das Notwendige und das Gefühl für das Andersartige. Das Gefühl für das Sakrale wird uns Ehrfurcht lehren. Ehrfurcht ist u. a. der wirksamste Schutzschild gegen Umwelt- und Naturzerstörung, eines der größten Weltprobleme der Gegenwart. Das Gefühl für das Notwendige wird uns Selbstbeschränkung lehren. Selbstbeschränkung ist u. a. der wirksamste Schutzschild gegen unkontrolliertes Bevölkerungswachstum, eines der größten Weltprobleme der Gegenwart. Das Gefühl für das Andersartige wird uns Nächsten- und Fernstenliebe lehren. Liebe aber ist der Schutzschild schlechthin gegen Kriegsgefahr und Waffengewalt, ein noch nie gelöstes Weltproblem.

Üben wir uns ein, täglich und im Kleinen, um unseren Beitrag zum Weltgeschehen zu leisten. Denn das Gebot der Stunde ist ernst. Und auf unseren Beitrag kommt es an.

Ergänzende Beiträge zu Jugend und Alter

Franz Sedlak

„Alice im Logosland"

Logotherapie in der Schulpsychologie

I. Chancen sinnzentrierter Hilfe zwischen dem Rationalen und Irrationalen im Schulbetrieb – Grundsätzliche Überlegungen

Nirgendwo scheint Rationales und Irrationales so weit auseinanderzuklaffen wie im Schulbetrieb. Den vernünftigen, durchüberlegten, methodischdidaktisch ausgefeilten Bemühungen um eine fundierte Bildung stehen oft irrationale Ängste beim Einzelnen, undurchschaubare „Mechanismen" im System und alle jene Paradoxien gegenüber, die sich aus dem Kampf zwischen sachlichem Planen und menschlichem Fühlen ergeben. Lewis Caroll, der Autor von „Alice im Wunderland" und „Alice hinter den Spiegeln" hat diese Divergenz zwischen Rationalem und Irrationalem im buchstäblichen Sinn verkörpert: Von Beruf Lehrer, rationaler und pedanter Schulbeamter und somit „würdiger Vertreter einer vernunftbezogenen Erwachsenenwelt", im Privatleben Poet und einfühlsamer Beobachter der irrationalen Gefühlswelt des Junggebliebenen. Die folgenden Impulse im ersten Teil dieses Beitrages sollen die unerhörte Synthesekraft des sinnzentrierten Ansatzes bekunden, somit stellt „Alice im Logosland" den Versuch dar, einerseits Gefühl und Vernunft durch eine umfassende existentielle Fragestellung miteinander zu versöhnen, andererseits grundlegende, systembezogene Fragen aufzuwerfen und sie am Beispiel Schule zu konkretisieren. Dabei werden sich viele offene Fragen, aber auch direkte Impulse ergeben. Beispielhaft wird aufgezeigt, wie der Schulpsychologe durch die Sinnorientierung neue Wege anbahnen und vertiefte Zugänge ermöglichen kann!

- **Napoleon und das verfehlte Ziel der Information**

»Schließlich rief die Maus, die unter ihnen anscheinend als Respektsperson galt: „Setzt euch alle miteinander und hört zu! Ihr sollt es bald trocken haben, dafür will ich schon sorgen!" Alles ließ sich sogleich in einem weiten Kreis nieder, so daß die

Maus in der Mitte stand. Alice ließ die Augen nicht von ihr, denn sie war sicher, sich eine ganz schlimme Erkältung zu holen, wenn sie nicht schleunigst wieder trocken würde.
„Ahem!" sagte die Maus mit gewaltiger Miene. „Seid ihr alle bereit? Es folgt nun das Allertrockenste, was mir bekannt ist. Darf ich um allgemeine Ruhe bitten! Frühzeitig schon hatte Napoleon sich um die süddeutschen Fürsten bemüht."« (I/28)

Information wird in dieser kurzen Textpassage zum „Austrocknen" verwendet. Man hat den Eindruck, daß viele Kinder ein ähnliches „Schicksal" erleiden: Vergleicht man die frischen, erlebnisnahen Aufsätze von Kindern in den ersten Schuljahren mit den dürren, fehlervermeidenden Aussagen höherer Schulstufen, dann ist hier sicherlich ein „Austrocknungsprozeß" geschehen, der sich auch im krassen Absinken des Interesses an der Schule bekundet. Es wäre den Versuch wert, durch eine Lehrplanreform neue Zugänge zum Wissensangebot zu finden, um dem Schüler in seiner Interessenslage weitestgehend entgegen zu kommen. Fehlverwendete Information ist auch dort enthalten, wo Information nur mehr zum Unterhaltungsträger degradiert wird. Aus diesem Grund wurden in letzter Zeit auch umfassende Bestrebungen zu einer Medienkunde unternommen. Information muß wieder in ihrem Eigenwert gesehen werden, ebenso aber auch in ihrem Auftrag an den einzelnen, Stellung zu dieser Information zu beziehen bzw. etwas damit anzufangen. Von schulpsychologischer Seite her kann eine Vertiefung der Schulgegenstände zum „Gegenständlichen", Intentionalen unternommen werden (siehe 2. Teil dieses Artikels), wobei sich eine besonders wertvolle Verbindung zwischen der psychologischen Rücksichtnahme auf die Interessenslage des Kindes und dem sinnzentrierten Ansatz als Auseinandersetzung mit dem Auf-Gegebenen zeigt.

- **Das Irrationale am Operationalen/Prozeßhaften oder der Wettlauf**

»„Und was ist ein Proporz-Wettlauf?" fragte Alice; nicht etwa weil sie besonders neugierig darauf war, sondern weil der Brachvogel verstummt war, als ob hier eine Bemerkung am Platze sei und unter den übrigen Zuschauern dazu anscheinend keiner Lust hatte.
„Man kann es am besten erklären", sagte der Brachvogel, „indem man es macht." (und da ihr es vielleicht einmal an einem Wintertag ausprobieren wollt, will ich erzählen, wie der Brachvogel es anstellte.)
Er legte zuerst eine Rennbahn fest, eine Art Kreis („auf die genaue Form kommt es nicht an" sagte er), und die Mitspieler mußten sich irgendwo auf der Bahn aufstellen, wie es sich gerade traf. Es gab kein „Eins – zwei – drei – los!", sondern jeder begann zu laufen, wann er wollte, und hörte auf, wie es ihm einfiel, so daß gar nicht so leicht zu entscheiden war, wann der Wettlauf eigentlich zu Ende war.

Nachdem sie indessen ungefähr eine halbe Stunde lang gelaufen und wieder ganz trocken geworden waren, rief der Brachvogel plötzlich: „Ende des Wettlaufs!", und alle drängten sich, noch ganz außer Atem, um ihn und fragten: „Aber wer ist Sieger?"« (I/30)

Verfechter des „lebenslangen Lernens" werden mit Stolz auf diese Textstelle verweisen, zeigt sie doch, daß jeder Mensch seinen individuellen Bildungsweg gehen muß, daß er seine eigene Bildungszeit zu bestimmen hat. Und sie können tatsächlich auch die Weiterführung dieser Textstelle als Beleg heranziehen, denn beim Proporz-Wettlauf gewinnt schließlich ein jeder! Dennoch muß von einer sinnzentrierten Perspektive aus auch das Problematische gesehen werden, das als Irrationales am Operationalen bzw. Prozeßhaften bezeichnet werden kann. Was ist damit gemeint? Bildung ohne konkrete Ziele (soweit gesteckt sie auch sein mögen) bleibt tatsächlich nur in einer Ebene, erweist sich als ewiger Kreislauf ohne tatsächliche Fortschritte. Daher kann es aus sinnzentrierter Perspektive nicht genügen, den Prozeß zu beschreiben bzw. zu ermöglichen, sondern es muß auch der Horizont möglicher Bildungsziele sichtbar gemacht werden. Auch hier kann der Psychologe, der mit dem sinnzentrierten Ansatz arbeitet, sein Wissen um die psychologische Dimension des Menschen einerseits und um die Personhaftigkeit des Menschen andererseits in einer sehr wertvollen Weise verbinden. Durch die Sichtbarmachung des Sinn-Auftrages wird das operationale Denken nicht entwertet, aber auf den ihm zukommenden zweiten Platz verwiesen.

- **Norm und Sinn-Kontextuelles und Existentielles oder was ist normal?**

»„Sprich, wenn du gefragt bist!" unterbrach sie die Schwarze Königin scharf.

„Aber wenn sich alle an diese Regel hielten", sagte Alice, denn sie hatte große Vorliebe für kleine Einwände, „und alle sprächen nur, wenn sie gefragt sind, und jeder wartete darauf, daß der andere anfängt, dann würde ja niemand irgend etwas sagen, so daß..."« (I/125)

»„Nun also", fuhr die Katze fort, „siehst du: ein Hund knurrt, wenn er zornig ist. Ich dagegen knurre, wenn ich mich freue, und wedle mit dem Schwanz, wenn ich zornig bin. Folglich bin ich verrückt."

„Ich nenne das ‚schnurren', nicht ‚knurren'", sagte Alice.« (I/68)

Beide Textstellen laden zu einer Gegenüberstellung von Norm und Sinn, von kontextuellem und existentiellem Denken ein. Von einem existentiellen Standpunkt aus ist es möglich, die Ebene des Regelhaften zu übersteigen und die dahinter liegende Bedeutung von Absprachen, Konventionen bzw. Erziehungsregeln zu sichten. Ebenso ist es aus der sinnzentrierten Perspektive her möglich, den Sinn als übergreifendes Moment von Norm und Autonomie zu erfassen. Die Dichotomie normal/verrückt muß aufgelöst werden in sinnzentrierte Verantwortung und sinnzentrierte Selbstbestimmung bzw. Freiheit. Auch hier kann der Schulpsychologe logotherapeutisches Denken einsetzen, um dem jeweiligen Schüler Individualität und Freiheit bzw. Verantwortung und sinnhafte Einordnung in einen Kontext aufzuweisen.

- **Das Irrationale und Rationale der Allgemeinbildung – die Schulfächer**

»„Wir genossen die allerbeste Erziehung – wir gingen sogar jeden Tag in die Schule..."

„Das tue ich auch", sagte Alice; „darauf brauchst du dir noch lange nichts einzubilden."

„Hast du auch Wahlfächer?" fragte die Falsche Suppenschildkröte etwas ängstlich.

„Ja", sagte Alice, „Französisch und Musik."

„Und Waschen und Bügeln auch?" fragt die Falsche Suppenschildkröte.

„Aber woher denn!" sagte Alice verächtlich.

„Ah! Dann besuchst du eben doch keine erstklassige Schule", sagte die Falsche Suppenschildkröte mit hörbarer Erleichterung. „Also, bei uns stand unten auf der Quittung für das Schulgeld immer: „Französisch, Musik und für Waschen und Bügeln zusätzlich...".

„Aber damit konntet ihr doch nichts anfangen", sagte Alice, „mitten auf dem Meeresgrund."

Alice verging der Mut, noch weiterzufragen; sie wandte sich also wieder der Falschen Suppenschildkröte zu und fragte: „Was habt ihr denn sonst noch gelernt?"

„Nun, da gab es noch die Erdbeerkunde", antwortete die Falsche Suppenschildkröte und zählte dabei die einzelnen Fächer mit ihren Flossen ab: „ – Erdbeerkunde mit und ohne Schlagrahm – und Seegraphie. Ja, und dann die Marterhatmich – dazu kam jede Woche ein alter Zitteraal, und mit dem lernten wir Zusammenquälen, Abmühen, Kahldehnen und Bruchlächeln."«   (II/98 f.)

Möglicherweise ist diese Aufzählung seltsamer Schulgegenstände gar nicht so unrealistisch, abstrus, wie sie auf den ersten Blick erscheinen mag. Für viele Schüler und Schülerinnen ist der breite Fächer der Allgemeinbildung keine Herausforderung mehr zu flexiblem Denken in den verschiedensten Bereichen des Wissens, sondern eine Anhäufung von totem Wissen bzw. später nicht verwertbaren Inhalten geworden. Hier kann der sinnzentrierte Schulpsychologe dem Schüler helfen, indem er nicht nur sein Interesse am Gegenstand aus psychologischer Motivationshilfe her stärkt, sondern das Gegenständliche am Schulgegenstand sichtbar macht. (Siehe 2. Teil dieses Artikels.)

- **Systemimmanenz und Selbsttranszendenz oder das Kartenspiel**

»„Du hältst den Mund!" sagte die Königin, krebsrot vor Zorn. „Ich denke nicht daran", sagte Alice.

„Kopf ab mit ihr!" schrie die Königin aus Leibeskräften. Niemand rührte sich.
„Wer wird sich denn um euch scheren?" sagte Alice (denn sie hatte wieder ihre
volle Größe erlangt), „Ihr seid ja nichts weiter als ein Kartenspiel!"« (II/125)

Humanistische und gemeinschaftsorientierte Ansätze (wie z. B. die Individualpsychologie in der Schule) haben eindrucksvoll den Wert des Gemeinschaftsgefühls demonstriert. So zeigt sich auch die Frucht dieser Bemühungen in einem Ausbau der Schulpartnerschaft, Mitbestimmung von Schülern, Eltern und Lehrern, um besser gemeinsame Ziele zu erreichen. Aber auch hier zeigt sich der besondere Wert eines existentiellen Ansatzes: Durch das Herausragen aus dem gegebenen Feld kann der einzelne Stellung beziehen, er kann sich zum Vorgegebenen und Aufgegebenen einstellen und in einer bestimmten Weise verhalten, er kann sich auch davon distanzieren und somit auch konstruktive Kritik üben bzw. wertvolle Veränderungen in Gang setzen. Der sinnzentrierte Schulpsychologe kann hier wertvolle Hilfe leisten, indem er dem Schüler bewußt macht, wie weit Selbsttranszendenz über Systemimmanenz hinausgeht. Das heißt praktisch: Ein Eingebettetsein im jeweiligen sozialen Feld mag noch so wertvoll sein, es wird überhöht durch einen Ansatz, der die Personhaftigkeit und Einzigartigkeit und Einmaligkeit des Menschen ernst nimmt, der aber auch die besondere Gabe hat, über sich selbst hinauszuwachsen und sich im Dienste an einer größeren Sache zu engagieren.

- **Das Irrationale am ausschließlich Rationalen – zwischen Traum und Wachen**

»So saß sie mit geschlossenen Augen da und glaubte sich halb ins Wunderland versetzt; und dabei wußte sie doch recht gut, daß sie sich nur umzublicken brauchte, und alles würde wieder langweilig und wirklich werden: Das Geraschel im Gras kam nur vom Wind, nur das Schilf plätscherte im Teich, aus dem Geklirr der Teetassen würde das Klingeln der Schafschellen werden und aus dem Gekeif der Königin die Stimme des Hüterbuben – das niesende Baby und der schreiende Greif würden sich wieder, das wußte sie genau, in den verworrenen Lärm drüben von dem Bauernhof verwandeln.« (II/127)

Sehr schön zeigt der Dichter in dieser Textstelle die fließende Grenze zwischen dem Irrationalen und Rationalen, zwischen Traum und Wachen, zwischen Märchenhaftem und Realistischem beim heranwachsenden Menschen. Es wäre tatsächlich irrational, ausschließlich rational ausgerichtet zu sein, sei dies in der Erziehung oder im Unterricht. Deshalb hat Frankl neben den schöpferischen Werten, die sich als Ausgestaltung der Realität verstehen lassen, neben den Einstellungswerten, die sich als Ausgestaltung der Beziehung zur Realität verstehen lassen bzw. als Ausgestaltung der inneren Realität, auch die Erlebniswerte beschrieben, die sich als Ausgestaltung der Beziehung zwischen innerer und äußerer Realität darstellen lassen. Gerade hier kann der Schulpsychologe durch sein Wissen um die emotionalen Vorgänge im Menschen hilfreich sein, dies aber ganz besonders, wenn er hinter dem Zuständlichen auch das Gegenständliche sichtbar machen kann, hinter dem „sich so oder so Fühlen" auch das „mit diesem oder jenem Fühlung nehmen"!

- **Fortschritt als Stillstand – Lauf so schnell du kannst!**

»„Nun, in unserer Gegend", sagte Alice, noch immer ein wenig atemlos, „kommt man im allgemeinen woandershin, wenn man so schnell und lange läuft wie wir eben."
„Behäbige Gegend!" sagte die Königin. „Hierzulande mußt du so schnell rennen, wie du kannst, wenn du am gleichen Fleck bleiben willst. Und um woandershin zu kommen, muß man noch mindestens doppelt so schnell laufen!"« (II/39)

Wohl hat die Fortschrittsideologie des unbeschränkten Wachstums bzw. der unbeschränkten Steigerung von Quantitäten schon eine Vertrauenseinbuße erlitten, dennoch zeigt diese Textstelle, daß quantitativer Wissenszuwachs nie mehr bedeuten kann als sich auf dem jeweiligen Wissensstand zu halten; Fortschritt wird daher zum Stillstand, wenn nicht eine qualitative Dimension dazugenommen wird. Es geht nicht darum, so schnell wie möglich durch die Hürden der Schullaufbahn zu kommen, als erster zur Stelle zu sein, wenn bestimmte Positionen bzw. Posten vergeben werden; dieser Wettlauf, der in manchen Industrieländern schon im Kindergarten beginnt, müßte abgelöst werden durch eine Orientierung an Zielen. Ob ein Kind nun eine Klasse überspringt oder wiederholen muß, ob jemand nun schneller oder langsamer lernt, der sinnzentrierte Schulpsychologe kann dadurch helfen, daß er dem (durch seine Instrumentarien bzw. Gespräche) erhobenen Ist-Stand nicht den Soll-Stand vorgeschriebener Schullaufbahnen gegenüberstellt (oder nicht ausschließlich), sondern auch den individuellen Soll-Anspruch, d. h.: Der jeweilige individuelle Fortschritt oder auch Rückfall wird nicht gemessen an dem, was „die anderen tun", sondern die jeweilige Situation wird ausgelotet, inwieweit sie Möglichkeiten einer sinnvollen Gestaltung bietet.

- **Gemeinschaft als rationale oder irrationale Leistung oder das Reh**

»Und somit gingen sie zusammen durch den Wald, und Alice schlang dem Reh zärtlich die Arme um den weichen Hals. Schließlich erreichten sie ein zweites offenes Feld, und da sprang das Reh plötzlich mit einem Satz in die Höhe und machte sich von Alice los. „Ich bin ein Reh!" rief es fröhlich. „Und du – du meine Güte! – du bist ja ein Menschenkind!" In seine schönen braunen Augen trat ein erschreckter Blick, und im nächsten Augenblick war es auch schon davongesprungen, so schnell es konnte.« (II/52)

Die oben geschilderte Szene spielt sich in dem Wald, in dem man alle Namen vergißt, ab. Die Darstellung stimmt insofern traurig, weil es so ausschaut, als ob innige Gemeinschaft nur mehr möglich wäre, wenn man nicht einmal den Namen des anderen weiß. Sicher stimmt es, daß Definitionen abgrenzen, daß Bezeichnungen einteilen und absondern können. Es erhebt sich aber die Frage, ob wirkliche Gemeinschaft rationale oder irrationale Bezüge verlangt. Dies ist auch eine Frage, die sich in einer Schulgemeinschaft stellt. Ist sie Leistungsgemeinschaft, d. h. kognitiv ausgerichtet, rational festgelegt durch die Inhalte des Lehrplans? Oder ist sie Gefühlsgemeinschaft und als solche dem Rationalen nicht ganz zugängig? Der sinnzentrierte Schulpsychologe kann hier eine Synthese anbieten, wenn er sichtbar macht, daß es nicht nur eine Welt um die Schule herum gibt (für die die Schule vorzubereiten hat), sondern daß Schule selber Welt ist: Schöpferische Welt, Erlebniswelt, Bewährungswelt! Schule ist somit nicht bloß Vorbereitungsort für das Leben: Nicht nur für das Leben, sondern auch für die Schule lernen wir! Schule ist mehr als eine bloße Durchgangsstation, sie ist eine Lebensstätte, in der sich Sinn verwirklichen läßt. Schule ist somit auch ein Ort der Wertverwirklichung und der Begegnung: Einer Begegnung, die das Trennende überwinden kann, wenn sie sich auf das Grundmenschliche besinnt, einer Begegnung, die Verflachung und Typisierung überwindet, indem sie durch die liebevolle Zuwendung das Persönliche und Personale hervortreten läßt.

- **Antizipation als Wirkursache oder die Folgen vor der Tat**

»„Also, da ist zum Beispiel", fuhr sie fort und klebte sich dabei ein großes Stück Heftpflaster auf den Finger, „da ist der königliche Läufer. Er sitzt jetzt gerade seine Strafe ab im Kerker; und der Prozeß fängt erst Mittwoch in acht Tagen an; und das Verbrechen kommt natürlich erst ganz zum Schluß."
„Angenommen, er begeht das Verbrechen gar nicht?" sagte Alice. „Um so besser! Oder etwa gar nicht?" sagte die Königin und befestigte das Heftpflaster mit einem Band.
Das war freilich nicht zu leugnen; Alice sah es ein. „Gewiß, um so besser", sagte sie; „aber doch nicht um so besser, daß er bestraft wird!"
„Na, da irrst du aber gewaltig", sagte die Königin; „bist du schon einmal bestraft worden?"
„Nur wenn ich etwas angestellt hatte", sagte Alice.
„Und du bist davon nur besser geworden, das ist sicher!" sagte die Königin triumphierend.
„Schon, aber wofür man mich bestrafte, das hatte ich doch auch getan", sagte Alice; „darin liegt der Unterschied."
„Aber wenn du es nicht getan hättest", sagte die Königin, „das wäre noch viel besser gewesen; besser und besser und besser!"« (II/71 f.)

In dieser Geschichte regt sich Alice mit Recht auf, weil etwas bestraft werden soll, was erst geschieht bzw. vielleicht sich gar nicht ereignet. Tatsächlich läßt sich aber die Antizipation als Wirkursache vom existentiellen Standpunkt her begreifen. Lehrt doch auch Frankl, indem er seinen existenzanalytischen Imperativ formuliert, das Hier und Jetzt so zu begreifen, als ob es die zweite Chance wäre, nachdem man schon einmal alles erlebt und falsch gemacht hätte. Dieses vorausgreifende Denken ist sicherlich auch etwas, das der sinnzentrierte Schulpsychologe vermitteln kann.

Zum Beispiel kann er zu Beginn des Schuljahres anregen, kritische Fragen zu stellen: Was wird in diesem Arbeitsjahr auf mich zukommen (neue Lernstoffe, neue Anforderungen, eventuell neue Klassengemeinschaft etc. oder wichtige Laufbahnentscheidungen in der Schule)? Was verspreche ich mir von diesem neuen Arbeitsjahr? Welchen Sinn kann ich in diesem neuen Arbeitsjahr für mich entdecken (z. B. näher an das gewünschte Berufsziel herankommen; eine Entscheidungsgrundlage für die weitere Schulbahnwahl gewinnen usw.)?

Es geht darum, wirklich zu erkennen, worauf es jetzt ganz persönlich in der gegebenen Situation ankommt.

- **Sinnerfassung und Wissenserfahrung oder Goggelmoggels Präpotenz**

»„Wenn ich ein Wort gebrauche", sagte Goggelmoggel in recht hochmütigem Ton, „dann heißt es genau, was ich für richtig halte – nicht mehr oder nicht weniger."
„Es fragt sich nur", sagte Alice, „ob man Wörter einfach etwas anderes heißen lassen kann."
„Es fragt sich nur", sagte Goggelmoggel, „wer der Stärkere ist, weiter nichts."«
(II/88)

In dichterischer Kraft ist hier die Manipulation durch das Wort ausgedrückt. Man gewinnt in der jetzigen Zeit überhaupt den Eindruck, als ob der ethische Zugang zur Welt durch den ästhetischen Zugang verdrängt würde, letzterer aber auch noch verschmälert durch einen hedonistischen Grundzug. Worte können beliebig geformt werden, die Werbung ergießt sich in Sprachspielen, alles erschöpft sich im Formalen, das mit dem Wort Bezeichnete wird aus dem Blick verloren. Auch hier muß der sinnzentrierte Schulpsychologe gegenüber allem Wandel der wissenschaftlichen Nomenklatur mithelfen, das Fundamentale, Konstante am Menschen bewußt zu machen. Diese anthropologische Bemühung wird besonders fruchtbar, wenn man an die labile Identität des heranwachsenden Jugendlichen denkt, dessen Selbstbestimmung oft sehr von der Wirklichkeit zweiter Hand, die durch Medien vermittelt wird, abhängt.

- **Soziologische und existentielle Identität oder: Wer hat mich geträumt**

»„Und jetzt, Mieze wollen wir einmal überlegen, wer eigentlich das Ganze geträumt hat. Ich meine es ernst damit, hörst du, und du sollst dir dabei nicht immer weiter die

Pfote lecken – als ob Suse dich nicht schon heute früh gewaschen hätte! Denn siehst du, Mieze, einer muß es ja gewesen sein, entweder ich oder der Schwarze König. Er kam in meinem Traum vor, gewiß – aber ich doch auch in dem seinen! Hat mich der Schwarze König wirklich geträumt, Mieze?"« (II/145)

Bildungsarbeit kann auch nicht vorbeigehen an modernen Denkbewegungen, wie sie z. B. der Konstruktivismus darstellt. Wenn Welt nur mehr Eigenschöpfung ist, geht das Gegenständliche und Intentionale des Bezugs zur Welt verloren. Die wahre Antipode gegenüber dem Faktischen ist aber nicht die Fiktion, sondern das Fakultative! Darüber aber mehr im zweiten Teil, der sich im folgenden mit konstruktiven Impulsen zur sinnzentrierten Bildungsarbeit befassen wird.

II. Chancen sinnzentrierter Bildungsarbeit – Konkrete Impulse

Die grundlegenden Fragen, die uns bisher beschäftigt haben, stehen nicht ohne Bezug zur vorhandenen Schul-Realität da. Im Gegenteil, es gibt viele konkrete Ansätze, die zeigen, daß logotherapeutisches Denken konstruktiv im konkreten Schulalltag umgesetzt werden kann bzw., daß viele implizit gegebenen Möglichkeiten für eine auf einem umfassenden Menschenbild gegründete Bildungsarbeit gegeben sind und auf die Chance ihrer Realisierung warten.

Anhand ausgewählter Beispiele wird gezeigt, wie sehr der sinnzentrierte Ansatz die Bildungsarbeit ausweiten, vertiefen und gewissermaßen erhöhen kann:

1. Es wird ein Modell des Autors zur Didaktik der Einführung in die pädagogische Psychologie vorgestellt und durch den sinnzentrierten Blickwinkel bereichert.
2. Anhand einer vom Autor entwickelten Lerntechnik-Formel wird demonstriert, wo logotherapeutisches Denken zu einer Lern-Humanisierung führen kann.
3. Ein weiteres Beispiel stellt einen Aufgabenkatalog der Schulpsychologie dar, der durch den sinnzentrierten Zugang eine starke Bereicherung erfährt.
4. Es wird das Gegenständliche an den Schul-Gegenständen aufgewiesen, mit anderen Worten, die intentionale Tiefe gezeigt.
5. Das im Schulunterrichtsgesetz festgelegte allgemeine Bildungsziel wird logotherapeutisch befragt.
6. Die sogenannten Unterrichtsprinzipien erfahren eine Verdichtung durch den sinnzentrierten Ansatz.

7. Es wird ein Programm sinnzentrierter Bildung, d. h. die Anwendung der kopernikanischen Wende, der Intentionalität, der Trotzmacht, des Geistes etc. im schulischen Bereich vorgestellt.
8. „Sinn" wird als Überkategorie zum Wahren, Guten und Schönen begriffen.
9. Existenz wird gegenübergestellt dem Denken des Konstruktivismus.
10. Gegenüber einer Produktivitätssteigerung der Bildungsarbeit nach den Gesetzen der freien Marktwirtschaft wird die sinnzentrierte Perspektive deutlich gemacht.

1. Ein Modell zur Didaktik der Einführung in die pädagogische Psychologie und seine Bereicherung durch den sinnzentrierten Blickwinkel

Barrieren in der Bildungsarbeit können vier große Ursachenfaktoren aufweisen:

1. Kognitive Ursachen,
2. Somatische Ursachen,
3. Ursachen, die mit den Motiven, Gefühlen, Wertungen zu tun haben und schließlich
4. handlungsbezogene (aktionale) Ursachen (siehe Abbildung 1 und 2: Hier sind die vier Ursachenseiten zu einem Quadrat zusammengefügt worden, um eine übersichtliche Darstellung zu ermöglichen. Dieses Quadrat hat sich nicht nur für Diagnosezwecke bestens bewährt, sondern liefert auch Ansätze zur allgemeinen Förderung, Impulse für therapeutische Bemühungen, aber auch Perspektiven für eine umfassende Bildung).

Die logotherapeutische Anthropologie ermöglicht nun eine wesentliche Vertiefung: Sie betont nicht nur das Somatische als physische Basis, sondern den Leib als Instrument und als Grundlage für die seelische Verwirklichung geistiger Forderungen. Sie sieht im Handeln nicht nur die Anwendung von Techniken, sondern das Schöpferische und Verantwortliche im aktionalen Bereich. Sie betrachtet nicht nur die Bewußtseinsschärfe und gedankliche Leistung, sondern vertieft den kognitiven Aspekt in Richtung Entscheidungsfähigkeit als grundlegende Fähigkeit des Menschen. Durch dieses bewußte Stellungnehmen zum Gegebenen kann der Mensch Einstellungswerte realisieren und auch gegenüber unveränderlichen Bedingungen Freiheit und Verantwortung bekunden. Schließlich ermöglicht die Sinnorientierung, hinter dem Wollen, Fühlen, Werten des Menschen die Erlebniswerte desselben zu sehen, durch die der grundlegende Wille zum Sinn durchschimmert. (Siehe Abbildung 3.)

Das oben beschriebene Ursachen-Viereck stellt aber nur einen Baustein in einem Modell dar, das der Autor entwickelt hat, um für die Einführung in die Pädagogische Psychologie einen Überblicksraster zu ermöglichen. Dieses Modell (siehe Abbildung 4) läßt sich einfacher formuliert in acht grundlegende Fragen übersetzen:

1. Was ist das Ziel meiner Tätigkeit?
2. Welche Grundannahmen über den Menschen, die Welt, über die Wissenschaft und ihre Methode leiten mich bei meinem Vorgehen?
3. Wie gehe ich nun ganz konkret vor?
4. Welche Rolle spielt dabei die Entwicklung bzw. der geschichtliche Ablauf?
5. Welche Rolle spielt dabei das Individuum mit seinen verschiedenen Dispositionen?
6. Welche Rolle spielt das jeweilige soziale Umfeld bzw. die jeweilige Situation?
7. Welche Prozesse laufen dabei zwischen den Menschen oder in ihnen ab?
8. Welche Verhaltensweisen können beobachtet werden bzw. wie wird konkret gehandelt?

All diese Fragen sind wichtig, um Studenten grundlegende pädagogisch-psychologische Zusammenhänge aufzuzeigen, neue Fragestellungen zu entwickeln oder gelernte Inhalte übersichtlich einordnen zu können. Jeder dieser Aspekte bzw. Perspektiven des Modells, bzw. jede dieser acht angeführten Fragen kann durch den logotherapeutischen Blickwinkel wesentlich vertieft werden: So kann man beim konkreten Verhalten des Menschen nicht nur den Ablauf der Handlung betrachten, sondern die grundlegende Intentionalität des Menschen. Die Frage nach dem Individuum und seinem sozialen Umfeld läßt sich wesentlich vertiefen durch die Möglichkeit des Menschen zur Selbstbestimmung und Selbsttranszendenz, zur Freiheit und zur Verantwortung. Oder, um ein weiteres Beispiel zu nennen, ob es sich nun um Forschung oder Anwendung handelt, immer ist das Ziel aus logotherapeutischer Sicht, das „Existentielle" sichtbar zu machen; d. h. was immer ich erforsche oder praktisch anwende, immer muß ich davon ausgehen, daß der Mensch etwas Einheitliches, Ganzheitliches und grundsätzlich Neuartiges darstellt; daß er aus dem faktisch Vorhandenen herausragt (dieses Herausragen ist die Wortbedeutung von „Existenz") und im Rahmen seiner Möglichkeiten eine freie und verantwortliche, eben personale Antwort auf das Gegebene finden kann.

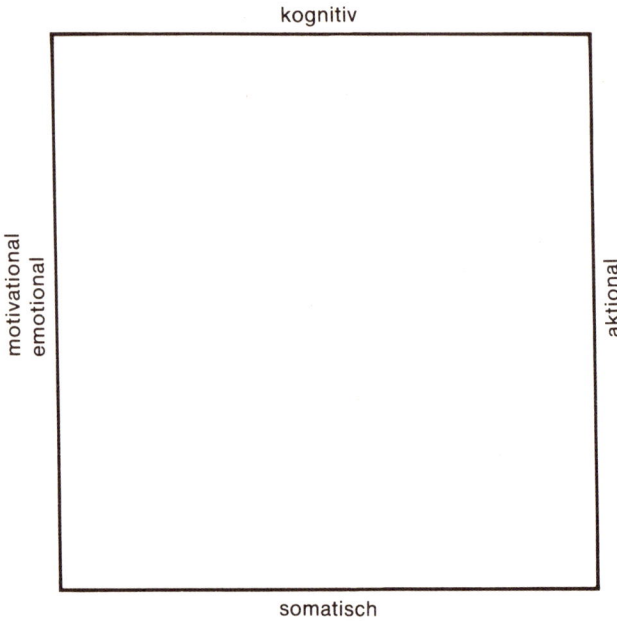

Abb. 1

2. Eine Humanisierung der Lerntechnik durch logotherapeutisches Denken

Um Lernprobleme zu stoppen, hat der Autor eine Lerntechnikformel entwickelt, die sich schon vielfach bewährt hat: Es handelt sich um die „STOPP-Formel", wobei es sich in diesem Anagramm um die Zusammenfassung der vier entscheidendsten Lernfaktoren handelt, nämlich um das Stärken (von Mut und Wissen), um das Ordnen und Organisieren (von zeitlichen Abfolgen, Mittel-Einsatz etc.), um das Prüfen (von IST- und SOLL-Annäherung) und das Planen (von Zielen und Wegen zu diesen Zielen). In einigen Veröffentlichungen konnte der Autor zeigen, daß in diesen vier Faktoren tatsächlich die wichtigsten Lernformen (klassisches und instrumentelles Konditionieren, Assimilation und Akkommodation etc.) enthalten sind.

Trägt man an diese Lernformel ein tiefenpsychologisch bzw. humanistisch-psychologisches Bild heran, so ergibt sich in einem tieferen Sinn die

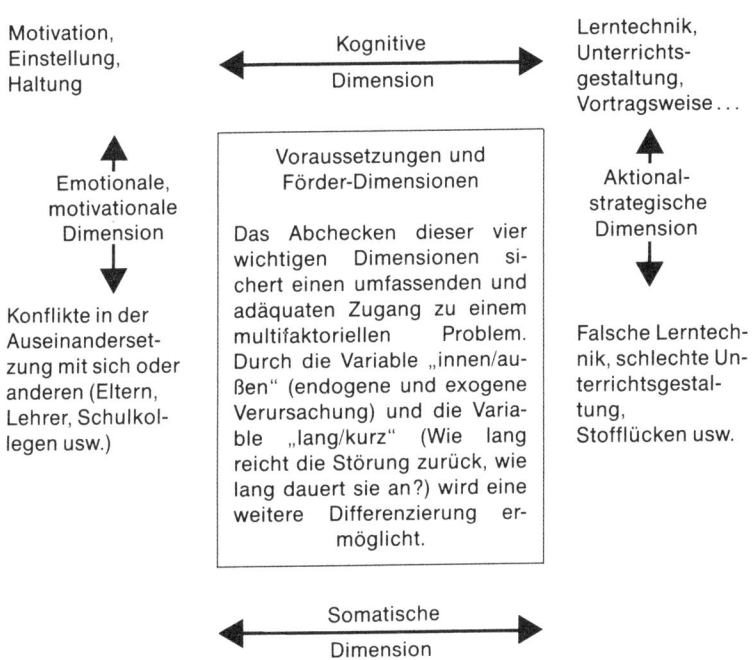

Abb. 2

Erweiterung, daß aus der Planung für den einzelnen die Planung für die Gemeinschaft wird, aus dem Prüfen der eigenen Handlungen die grundlegende Erziehung zur Kritikfähigkeit, aus der Ordnung und Organisation von Zeit und Mitteln die sozial- und umweltbewußte Kooperation bzw. die Erziehung dahin und aus der Selbstbekräftigung durch Belohnungen, aus dem Stärken etc. die Erziehung zum Mut. In existentieller Betrachtung wird aber eine noch wesentlich größere Tiefe und Tragweite der Lerntechnikformel erreichbar: Über den Mut zur eigenen Stärke geht jene Stärke

Anthropologische Vertiefung

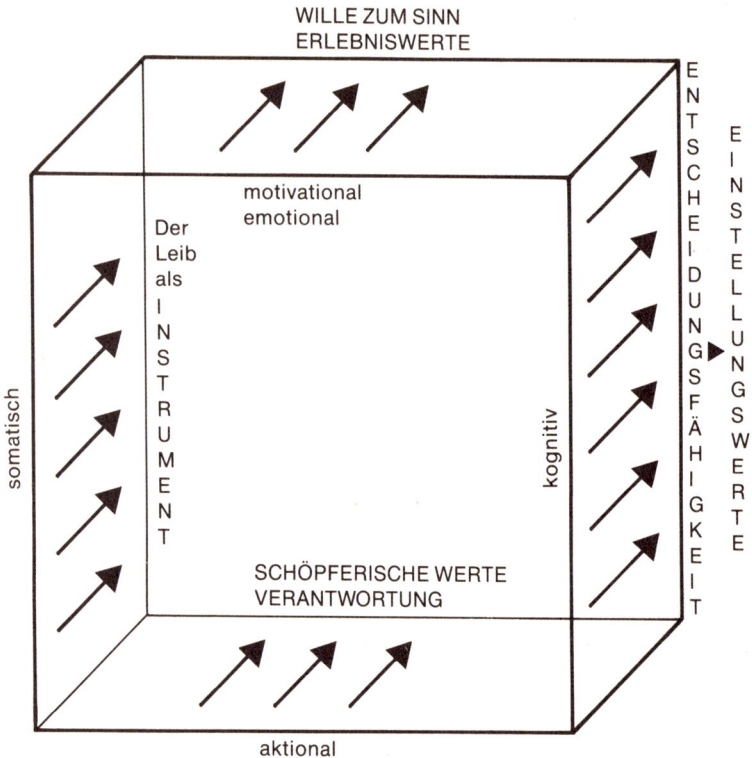

Abb. 3

hinaus, die durch ein Menschenbild gewonnen wird, das die grundlegende Geistigkeit, die unzerstörbare Personenwürde, die Existenz des Menschen ernst nimmt. Damit ist auch die grundsätzliche Freiheit des Menschen ausgedrückt. Als existentielle Grundlage für unser Kooperieren steht aus logotherapeutischer Sicht die fundamentale Verantwortlichkeit des Menschen sich selbst und seinen Möglichkeiten, aber auch der Mitwelt und Umwelt gegenüber da. Damit wird aus dem Organisieren bzw. Kooperieren die Einordnung in den Kosmos, das Antwortgeben aus Verantwortlichkeit. Der logotherapeutische Blickwinkel ermöglicht weiters, daß hinter der

Das „Mind-Modell" von F. Sedlak – MIND = Matrix Idiographischer Nomothetischer Datenbereiche (idiographisch = individuell gültig, nomothetisch = allgemein gültig)

Betrachtungsebene	Grundüberlegung
I.	Forschung oder Anwendung (Theorie-Praxis-Thematik)
II.	Anthropologische und wissenschaftstheoretische Basis (die wert- und anschauungsbegründete Ausgangsbasis für Forschung und Anwendung bzw. deren Filter)
III.	Die wissenschaftliche Vorgangsweise in Forschung und Anwendung (Beobachtung, Beschreibung, Bewertung, Befolgung)
(I–III sind entscheidende Rahmenbedingungen für IV–VIII)	
IV.	Genetische, entwicklungsmäßige Perspektive (die historische, biographische usw. Herleitung bzw. Modifizierung aktueller Themen/Probleme)
V.	Individuelle, dispositionelle Perspektive (somatische, emotionale, willensmäßige, motivationale, wertungsmäßige, kognitive, strategisch-aktionale Aspekte)
VI.	Soziale, situative Perspektive (die Umfeld-Einflüsse auf somatische, emotionale, aktionale usw. Gegebenheiten individueller und sozialer Art)
VII.	Prozessuale Aspekte (Wahrnehmen, Fühlen, Denken, Entscheiden usw. als Intra- und Interprozesse innerhalb der bzw. zwischen den einzelnen Ebenen)
VIII.	Verhaltensaspekte (Die in den Aktionen und Interaktionen sichtbaren bzw. versteh- und erklärbaren bzw. noch zu klärenden Handlungen)

Abb. 4

Kritikfähigkeit des Menschen seine grundsätzliche Fähigkeit zur Selbstdistanzierung gesehen wird, sodaß der Lernschritt Prüfen in existentieller Perspektive zur Möglichkeit wird, zu sich selbst immer und überall Stellung zu beziehen. Schließlich wird noch aus dem Planen für sich selbst oder für andere in existentieller Sicht die Fähigkeit des Menschen zur Selbsttranszendenz formuliert. Der Mensch kann nicht nur vorausplanen, sondern kann über sich selbst hinauswachsen. Damit wird aber diese Lerntechnikformel zu einer tiefen Anfrage an alle, die mit Bildungsarbeit zu tun haben oder auch therapeutisch tätig sind: Wird die Personwürde und die Ganzheit des Menschen berücksichtigt? Macht der Mensch bzw. das System von der Freiheit und Verantwortlichkeit, von der Selbstdistanzierungs- und Selbsttranszendenzfähigkeit des Menschen respektvollen Gebrauch? (S. Abbildung 5).

3. Die Vertiefung des Aufgabenkataloges der Schulpsychologie durch den sinnzentrierten Zugang

Wie bereichert der sinnzentrierte Ansatz die Arbeit der Schulpsychologen? Diese durch das Universitätsstudium der Psychologie und weitere spezifische Aus- und Fortbildungen hochqualifizierten Experten helfen Schülern, Eltern und Lehrern in vielfacher Weise: Bei Orientierungshilfen zur Laufbahnbestimmung, beim Erstellen von Diagnosen, durch konkrete Hilfe in Krisensituationen usw. Nachfolgend mögen einige Beispiele die Vertiefungsmöglichkeiten dieser Tätigkeiten durch den sinnzentrierten Ansatz demonstrieren: Etwa die grundsätzliche Berücksichtigung von Freiheit und Verantwortung in der Leistung von Orientierungshilfen bzw. Entscheidungsberatungen; die Berücksichtigung der Kategorie „Soll" gegenüber dem „Ist – Kann – Muß"; die Vertiefung des Dialogs in der Begegnungsform zwischen Eltern, Schülern und Lehrern zum „Dia-logos"; die Vertiefung des auch individualpsychologisch immer wieder geforderten Gemeinschaftssinnes zur Sinngemeinschaft, d. h. zu einer engagierten, gemeinsam getragenen Realisierung von Werten, die in der Bildungsarbeit, sei es im schulischen oder außerschulischen Bereich, impliziert ist; oder die stärkere Berücksichtigung anthropologischer Grundannahmen beim Forschen im Bereich der Schulpsychologie.

		STOPP		
St	Stärken Stabilisieren	ERMUTIGUNG	▶	PERSON (Freiheit)
O	Ordnen Organisieren	KOOPERATION	▶	EINORDNUNG (Verantw.)
P	Prüfen Probieren	KRITIKFÄHIGKEIT	▶	SELBSTDISTANZ
P	Planen Programm	PARTNERSCHAFTLICHE ZIELE	▶	SELBSTTRANSZENDENZ

Abb. 5

4. Die intentionale Tiefe der Schul-Gegenstände

Es liegt auf der Hand, daß Eltern und Lehrer alles dazu tun sollten, daß die Schülerinnen und Schüler keine „undifferenzierte Schreib- und Leseschule" besuchten (damit ist gemeint: Egal um welchen Gegenstand es sich handelt, überall muß man etwas aufschreiben oder lesen), sondern daß der tiefere Sinn, das Ziel der verschiedenen Gegenstände aufgezeigt werden sollten.

So ist in dieser tieferen, gegenständlichen (intentionalen) Sicht Geschichte nicht bloß eine Ansammlung von Jahreszahlen, sondern der Versuch, Verständnis für das aktuelle Zeitgeschehen zu entwickeln, die Leistungen großer Menschen und Völker schätzen zu lernen, die Einrichtungen des öffentlichen Lebens verstehen zu lernen, Gesellschaftsordnungen vergleichen zu lernen und vieles andere mehr; oder Geographie und Wirtschaftskunde nicht bloß ein Zusammentragen von Faktenwissen über verschiedene Regionen unserer Erde, sondern die Entwicklung der Kenntnisse und Fertigkeiten zur Mitwirkung in der natürlichen, gesellschaftlichen, kulturellen und wirtschaftlichen Umwelt kennenzulernen, die Förderung des Gemeinschaftsverständnisses innerhalb und außerhalb der Heimat u. v. m.; oder beim Philosophischen Einführungsunterricht geht es nicht bloß darum, die Gedanken einiger Philosophen und Psychologen kennenzulernen, sondern darum, die Eigenart des Seelenlebens gegenüber dem Körpergeschehen zu erfassen; psychologische Erkenntnisse zu Fragen der Erziehung, Berufswahl, Lebensgestaltung, Menschenführung anwenden zu lernen oder zu kritischem Überdenken der Werte und Weltanschauungen geführt zu werden. Und so ließen sich noch viele Beispiele anführen, die zeigen, daß eine Realisierung der Sinn-Dimension im Interpretieren der im Lehrplan vorgesehenen Gegenstände diesen eine wesentliche, intentionale Tiefe verleiht.

5. Eine logotherapeutische Perspektive des Schulorganisationsgesetzes

Abbildung 6 zeigt einen Ausschnitt aus den allgemeinen Bestimmungen bzw. Bildungszielen im Schulorganisationsgesetz, die besser als jeder Kommentar darstellen können, daß logotherapeutisches, existenz-analytisches Denken ansatzweise vorhanden ist, oder noch besser formuliert: impliziert ist, und eben noch der weiteren Entfaltung bedarf. Der Autor hat in etlichen Lehrerseminaren mit den Teilnehmern gemeinsam an der Erarbeitung sinnzentrierter Bildungswege mitgewirkt und konkrete Beispiele zur Realisierung von schöpferischen, erlebnismäßigen und einstellungsmäßigen Werten im Schulgeschehen angeregt.

6. Eine sinnzentrierte Auffassung der sogenannten Unterrichtsprinzipien

Die wichtigsten Bildungs- und Erziehungsaufgaben werden als „Unterrichtsprinzipien" bezeichnet. In einer sinnzentrierten Aufschlüsselung kann

II. Allgemeines Bildungsziel*
(Auslaufend, 1985/86 noch für die 2. bis 8. Klasse. Siehe S. 44/1 ff. und 44/6 ff.)

Die allgemeinbildende höhere Schule hat wie alle österreichischen Schulen im Sinne des § 2 des Schulorganisationsgesetzes die Aufgabe, „an der Entwicklung der Anlagen der Jugend nach den *sittlichen, religiösen und sozialen Werten* sowie nach den *Werten des Wahren, Guten und Schönen* durch einen ihrer Entwicklungsstufe und ihrem Bildungsweg entsprechenden Unterricht mitzuwirken. Sie hat die Jugend mit dem für das Leben und den künftigen Beruf erforderlichen Wissen und Können auszustatten und zum selbständigen Bildungserwerb zu erziehen. Die jungen Menschen sollen zu gesunden, arbeitstüchtigen, pflichttreuen und verantwortungsbewußten Gliedern der Gesellschaft und Bürgern der demokratischen und bundesstaatlichen Republik Österreich herangebildet werden. Sie sollen zu selbständigem Urteil und sozialem Verständnis geführt, dem politischen und weltanschaulichen Denken anderer aufgeschlossen sowie befähigt werden, am Wirtschafts- und Kulturleben Österreichs, Europas und der Welt Anteil zu nehmen und in Freiheits- und Friedensliebe an den gemeinsamen Aufgaben der Menschheit mitzuwirken."

Die besondere Aufgabe der allgemeinbildenden höheren Schule ist es gemäß § 34 des Schulorganisationsgesetzes, „den Schülern eine umfassende und vertiefte Allgemeinbildung zu vermitteln und sie zur Hochschulreife zu führen".

Allgemeinbildung ist dabei nicht gleichzusetzen mit dem Erwerb einer bestimmten Menge von Einzelwissen, mit bloßer Übernahme fertiger Erkenntnisse oder mit einer besonderen Berufsqualifikation; sie ist eine aufgeschlossene und verstehende Gesamteinstellung der Persönlichkeit, die Schulung des Denkens, Sachwissen und Werterleben voraussetzt und auf der Auseinandersetzung mit der christlich-abendländischen Kultur in ihrem Werden und ihrer gegenwärtigen Gestalt beruht. Der junge Mensch soll befähigt werden, große Zusammenhänge zu überblicken, sein Wissen und Können selbständig zu vervollkommnen, in kritischer Prüfung Probleme zu klären und innerhalb der Gemeinschaft Verantwortung zu übernehmen.

Eine so verstandene Allgemeinbildung bedeutet nicht die Vorbereitung auf bestimmte Fachstudien, sondern eine allgemeine Hochschulreife, die es dem jungen Menschen ermöglicht, im *Streben nach der Wahrheit Wesentliches von Unwesentlichem* zu unterscheiden, sachlich und logisch

* BGBl. Nr. 295/1967, 607/1976 (Oberstufenrealgymnasium).

Abb. 6

allerdings eine neue, umfassende Bildungs-Perspektive erreicht werden: Man könnte allen Unterrichtsprinzipien das Prinzip der Erziehung zur Sinnorientierung und Wertverwirklichung als Überschrift voranstellen, um sozusagen das einigende Band zwischen Gesundheitserziehung, Medienerziehung, Politischer Bildung, Umwelterziehung usw. sichtbar zu machen. Denn es ist die Frage nach dem Sinn, die sich als Horizont hinter allen einzelnen Unterrichtsprinzipien abbildet. Wozu Erziehung zur Gesundheit, wozu Politische Bildung, wozu Sexualerziehung usw.

7. Programmpunkte sinnzentrierter Bildung

1. Die folgenden Punkte sind als Beispiele für die Bereicherung der Bildungsarbeit durch den sinnzentrierten Ansatz zu verstehen. So ließe sich in einer „kopernikanischen Wende", wie sie Frankl in seiner Logotherapie demonstriert hat, Bildung weniger bloß als Mittel zur Befragung der Welt, sondern eher als Instrument zu einer reichhaltigeren Antwort auf das Leben verstehen.
2. Bildung impliziert ein Bild, eine Anschauung vom Menschen, daher erhebt sich die anthropologische Frage: Zu welchem Bild bilde ich?
3. Die logotherapeutische Forderung der Rehumanisierung der Wissenschaft bedeutet auch ein Abrücken von einem nur pragmatisch-technologischen Vorgehen in der Bildungsarbeit, der Mensch in seiner Einzigartigkeit muß wieder in den Mittelpunkt gerückt werden.
4. Der „pädagogische Eros", die liebevolle Zuwendung zum heranzubildenden jungen Menschen wird einsichtiger und im Sinne Frankls „hellsichtiger" durch das Du-Sagen zum einzigartigen Menschen, mit dem man es in Unterricht und Erziehung zu tun hat, und zum Ja-Sagen zur Personhaftigkeit, die sich hinter noch so vielen Entwicklungsproblemen oder Lernbarrieren etc. unzerstörbar befindet.
5. Die Frankl'sche Dimensionalontologie zeigt, daß Abbildungen mehrdimensionaler Wirklichkeiten auf eine bestimmte Wissensebene Reduktionismen darstellen, sie zeigt aber darüberhinaus, daß der horizontale Querschnitt (ohne Sinnbezug) von „Gegenständen" immer eine Geschlossenheit ergibt, während ein vertikaler (sinnbezogener) Schnitt Offenheit demonstriert. Diese Offenheit ist aber eines der wichtigsten, wenn auch nicht explizit formulierten, Unterrichtsprinzipien. Sie ist nichts anderes als das Bekenntnis zum lebenslangen Lernen, als das Zugeständnis an die Selbsttranszendenz u. v. a. m.
6. Die Intentionalität als Ernstnehmen des Gegenständlichen in der Schule wurde bereits beschrieben.
7. Der existenzanalytische Imperativ von Frankl, wonach wir jede Situation so leben sollten, als hätten wir sie schon erlebt und dabei aber falsch gehandelt, und hätten nun noch einmal die Möglichkeit, diese Situation ganz richtig zu gestalten, hat auch Implikationen für das

Leben in der Schule: Wir müssen dem alt bekannten Spruch des „Lernens für das Leben und nicht für die Schule" auch gegenüberstellen: Wir lernen auch für die Schule! Die Schule bzw. das Leben in der Schule ist Realität, ist ein Ausschnitt aus der Wirklichkeit und somit auch etwas, das nicht bloß als Transit-Verbindung zur Zukunft aufgefaßt werden darf, sondern verantwortlich gestaltet werden muß.

8. Die Trotzmacht des Geistes muß sich in sinnzentrierter Bildungsarbeit nicht nur bekunden in einem Vergleich von Ist und Soll, sondern auch in der Unterscheidung zwischen Muß und Kann (zwischen Faktizität und Existentialität), sei dies der bekannte Mut zur Lücke in der Auswahl der Lehrinhalte, sei es auch im Durchhalten gegenüber diversen Problemen, die sich im Schulleben ergeben.

9. Erziehung bedeutet eine Überführung vom Potentialitäten in Realitäten, dieses müßte sich in sinnzentrierter Bildungsarbeit auch zeigen in einer Verfeinerung des „Gewissens", d. h. der inneren Stellungnahme zu den Gegebenheiten des Lebens. Gerade dieser Umstand wird unter dem Schlagwort „Ethisierung der Begabung bzw. Begabungsförderung" in letzter Zeit stark betont, weil sich immer wieder zeigt, daß Begabungsförderung ohne Förderung von Bewußtsein und Verantwortung zu einer seelenlosen und manipulativen Wissenschaft werden kann.

10. Frankl spricht von der revolutionären Spannung, die durch das Leiden errichtet wird, die uns hilft, uns nicht zu verfrüht mit dem Gegebenen zu identifizieren, diese revolutionäre Spannung kann aber nicht nur durch das Leiden erzeugt werden; sondern auch Bildungsarbeit im echtesten Sinn bedeutet, zu erkennen, was gegeben ist und was noch werden kann.

11. Der vielzitierte Humor als Notwendigkeit, um über die verschiedenen Klippen des Schullebens hinwegzukommen, kann mit Frankl als das dritte Existential neben Sorge und Liebe gekennzeichnet werden, das bedeutet in der Bildungsarbeit nicht nur die positive Zuwendung zum Schüler, die umsorgende Heranführung an Wissen und Bildung, sondern auch das Vermitteln einer Haltung, die sich durch Selbstdistanz und Selbsttranszendenz auszeichnet.

12. Der von der Logotherapie immer wieder geforderte Einstellungswandel, gemeint ist die Fähigkeit, sich zur Umwelt einzustellen, Um-Deutungen vorzunehmen, das Faktische durch andere Gewichtungen anders aufzunehmen usw., bedeutet in der Bildungsarbeit auch das Ernstnehmen von Bildung als Hilfe zur Stellungnahme zum Gegebenen, sei dies die Anlage (im biologischen Sinn) oder die Situation (im soziologischen Sinn).

13. Der Mensch ist nach Frankl nicht nur zu interpersonalen sondern auch

intrapersonalen Dialogen fähig; Bildung kann in diesem Sinn auch aufgefaßt werden als Brücke zum alter ego, d. h., daß mir die Bildungsarbeit alle Möglichkeiten vor Augen führt, wie ich mich selbst und mein Handeln gestalten kann. Bildungsarbeit ist also eine Bereicherung des intrapersonalen Dialogs.
14. Die Berücksichtigung der Noogenese hilft uns auch das „No future"- und das „Nonsens"-Denken der Jugend zu bewältigen, sei dies durch eine Bewußtmachung von Freiheit und Verantwortung trotz Begrenztheiten, sei dies durch eine Demonstration der vielen Möglichkeiten von Realisierungen schöpferischer, erlebnismäßiger und einstellungsmäßiger Werte.
15. Für eine sinnzentrierte Bildungsarbeit könnte als Schlagwort gelten „Erlebniswerte statt Erwartungsangst" bzw. „Hingabe statt Aufgabe": Damit ist der Appell an ein engagiertes Handeln als Lehrer oder als Schüler oder als Erzieher oder Elternteil zu verstehen, der die Aufgaben der Situation nicht bloß als auf-gegebene Last verstehen läßt, sondern als eine Gestaltungsmöglichkeit, für die man sich einsetzen, hingeben kann.
16. Zusammenfassend ermöglicht die Sinnorientierung eine Verdichtung der Bildungsarbeit in dem Sinn: Bildung fügt dem Menschen nicht additiv Wissen hinzu, sondern sie macht ihn all seiner Wertmöglichkeiten ansichtig und bereichert daher die individuelle, freie, aber verantwortliche Gestaltung seiner Lebensantworten.

8. „Sinn" als Überkategorie zum Wahren, Guten und Schönen

Die Abbildung 7 zeigt, daß Sinn als eine übergeordnete Dimension zu verstehen ist, in der Erkennen, Handeln bzw. Erkenntnisweisen, Handlungsbewertungen ebenso inkludiert sind wie ästhetische (aber auch sprachlogische-linguistische) Forderungen. Denn immer wieder läßt sich die Frage stellen: Wozu soll ich was erkennen, wozu soll ich was tun? Wozu soll ich etwas wie gestalten?

9. Existenz und konstruktivisches Denken

In dem Bestseller „Gödl, Escher und Bach" setzt sich der Autor Hofstadter mit der Interpretation der Wirklichkeit, mit konstruktivischen Denken, mit den seltsamen Erklärungsschleifen im Denken, mit der Zuständlichkeit, mit Vernetzung, mit dem Problem der System-Immanenz bzw. mit dem Isomorphismus auseinander. In vielen Beispielen zeigt er, daß sich Widersprüchlichkeiten lösen lassen, indem man sich dessen bewußt bleibt, was außerhalb eines gegebenen Wirklichkeitsfeldes ist. Zum Beispiel lassen sich die verschiedenen Abbildungen eines Gegenstandes (s. Abb. 8) – wie dies Frankl mit seiner Dimensionalontologie zeigte und auch Hofstadter eindrucksvoll demonstrierte – nicht ineinander überführen, sondern es muß einen Gegenstand außerhalb dieser Ebenen geben. Ein anderes Beispiel: Angenommen es gäbe einen Autor Z, einen Autor E und einen Autor T und es wäre so, daß Z nur in einem Roman von T vorkommt, E nur in einem Roman von Z und T nur in einem Roman von E, so wäre das nur möglich, wenn es einen weiteren, vierten Autor in der Realität gibt, der alle diese Romanautoren beschreibt. Gerade darin läßt sich aber auf eine logotherapeutische Interpretationschance modernen Denkens anhand weniger Schlagworte aufweisen: Existenz, Selbstdistanzierung, Selbsttranszendenz, Intentionalität bzw. Gegenständlichkeit.

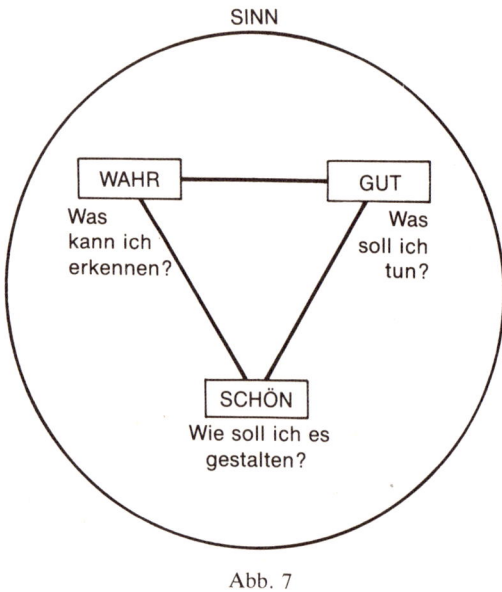

Abb. 7

10. Die Chancen sinnzentrierter Bildungsarbeit

Eine Erneuerung der Bildungsarbeit kann von marktpolitischen Erkenntnissen ausgehen und damit Produktivitätssteigerung, Wettbewerbsfähigkeit, einen freien Markt der Lehre usw. betonen. Damit bleibt man aber immer noch in einem Denken nach Quantitäten, in einem Mehr oder

 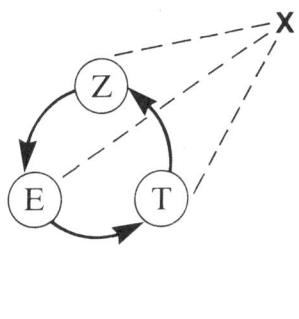

(nach Hofstadter)

Logotherapie und Konstruktivismus

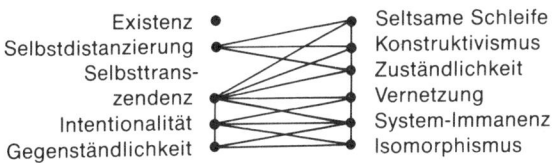

Abb. 8

Weniger, Schneller oder Langsamer. Eine qualitative Erneuerung der Bildungsarbeit kann nur von einem anthropologischen Denken her erfolgen, wie es Frankl in seiner Logotherapie immer wieder bekundet hat. Damit erhält die Bildung einen Auftrieb, nicht durch eine einseitige Betonung der „Produkte" oder eine ebenso einseitige (eher technologisch bestimmte) Betonung des „Produzierens", sondern durch die Berücksichtigung von Freiheit, Verantwortung, Geistigkeit und Personwürde des Menschen.

Abschließende Bemerkungen:

Es ist dem Autor bewußt, daß bei der oben gegebenen Punktation und knappen, exzerpthaften Darstellung nur ein erstes Anreißen der Chancen sinnzentrierter Bildungsarbeit möglich war. Weitere Vertiefungen und Erweiterungen bzw. Operationalisierungen und Konkretisierungen müssen sich hier anschließen. Einen Impuls dazu gegeben zu haben, würde den Autor mehr als reichlich belohnen.

Ausgewählte Literatur zum Thema

Sedlak, Sedlak, Speierl, Widhalm: *Fördern macht Freude/Teil 1*. 159 Seiten, ill. + Arbeitsblätter. 1981 Wien
Sedlak, Sedlak, Speierl, Widhalm: *Fördern macht Freude/Teil 2*. 168 Seiten, ill. + Arbeitsblätter. 1981 Wien
Sedlak: *Stopp den Lernproblemen*. Ein Ratgeber für Eltern, Lehrer und Schüler. 304 Seiten, ill. 1982 Wien
Sedlak, Sindelar: *Hurra, ich kann's*. Frühförderung für Volksschüler und Schulanfänger. 110 Seiten, ill. + Arbeitsblätter. 1983 Wien
Sedlak: *Lernen kann jeder lernen*. Sichere Wege zum Lernerfolg. 155 Seiten, ill. 1984 Wien
Sedlak, Ziegelbauer: *Krisenbewältigung*. Ein Handbuch für Einzel- u. Gruppentraining. 1986 Wien
Sedlak: *Lernen positiv*. 100 Lerntips für die Praxis. 29 Seiten. 1987 Wien
Sedlak: *Freizeit? Kein Problem!* Anregungen zur sinnvollen und kreativen Freizeitgestaltung. 143 Seiten, ill. 1987 Wien
Sedlak: *Lebe positiv*. Konkrete Anregungen zur Selbsthilfe. 80 Seiten, ill. 1988 Wien
Sedlak: *Lernen lohnt sich*. Lernwege für Erwachsene. 100 Seiten, ill. 1988 Wien

Wolfram K. Kurz

Die Sinnfrage in der späten Lebensphase

Logotherapie in der Gerontagogik

Für Dr. med. Thomas Hansen zum 70. Geburtstag

1. Die fundamentale Bedeutung des alten Menschen für den jungen Menschen

Obwohl man dieses Thema natürlicherweise alten Menschen stellen sollte, könnte es sein, daß es gerade von einem Menschen in mittleren oder auch jungen Jahren unter einem besonders fruchtbaren Aspekt behandelt wird, nämlich unter dem Aspekt der Bedeutung des älteren Menschen für den jungen ganz allgemein und für diejenigen in den mittleren Jahren im besonderen. Dieser Aspekt aber führt zugleich mitten hinein in die Problematik.

Sinnvoll Leben heißt: bedeutsam sein für andere Menschen. Sinn, im allgemeinsten Sinne des Wortes, ereignet sich immer in Zusammenhängen, den Sinn-Zusammenhängen. Und die Erfahrung der Sinnlosigkeit des Lebens macht der Mensch vor allem dann, wenn er keine Gelegenheit findet, sich in sinnvolle soziale Zusammenhänge einzufügen bzw. dann, wenn er aus Sinn gewährenden Zusammenhängen herausgebrochen wird: aus seiner Familie beispielsweise oder aus der Arbeitsgruppe. Reflektiert man die Sinnproblematik, so hat man demzufolge die Sinn gewährenden bzw. verstellenden Zusammenhänge, die mögliche Einfügung in sie, den u. U. notwendigen Ausbruch aus ihnen bzw. die u. U. das Gefühl der Sinnlosigkeit erzeugende Isolation von ihnen zu bedenken. Die Sinn gewährende Be-

---

* Aus: Eckhard Lade, Redaktion und Herausgeber, Handbuch Gerontagogik, Loseblattwerk zur Alten- und Seniorenarbeit / Aktuelle Verlagsgruppe, 6952 Obrigheim, 1985 ff. Abdruck mit freundlicher Genehmigung der ABC-Central-Redaktion Karlsruhe.

deutsamkeit des Menschen wird nicht im bezuglosen Für-sich-Sein, in der Isolation, vielmehr im sozialen Zusammenhang gemacht. Worin aber besteht nun die Sinn gewährende Bedeutung der alten Menschen für die jungen und besonders für diejenigen des mittleren Lebensalters? Ganz ohne Zweifel können alte Menschen in vielfältiger Hinsicht für die junge Generation bedeutsam sein; als heimliche Erzieher im durchaus wichtigen Hintergrund einer Familie, welche die Härten, Ecken und Kanten des elterlichen Erziehungsstiles ausgleichen, ohne die Eltern zu bevormunden. Als Helfer im Zusammenhang der unzähligen Handgriffe, die die gute Führung eines Haushaltes verlangt. Als Entlastung der nicht selten doppelt geforderten Tochter oder Schwiegertochter, welche die Rolle der Mutter, der Ehefrau, und darüber hinaus auch noch eine Berufsrolle wahrzunehmen hat. Als Helfer angesichts der vielfältigen Schulnöte, die heute an der Tagesordnung sind und um die sich zu kümmern den Eltern häufig Kraft und Zeit fehlen. Die Reihe dieser Aspekte, welche schnell verlängert werden könnte, ist wichtig und nicht zu unterschätzen. Dennoch ist keiner dieser Aspekte für sich entscheidend. Entscheidend ist nicht dasjenige, was die Menschen auch noch in ihrem Alter für andere Menschen *tun*, entscheidend ist, wer sie *sind* und *wie* sie sind. Entscheidend ist die Art, wie sie als alte Menschen *da sind*; wie sie mit ihrer Situation des Altseins umgehen; in welcher Haltung sie das Alt- und Älterwerden ertragen; in welcher Einstellung sie ihrem Tod entgegengehen. Entscheidend ist, um ein Wort Meister Eckharts sinngemäß zu übertragen, nicht so sehr, was der alte Mensch noch tun kann, entscheidend ist, *wer er im Grunde seines Lebens ist*.

Es ist viel darüber geklagt worden, daß die Alten in der Leistungsgesellschaft, deren Grundverbindlichkeiten Produktion, Verteilung und Konsum sind, sich oft überflüssig vorkommen und von denen, die im Produktionsprozeß stehen, mehr oder weniger unterschwellig für überflüssig erachtet werden. Es ist auch viel darüber geklagt worden, daß unsere Gesellschaft gerade diejenigen Werte anhimmelt, die zu repräsentieren den alten Menschen nicht mehr möglich ist: Jugendlichkeit, Vitalität, stählerne Gesundheit, Schaffenskraft, Berufserfolg, Sex-Appeal. Und ganz ohne Zweifel ist die einseitige Orientierung an solchen Werten Zeichen einer pervertierten Wertfühligkeit und Ausdruck einer inhumanen Sozietät. Sie führt zur Segregationsgesellschaft und zur Ghettoisierung von ganzen Bevölkerungsgruppen.[1] Umgekehrt aber muß man fragen, warum sich eine Gesellschaft in monomaner Weise an den Werten der Vitalität und Produktivität orientiert, den jungen Menschen vergöttert, den Kult des äußeren Erfolgs zelebriert, obwohl die Glieder dieser Gesellschaft genau wissen, daß auch sie alt werden, ihre Vitalität schrittweise verlieren, krank werden und eines Tages sterben. In der besonderen Konstruktion unserer Gesellschaft liegende Gründe gibt es die Fülle. Das ist unbestritten. Dennoch könnte es sein, und ich formuliere hier sehr vorsichtig und bewußt in hypothetischer Form –, daß die jungen Menschen nicht selten einem unter psychohygienischem Gesichtspunkt geradezu lebensgefährlichen Mangel ausgesetzt sind: Sie erleben u. U. keinen alten Menschen mehr, der in Gelassenheit und Weisheit alt geworden wäre und der die gerade alten Menschen potentiell eigene Freundlichkeit und Güte ausstrahlte. Kurz: Das für junge und gerade auch für Menschen mittleren Alters lebenswichtige Erlebnis erfüllten, reifen, glücklichen Altwerdens und Altseins wird ihnen vorenthalten.

„Kinder in einer engen, herzlichen Beziehung zu Großeltern, die auf das Altern mit einer Gelassenheit reagieren, die in ihrer Ich-Integrität[2] verwurzelt ist, empfangen von diesen Großeltern ein kostbares Vermächtnis", denn „Ich-Integrität und Gelassenheit angesichts des Todes werden offensichtlich in gewissem Maße durch Einfühlungsvermögen von bedeutsamen Menschen in unserem Leben ‚übernommen'."[3] Wenn es richtig ist, daß die Gelassenheit der alten Menschen, ihre Lebensbejahung den jüngeren Menschen gegenüber gleichsam ansteckend wirkt und ihnen auf diese Weise ebenfalls ermöglicht wird, in Gelassenheit und Lebenszugewandtheit alt zu werden, dann gehört das Erlebnis eines alten Menschen, der erfülltes Altsein vergegenwärtigt, zu den *fundamentalen Sinn-Erfahrungen der Jüngeren*. In diesem Zusammenspiel von alt und jung ist die Sinnerfahrung jedoch keineswegs einseitig. Denn die besagte Sinnerfahrung, die der Jüngere potentiell macht, ist eine, die der Ältere potentiell gewährt. Während der Jüngere in diesem Falle die Kunst, etwas Wesentliches zu empfangen, lernt, muß der Ältere in diesem Falle die Kunst des Gewährens üben. Sinnerfahrung aber macht man nicht nur als einer, der glückendes Altsein an einem alten Menschen erlebt, vielmehr gerade auch als einer, der in der Art, seine letzte Lebensphase zu gestalten, für Jüngere bedeutsam ist. Denn sinnvoll leben heißt: bedeutsam sein für andere Menschen.

Menschsein heißt: unterwegs sein. Die ungewisse Zukunft der jeweils nächsten Lebensphase muß zwar jeweils von einem selbst durchgestanden und gemeistert werden. Keiner ist in seiner induviduellen Zukunft vertretbar. Aber in gewisser Weise nehmen jeweils diejenigen Menschen, welche *jetzt* eine Phase ihres Lebens durchleben, die sich für die Jüngeren erst „morgen" eröffnet, die Zukunft der Jüngeren vorweg. Sie vergegenwärtigen gleichsam das, was auf die Jüngeren zukommt. Wer in das Gesicht eines alten Menschen blickt, erblickt sich gleichsam selbst als denjenigen, der er „morgen" sein wird. Aus diesem Grunde ist für das psychisch-geistige Wohlbefinden, für eine zukunftsoffene Lebenshaltung des jungen Menschen nichts wichtiger als die Hoffnung, daß man auch in den kommenden Lebensphasen sinnvoll leben kann. Diese Hoffnung und der aus ihr erwachsene Lebensmut aber entzünden sich an gelingendem Leben, welches die Älteren vorleben. Dabei geht es in der Situation der Jungen keineswegs um

Kopie, höchstens um Imitation unter Berücksichtigung der je eigenen subjektiven und objektiven Situation, die es zu bewältigen gilt. Eigentlich geht es gar nicht um Imitation von Handlungsformen, vielmehr um ein Erfüllenlassen von vorgelebten Seins-Formen, die sich im Existenzvollzug als tragfähig erweisen. Vielleicht geht es im Wesentlichen tatsächlich um Anstekkung. Gelassenheit steckt an. Mut steckt an, innere Stärke steckt an, ebenso wie Freundlichkeit und Humor; und leider eben auch ihre Gegenteile.

Im übrigen ist die Einsicht in die hier entfalteten Sachverhalte für beide Seiten wichtig. *Die Jungen* tun sich letztlich keinen Gefallen, wenn sie Institutionen schaffen,[4] in denen sie die Alten isolieren. Sie bringen sich möglicherweise um die ansteckende Erfahrung gelingenden Altwerdens. Sie bringen sich um die Notwendigkeit der Auseinandersetzung mit dem anthropologisch grundlegenden Sachverhalt des „Seins zum Tode." Sie verdrängen diese Auseinandersetzung, schieben sie auf, bis es zu spät ist. Sie verspielen so die Chance, das zu entwickeln, was E. H. Erikson Ich-Integrität genannt hat, und verfallen u. U. im Alter, das sie dann eines Tages überfällt, dem Lebensekel und Lebensüberdruß. Ganz abgesehen von der Frage, ob man die frühen und mittleren Jahre in der Fülle der für sie spezifischen Möglichkeiten wirklich voll durchleben und erleben kann, wenn man viel psychische Kraft benötigt, um den drohenden Schatten des Alters aus dem Bewußtsein zu drängen.

Die alten Menschen aber sind zu fragen, ob sie nicht zur vielbeklagten Isolation ihrer selbst durch eine verfehlte Art dazusein beitragen. Es ist ihnen bewußtzumachen – und das vor allem im Gespräch zwischen jung und alt –, daß sie gerade als alte Menschen eine der wichtigsten Aufgaben, die einem das Menschsein abverlangt, erfüllen können: nämlich den Jüngeren zu zeigen, daß man gelassen, ja lebensfroh alt werden kann, daß man sogar heiter dem Tode ins Auge zu sehen vermag. Menschen, die diese heitere Gelassenheit bzw. diese gelassene Heiterkeit ausstrahlen, leben höchst bedeutsam und erfahren angesichts dieser Bedeutsamkeit ihre eigene Existenz als höchst sinnvoll, gerade angesichts des Todes. Denn, was könnte einem jungen Menschen Heilsameres geschehen als eine solche Begegnung?

2. Heitere Gelassenheit, gelassene Heiterkeit, Einfachheit: Grundformen sinn-vollen Alt-Seins

Es ist nicht meine Aufgabe durch die Artikulation eines *idealen* Altseins den alten Menschen Gefühle der Minderwertigkeit zu vermitteln oder ihnen angesichts der nicht zu leugnenden Beschwerden des Alters das Klagen zu verwehren. Das Klagen gehört zum Menschsein hinzu. Es soll nicht die Illusion entstehen, als könne das Alter ein fortwährender Zustand ungetrübter, ja olympischer Heiterkeit und Gelassenheit sein. Zum Alter gehört auch der Schmerz und das Leiden. Im übrigen ist das Alter kein Zustand, es ist ein Prozeß. Der Mensch ist nicht allein alt, er wird vielmehr alt und älter. Die Prozeßhaftigkeit des Alters schließt ein, daß es sich um eine Zeitspanne handelt, die in sich strukturiert ist und dem Menschen, der ihr ausgeliefert ist, Gelegenheit gewährt, sich mit ihr anzufreunden, aber auch: sich mit ihr zu verfeinden. Noch einmal in seiner Menschlichkeit zu wachsen, aber auch: an menschlicher Substanz zu verlieren. Das ist die Realität. Jedes Lebensalter hat seine spezifischen Sinnmöglichkeiten, die realisiert und im Prozeß der Verwirklichung erfahren werden wollen. Jedes Lebensalter aber ist auch gefährlich. Es birgt die Gefahr, daß der Mensch die Sinnmöglichkeiten, deren Realisation ihm aufgetragen ist, nicht erkennt und so in den Zustand der inneren Verzweiflung gerät. Wer alten Menschen helfen will, ihr Alter zu bewältigen, der muß an ihren u. U. verschütteten Willen zum Sinn[5] appellieren und das logotherapeutisch orientierte geriatrische bzw. gerontagogische Gespräch[6] so führen, daß sie in Vor-Sicht auf ihre spezifische Situation und in Rück-Sicht auf ihre je individuelle Person diejenigen Sinnmöglichkeiten entdecken können, die sie als ihnen persönlich aufgetragen erleben. Das individuelle Gesicht dieses Auftrags, das zu entdecken immer nur in der konkreten Situation gelingen wird, kann jedoch nicht darüber hinwegtäuschen, daß man die *elementar-strukturellen* Aspekte eines derartigen Auftrags durchaus zu artikulieren in der Lage ist. Es handelt sich dabei um die Entwicklung einer sinnorientierten Seinsweise, die durch Gelassenheit und Heiterkeit geprägt ist. Um zu veranschaulichen, was gemeint ist, greife ich auf ein literarisches Beispiel zurück.

H. Hesse beschreibt im Zusammenhang seines Romans „Das Glasperlenspiel"[7] das Altwerden und Sterben des Alt-Musikmeisters. Dieser Mann steht in einem äußerst engen Verhältnis zur zentralen Figur des Glasperlenspiels, zum Magister Ludi Joseph Knecht. Er ist dessen Erzieher, Förderer und Freund. Ohne Zweifel ist das von Hesse dargestellte Älterwerden, Altsein und Sterben des Musikmeisters idealer Art. Ideale sind attraktiv, im ursprünglichen Sinne des Wortes: an-ziehend. Sie stehen gleichsam am Himmel und weisen den Weg in der verwirrenden Fülle der Gassen und Gäßchen, die wir hier auf Erden zu durchwandern haben und in denen wir uns gelegentlich verirren. Wir können sie in der Art unserer Lebensgestaltung immer wieder transparent werden lassen, zur totalen Übersetzung taugen sie nicht. Wer dies will, überspringt die vorläufigen Bedingungen der Geschichte. Er kann sich nicht mit der Fragmenthaftigkeit menschlicher Existenz abfinden. Die niemals völlig zu überwindende Differenz von Realität und Idealität wird ihn in Verzweiflung stürzen. Zum reifen Umgang mit Idealen gehört es jedoch, daß man sie als Wegweiser nimmt, daß man sie niemals aufgibt und sich doch dareinschickt, daß wir sie höchstens punktuell verwirklichen werden. Wer alles will, schafft häufig auch das Wenige nicht, das er durchaus könnte. Den Idealen gegenüber ist die paradoxe Haltung der „heiteren Resignation" angebracht. Mit einem literarischen Ideal sollte man in eben diesem Sinne umgehen.

Der vom Altsein des Musikmeisters ausgehende Zauber ist nicht ein Zauber des Handelns, vielmehr ein Zauber des Seins. Hesse stellt hier keinen alten Menschen vor, der, sein Alter gleichsam überspringend, bis ans Ende rastlos tätig gewesen ist; ein falsches Ideal des Alters, das für eine von der Maschine beherrschte Gesellschaft typisch ist, welche sich ein menschenwürdiges Leben nur im Verbund mit rastloser Tätigkeit vorstellen kann. Der Musikmeister gibt vereinzelt noch Unterricht im Orgelspiel, aber dann gibt er auch seine letzten Schüler ab. Er wird auch nicht als ein Mensch dargestellt, der sich bis ans Ende seiner Tage einer ungebrochenen körperlichen Vitalität erfreut hätte; auch ein falsches Ideal einer Gesellschaft, in der das physische Funktionieren Vorrang hat und durch eine apparative Medizin nicht selten gegen den Willen des Betroffenen erzwungen wird. Hesse schildert, wie der Meister „am Körper allmählich schwächer und hinfälliger wird, immer weniger Nahrung nimmt und immer ermüdeter von seinen kleinen Gängen heimkehrt..."[8] Und er schildert auch keinen Alten, der die psychische Eigenart der letzten Lebensphase kaschierte, indem er sich jung gibt und immer up to date. Er schildert vielmehr ganz realistisch einen, der u. a. auch schon in einer psychisch anderen Zeit lebt.

„Vielmehr ist er", schreibt Hesse, schon lang gewissermaßen unterwegs und lebt nicht mehr ganz unter uns, sondern mehr und mehr in seiner eigenen Welt; so hat er auch immer seltener jemand aufgesucht oder zu sich kommen lassen, außer mir sieht er jetzt tagelang niemanden mehr. Und seit dies begonnen hat, diese Abseitigkeit, dieses Nichtmehrhiersein, seither war ich bemüht, ihm die paar Freunde noch einmal zuzuführen, von denen ich weiß, daß er sie am meisten liebte."[9]

Sowohl pädagogisch als auch gerontagogisch wichtig ist, daß man die einem anvertrauten Menschen in derjenigen Lebensphase, in der sie sich befinden, auch *sein läßt*. Die Übung des Seinlassens ist nicht einfach in einer Gesellschaft, die überzogen zielorientiert ist. Wenn das Kind dem Pädagogen vorrangig unter dem Aspekt erscheint, daß es erwachsen werden muß, dann läuft dieser Gefahr, daß er es um ein erfülltes Kindsein bringt und in ein unerfülltes Erwachsenenleben hineinbringt. Entscheidend ist, daß dem Kinde die Möglichkeit eröffnet wird, daß es sein Kindsein in vollem Umfange leben darf. Eine Lebensphase in ihrer Eigenart voll auszuleben ist die beste Garantie dafür, daß man sich mit der nächsten Phase anfreundet und ihren Anforderungen und spezifischen Sinnmöglichkeiten gerecht werden wird. Hat das Kind jedoch ein Recht darauf, ein Kind zu sein, dann hat auch der alte Mensch ein Recht darauf, die Eigen-Art des Altseins zu leben. Die ebenso pädagogische wie gerontagogische *Kunst des Seinlassens* ist nicht einfach zu beherrschen. Sie bedeutet, daß man den Menschen einer anderen und somit relativ fremden Lebensphase in seiner Eigen-Art, seiner Merk-Würdigkeit sein läßt. Dieses Sein-Lassen zeigt sich zunächst einmal als Verzicht auf Zugriff, Anspruch, Fremdbestimmung. Wer dem Befehl: „laß das sein!" nachkommt, der hört auf, etwas zu tun, der nimmt Abstand vom Objekt seines Handelns. Er schafft Distanz zwischen sich und dem Menschen, an dem er handelt. Er gibt den Spielraum frei, in dem sich der andere in *seiner* Art entfalten kann. Die sinnvolle Gestaltung eines neuen Verhältnisses zu den alten Menschen könnte anheben, sofern die Jungen zunächst einmal einhalten, irgendwas mit den Alten zu tun, ihnen vielmehr den Raum autonomer und altersspezifischer Entfaltung freigeben. Dann aber ereignet sich das Seinlassen als ein *Sein gewähren*: man läßt zu, daß einer ist, wie es seinem Wesen entspricht; man läßt zu, daß er lebe. Leben aber wird gerade heute vielfach vorrangig dadurch gewährt, daß der Mensch seine manipulierenden, immerzu auf Veränderung bedachten Hände auch einmal in den Schoß legt und auf die Phänomene vor sich einfach schaut, ohne sie zu handhaben: sie eben *sein* läßt.[10]

Der Musikmeister im Glasperlenspiel darf in seiner eigenen Art alt sein. Die Menschen, die mit ihm umgehen, lassen ihn in all seinen Merkwürdigkeiten sein. Sie wundern sich zunächst über sie, lassen sie aber zu und nehmen sie in ihrer tiefen Bedeutung wahr. So gewähren sie den Entfaltungsraum dieses alten Menschen, wahren seine Würde und merken auf ihn. Der aber verändert sich merk-würdig: er beginnt in der letzten Spanne seines Lebens völlig aus der *Lebensform des Handelns in die Form des Seins* hinüberzuwechseln. Er spricht kaum noch, er lächelt, er strahlt. Er verbreitet Stille um sich, nimmt die Menschen, die um ihn sind, in diese Stille mit hinein. Joseph Knecht ist durch die Sprachlosigkeit des Meisters zunächst befremdet und erlebt ihn als Fremden:

„Da saß der ehrwürdige Mann, mein Gönner, mein Freund, der, seit ich denken konnte, mein Herz und Vertrauen besaß und nie ein Wort von mir ohne Antwort gelassen hatte, da saß er und hörte mich reden, oder hörte mich auch nicht, saß und hatte sich völlig hinter sein Strahlen und Lächeln, hinter seine goldene Maske verborgen und verschanzt, unerreichbar, einer anderen Welt mit anderen Gesetzen angehörig, und alles, was von mir zu ihm, aus unserer Welt in die seine hinüber sprechen wollte, lief an ihm ab wie Regen an einem Stein."[11]

Aber dann versteht der Schüler den alten Lehrer plötzlich:

„Zugleich legte er seine Hand auf meinen Arm, sie war leicht wie ein Schmetterling, sah mir eindringlich in die Augen und lächelte. In diesem Augenblick war ich besiegt. Etwas von seiner heiteren Stille, etwas von seiner Geduld und Ruhe ging in mich über, und plötzlich überkam mich das Verständnis für den Alten und für die Wendung, die sein Wesen genommen hatte, weg von den Menschen und hin zur Stille, weg von den Worten und hin zur Musik, weg von den Gedanken und hin zur Einheit. Ich begriff, was mir hier anzuschauen vergönnt war und begriff nun auch erst dieses Lächeln, dieses Strahlen; es war ein Heiliger und Vollendeter, der mir hier für eine Stunde in seinem Glanz mitzuwohnen erlaubte und den ich Stümper hatte unterhalten, ausfragen und zu einer Konversation verführen wollen. Gott sei Dank war mir das Licht nicht zu spät aufgegangen."[12]

Hin zur Stille, hin zur Musik – und das heißt für Hesse auch: hin zur Heiterkeit, hin zur Tapferkeit[13] – hin zur Einfachheit. Das war der letzte Wachstumsschritt in einem erfüllten Leben. Dabei spielt die Heiterkeit eine besondere Rolle. Sie ist nicht mit der Dickfelligkeit zu verwechseln, welche die tragischen Aspekte menschlicher Existenz nicht wahrzunehmen vermag, oder mit manischer Heiterkeit, welche den Kontakt zu demjenigen, das in der Welt der Fall ist, verloren hat. Auch Hesse weiß, daß es falsche Heiterkeit gibt. Dies jedoch tut der Bedeutung echter Heiterkeit keinen Abbruch. Darum legt er Joseph Knecht die Worte in den Mund:

„Den Leichtzufriedenen und Scheinheiteren unter uns stehen andere gegenüber, Menschen und Generationen von Menschen, deren Heiterkeit nicht Spiel und Oberfläche, sondern Ernst und Tiefe ist. Einen habe ich gekannt, es war unser ehemaliger Musikmeister ...; dieser Mann hat in seinen letzten Lebensjahren die Tugend der Heiterkeit in solchem Maße besessen, daß sie von ihm ausstrahlte wie das Licht von einer Sonne, daß sie als Wohlwollen, als Lebenslust, als gute Laune, als Vertrauen und Zuversicht auf alle überging und in allen weiterstrahlte, die ihren Glanz ernstlich aufgenommen und in sich eingelassen hatten ... Diese Heiterkeit zu erreichen, ist mir, und vielen mit mir das höchste und edelste aller Ziele ... Diese Heiterkeit ist weder Tändelei noch Selbstgefälligkeit, sie ist höchste Erkenntnis und Liebe, ist Bejahen aller Wirklichkeit, Wachsein am Rand aller Tiefen und Abgründe ..., sie ist unstörbar und nimmt mit dem Alter und der Todesnähe nur immer zu. Sie ist das Geheimnis des Schönen und die eigentliche Substanz jeder Kunst."[14]

Entscheidend ist, daß solche Heiterkeit gerade in einem Alter entstehen kann, in welchem die Tatkraft der Hände nachläßt, in dem man nicht mehr vorrangig „anpackt", die Hände vielmehr ruhen läßt, die Arbeit ruhen läßt und in dieser Ge-lassenheit weiterwächst. Entscheidend ist auch, daß solche Heiterkeit auch im Leiden, im wachen Zustand „am Rande aller Tiefen und Abgründe"[15] entstehen kann. Im Prinzip handelt es sich um die Heiterkeit dessen, der das Leben in allen seinen Phasen, Höhen und Tiefen bewußt durchlebt, weder die Ausgelassenheit noch den Schmerz scheut und offenbleibt für die Wanderschaft ins Ungewisse. Dabei spielen Wachheit und der Wille zum Weg eine wichtige Rolle:

> „Mein Leben, so etwa nahm ich mir vor, sollte ein Transzendieren sein, ein Fortschreiten von Stufe zu Stufe, es sollte ein Raum um den andern durchschritten und zurückgelegt werden, so wie ein Musiker Thema um Thema, Tempo um Tempo erledigt, abspielt, vollendet und hinter sich läßt, nie müde, nie schlafend, stets wach, stets vollkommen gegenwärtig. Im Zusammenhang mit den Erlebnissen des Erwachens hatte ich gemerkt, daß es solche Stufen und Räume gibt und daß jeweils die letzte Zeit eines Lebensabschnittes eine Tönung von Welke und Sterbenwollen in sich trägt, welche dann zum Hinüberwechseln in einen neuen Raum, zum Erwachen, zu neuem Anfang führt. Auch dieses Bild, das vom Transzendieren, teile ich Euch mit, als ein Mittel, das vielleicht mein Leben deuten hilft."[16]

Das dieses Leben bestimmende Motiv ist Be-wegung, ist unter-wegs zu bleiben. Man sollte nicht vergessen, daß das Wort „Sinn" mit dem Wort „Weg" verwandt ist.[17]

Im übrigen führen Gelassenheit und Heiterkeit zur *Einfachheit*. War es wichtig, die wirklich Heiteren von den Scheinheiteren zu unterscheiden, so ist es hier wichtig, den einfachen Menschen und den simplen nicht zu verwechseln. Einfach ist nicht derjenige, der die Komplexität der Welt nicht wahrnimmt, der alles einfach findet, weil er kein Sensorium für die Schwierigkeit und Differenziertheit menschlicher Existenz in der Welt hat. Derjenige ist viel mehr primitiv. Einfach ist derjenige, der, relativ zu seinen Fähigkeiten, die Kompliziertheit erlebt und durchlitten hat: die Kompliziertheit, in der Welt zu sein, mit anderen zusammenzusein, sich selbst ausgeliefert zu sein; und der es am Ende doch gelernt hat, die wenigen wesentlichen Dinge von der Fülle der unwesentlichen zu unterscheiden. Und der es darüber hinaus auch gelernt hat, sich gerade in der letzten Phase seines Lebens aufs Wesentliche zu konzentrieren. Der Magister Ludi Joseph Knecht, die zentrale Figur des Glasperlenspiels, darf als Urbild des zu seiner Einfachheit gelangenden Menschen gelten. Das Spiel ist Symbol der Intregation der Kultur in ihrer Gesamtheit. Wer mit den Perlen meisterhaft spielt, versteht die Wissenschaften, Künste und viele Weisen der Lebenskunst. Er nimmt die Welt des Geistes unter dem Aspekt ihrer Fülle und Komplexität wahr; überschreitet aber die Verknotung hin zur Lösung, das Kompakte hin zum Elementaren. Am Ende trennt sich der Spielmeister von seinem Spiel, das als Symbol der Totalität des objektiven Geistes zu verstehen ist. Und er trennt sich von der Welt, in deren Mittelpunkt dieses Spiel steht. Er wird einfach. Was er nun, die neunmal vertrackte Welt im Rücken, spielt, ist dies: eine kleine Flöte.

Unter einem Kirschbaume mit schon ins Purpurne spielendem Laube machte er halt und setzte sich ins Gras. Er griff in die Brusttasche seines Rockes und zog ein Ding hervor ..., eine kleine hölzerne Flöte nämlich, die er mit einer gewissen Zärtlichkeit betrachtete. Er besaß dieses naiv und kindlich aussehende Instrument noch nicht sehr lange, ein halbes Jahr etwa, und erinnerte sich mit Vergnügen des Tages, an dem es in seinen Besitz gelangt war ... Dann setzte er das Instrument an die Lippen und blies die Melodie, schaute in die sanft glänzende Weite gegen das ferne Hochgebirge hin, hörte das heiter fromme Lied im süßen Flötenton dahinklingen und fühlte sich mit Himmel, Bergen, Lied und Tag einig und zufrieden. Mit Vergnügen fühlte er das glatte runde Holz zwischen seinen Fingern und dachte daran, daß außer dem Kleid auf seinem Leibe dies Flötchen das einzige Stück Eigentum war, das er sich erlaubt hatte, von Waldzell mitzunehmen. Es hatte sich in den Jahren manches um ihn angesammelt, was mehr oder weniger die Eigenschaft persönlichen Besitztums trug, vor allem an Aufzeichnungen, Exzerptheften und dergleichen; das alles hatte er zurückgelassen, es mochte vom Spielerdorf beliebig verwendet werden. Das Flötchen aber hatte er mitgenommen und war froh darüber, es bei sich zu haben; es war ein bescheidener und liebenswürdiger Reisekamerad."[18]

Gelassenheit, Heiterkeit, Einfachheit – Lebensformen, die gerade im Alter besonders dicht und rein in Erscheinung treten können –, sind zugleich als fundamentale Sinnformen des Alters anzusprechen. Nur selten kann sie jemand in der idealen Form dieses literarischen Beispiels verwirklichen. Aber punktuell, immer wieder einmal, da und dort ist es möglich. Wo jedoch dies geschieht, ereignet sich Sinn: für die Alten, weil sie so höchst bedeutsam sind für die Jungen, und für die Jungen, weil sie es lernen, gelassen alt zu werden.

3. Die elementaren Erkenntnisse der Logotherapie

Logotherapie und Existenzanalyse sind in der Auseinandersetzung mit der Tiefenpsychologie S. Freuds und der Individualpsychologie A. Adlers entstanden. Logotherapie heißt so viel wie: *Therapie im Mittel der Entdeckung von Sinn*. Sie geht auf den Wiener Professor für Neurologie und Psychiatrie Viktor Erich Frankl zurück. Er hat diese (psycho)-therapeutische Konzeption entwickelt, die in der amerikanischen Fachliteratur nach Freud und Adler die „Dritte Wiener Richtung der Psychotherapie" genannt wird. Frankl entdeckte, daß ein Großteil der modernen Menschen weder an der Frustration seiner sexuellen Bedürfnisse noch an der Frustration seines Machtverlangens, vielmehr an der Frustration seiner Sinnbedürfnisse leidet. Damit setzt er sich sowohl von Freud als auch von Adler kritisch ab. Freud sah das Grundleiden des Menschen in der unbewußten Versagung libidinöser Intentionen, Adler in den Minderwertigkeitsgefühlen des Menschen. Frankl zufolge ist der Mensch sicher auch lustorientiert bzw. zum Zwecke der Überwindung von Organminderwertigkeiten und Minderwertigkeitsgefühlen machtorientiert. Aber er ist es nicht essentiell. Seinem Wesen nach ist der Mensch *sinnorientiert*. Das Streben nach Macht, das Verlangen nach Lust sind anthropologisch untergeordnete Aspekte, die, sofern sie das Zentrum menschlicher Intentionalität beherrschen, einen Ausdruck pervertierten Menschseins markieren.

Kennzeichen unserer Zeit ist es nun, daß immer mehr Menschen immer intensiver in eine geistig-psychische Verfassung geraten, die Frankl in den Kategorien des *existentiellen Vakuums* bzw. der existentiellen Frustration auf den Begriff bringt. Diese äußert sich als das quälende, abgründige, das gesamte Erleben und Verhalten einer Person prägende Gefühl, daß alles, was ist, alles, was sie tut, denkt und erfährt, sinnlos sei. Der Betroffene fühlt sich leer, in der Leere existierend. Er ist eine vom Gefühl der Sinnlosigkeit und der Sinnentleertheit gequälte Existenz.

Existentielle Frustration äußert sich nicht nur als Gefühl der Sinnlosigkeit, sondern auch in lähmender Initiativelosigkeit, Langeweile, in nihilistischen Anschauungen und in einer abgründigen Apathie. Entscheidend ist nun, daß sie nicht nur zu den Erfahrungen vereinzelter Individuen zählt, daß es sich im Gegenteil um eine kollektive Erscheinung handelt, die einen erheblichen Teil der Bevölkerung der kapitalistischen Länder kennzeichnet, aber auch in den kommunistischen Staaten verbreitet ist und sogar in den Entwicklungsländern nachgewiesen werden kann.

Welche äußeren und inneren Umstände aber erzeugen nun die *existentielle Frustration*? Frankl bietet ein aus anthropologischen und soziokulturellen Elementen kombiniertes Deutungsmuster an und argumentiert so: Das Verhalten des Menschen wird, im Gegensatz zum Tier, weder durch Triebe noch durch Instinkte eindeutig gesteuert. Der Mensch ist instinkt- und triebunsicher. Außerdem kann er im Gegensatz zu früheren Zeiten sein Verhalten auch nicht mehr an allgemein-gültigen Traditionen ausrichten. Auch in dieser Hinsicht ist er orientierungslos. Zum doppelten Sachverhalt – weder zu wissen, was er muß, noch zu wissen, was er soll – gesellt sich der Umstand, daß er zu oft auch nicht mehr weiß, was er eigentlich will. Instinktunsicherheit, Traditionslosigkeit und der Verlust genuiner Intentionalität verleiten ihn möglicherweise dazu, das zu tun, was die anderen tun, bzw. das zu tun, was die anderen von ihm wollen: folglich dem Konformismus bzw. dem Totalitarismus zu verfallen. Darüber hinaus gibt es noch eine dritte Möglichkeit, nämlich eine *noogene Neurose* auszubilden. Diese geht ätiologisch auf die Verzweiflung an einem möglichen Lebenssinn zurück. Was aber versteht Frankl unter der von ihm so genannten noogenen Neurose?

Obwohl existentielle Frustration nichts Krankhaftes ist, vielmehr als gesunde Reaktion auf die Versagung der Sinnorientiertheit das Menschlichste am Menschen darstellt, *kann* sie bei einer entsprechenden psychophysischen Disposition eine neurotische Störung auslösen, welche sich psychisch oder psychophysisch manifestiert, ihren Grund aber weder in der Psyche noch in somatischen Vorgängen hat. Frankl nennt diese Störung noogene Neurose, weil sie in der *Dimension des Geistes* wurzelt, von geistigen Prozessen ausgelöst wird. Während er die Dimension des Geistes als den Ort der Auslösung noogenen-neurotischer Störungen bestimmt, sind Seele und Leib Orte ihrer Manifestation im Medium von Symptomen. Der Mensch kann durch eine *ungelöste geistige Problematik*, durch einen ihm *unlösbar erscheinenden Gewissenskonflikt* oder eine *schwerwiegende existentielle Krise* in einen derart bedrängenden Zustand totaler Sinnentleertheit geraten, daß bei einer entsprechenden Veranlagung eine noogene Neurose entsteht. Dazu ein Fall aus der Praxis Frankls:

„Eine Patientin wendet sich an uns wegen Nervosität, Weinerlichkeit, Stottern, Schwitzen, Zittern, Lidflattern und Gewichtsabnahme von 7 kg in 4 Monaten. All dem liegt zugrunde ein Gewissenskonflikt zwischen Ehe und Glauben: soll sie die eine dem anderen opfern oder umgekehrt? Sie legt größten Wert auf die religiöse Erziehung ihrer Kinder, während ihr Mann, ein ausgesprochener Atheist, entschieden dagegen ist. An sich ist der Konflikt menschlich und nicht krankhaft; nur die Konfliktwirkung, die Neurose, ist Krankheit. Aber sie läßt sich nicht behandeln, ohne daß wir auf eine Sinn- und Wertfrage eingehen. Behauptet doch die Patientin selbst, sie könnte das schönste Leben, ihre Ruhe und ihren Frieden... haben, wenn sie sich ihrem Mann – allgemein ihrer gesellschaftlichen Umwelt – anpassen würde. Aber das Problem lautet: soll man sich – darf man sich um jeden Preis anpassen, noch dazu diesem Mann, dieser Gesellschaft? Aber dies: sich der Lebensauffassung ihres Mannes anpassen – könnte sie doch nicht, meint sie, denn das hieße ihr ‚Selbst' opfern. Nun, hätte die Patientin diese Bemerkung nicht gemacht, so hätte die psychotherapeutische – im konkreten Falle: logotherapeutische – Behandlung der (offenbar noogenen, aus einen geistigen Konflikt entstandenen und daher vom Geistigen her behandlungsbedürftigen) Neurose die Patientin keinesfalls in der einen oder anderen Richtung: sei es Anpassung an ihren Mann, sei es Selbstbehauptung ihrer eigenen Weltanschauung – bestärken dürfen ... Nun hat die Patientin ausdrücklich zu verstehen gegeben: auf ihre religiöse Überzeugung bzw. deren Umsetzung in die Tat verzichten hieße ihr Selbst opfern – und dies gibt uns therapeutisch das Recht, ihr klarzumachen, daß ihre neurotische Erkrankung nichts anderes darstellt als das Resultat der drohenden beziehungsweise bereits stattgehabten geistigen Verwaltigung ihrer selbst. Zuerst einmal galt es, durch Dämpfung der affektiven Resonanz des Organismus auf medikamentösem Wege die psychophysischen Wirkungen des geistigen Konflikts abzuschirmen, sodann jedoch, auch eine kausale Therapie in die Wege zu leiten, indem wir der Patientin zwar widerrieten, sich in prinzipieller Hinsicht, hinsichtlich ihrer weltanschaulichen Prinzipien, ihrem Mann anzupassen, nur um so mehr aber empfahlen, in taktischer Hinsicht, gerade aus ihrer religiösen Überzeugtheit heraus, jede Provokation ihres Mannes zu vermeiden und ihm den Weg zu einem besseren Verständnis ihrer eigenen Überzeugung zu bereiten und zu ebnen."[19]

Der Fall zeigt deutlich die von Frankl für noogen-neurotische Reaktionen behauptete noogene Ätiologie und die daraus resultierende psychophysische Symptomatik. Eine sinnvolle Therapie wird nun nicht versuchen, die Symptome zuzudecken, vielmehr an den Ursachen anzusetzen. Daraus aber ergibt sich für den Arzt die Aufgabe, mit dem *geistigen Notstand* seiner Patientin, mit den pathogenen Spannungen eines Gewissenskonfliktes, mit dem Druck eines geistigen Problems, mit einer existentiellen Krise und somit letztlich mit *ungelösten Sinn- und Wertfragen* therapeutisch angemessen umzugehen. Denn sie sind es, die diesen Menschen in den trostlosen Zustand des existentiellen Vakuums hineintreiben.

Frankl zufolge stellt der *Wille zum Sinn* ein anthropologisches Grundfaktum dar. Wird er frustriert, dann wird der Mensch im *Zentrum* seiner Intentionalität getroffen und gerät in ein existentielles Vakuum, welches, bei einer entsprechenden Neigung, eine noogene Neurose auslösen kann. Da Sinnorientiertheit Ausdruck der geistigen Dimension ist, kann die Aufhebung der Sinnlosigkeit der je eigenen Existenz nur im Medium einer *geistorientierten Hilfestellung* erfolgen. Diese setzt sich zum Ziel, die Erfahrung der Sinn-losigkeit durch die Erfahrung von Sinn zu überwinden. Dementsprechend begreift Frankl den Logos im Zusammenhang der von ihm entworfenen Logo-Therapie als *Geist* und *Sinn*.

Es geht im übrigen im Zusammenhang der Logotherapie nicht darum, Sinn zu geben: weder in der Weise, daß der Patient seinem Leben einen Sinn *gibt*, noch in der Weise, daß der Arzt dem Klienten irgendeinen oder gar den für sich gültig erachteten Lebenssinn vermittelt. Therapeutische Intention ist es vielmehr, so mit dem Patienten zu kommunizieren, daß dieser im theoretisch-praktischen Umgang mit seiner Lebenssituation in den Stand gesetzt wird, *seine* konkreten Sinnmöglichkeiten zu sehen und zu realisieren. Instrument der Sinnfindung aber ist das *Gewissen*, welches in der situationsorientierten Gestaltwahrnehmung den sinnorientierten Aufforderungscharakter der jeweiligen Situation entdecken kann. Im Prinzip ist Logotherapie *Erziehung zur sinnorientierten Verantwortung*. Verantwortlichkeit aber ist nur wahrzunehmen, wenn der Mensch seine Fähigkeit zur Selbst-Transzendenz ausbildet.

Selbst-Transzendenz bringt den Sachverhalt zum Ausdruck, daß sich wesentliches Menschsein als ein Über-sich-hinaus-Sein zeigt. Nicht das einseitig in sich hineingekrümmte, in leerer bezugsloser Identität um sich selbst kreisende, vielmehr das aus sich herausgehende, bezugnehmende, das sorgende, eine Aufgabe wahrnehmende, eine humane Haltung lebende und sich dabei vergessende Subjekt lebt wesentlich. „Ganz Mensch ist der Mensch eigentlich nur dort, wo er aufgeht in einer Sache, ganz hingegeben ist an eine andere Person. Und ganz er selbst wird er, wo er sich selbst – vergißt."[20]

Frankl unterscheidet drei Sinndimensionen: (a) die Dimension der schöpferischen Werte, (b) die Dimension der Erlebniswerte und (c) die Dimension der Einstellungswerte.

Das Subjekt der *schöpferischen Werte* ist der homo faber, der werkzeugende Mensch. Er ist das tätige, das schaffende Individuum. Solange der Mensch gesund ist, kann er Sinn verwirklichen, indem er sein Leben durch Taten und Werke gestaltet. Die Fülle beruflicher Tätigkeiten zeigt die Fülle der Möglichkeiten zur Verwirklichung schöpferischer Werte an.

Das Subjekt der *Erlebniswerte* nun ist der homo amans, der liebende Mensch. Sinn wird nicht nur im Medium der Tat, durch die Transformation einer Möglichkeit des Inneren in die aktuelle Wirklichkeit des Äußeren, sondern auch im Medium einer umgekehrten Bewegung verwirklicht: nämlich durch die Überführung einer wertvollen äußeren Realität ins Innere der Person, so daß in ihr ein Erlebnis entsteht. Wenn der Mensch die erhabenen Bilder der Natur, die schönen Bilder der Kunst, die ergreifenden Bilder der Musik oder das einzigartige Bild einer geliebten Person in sein Inneres hineinnimmt, wenn er sich beeindrucken läßt, dann ereignet sich das, was Frankl Erlebnis nennt. Ein derartiges Erlebnis ist voller Wert, wird deshalb als wert-voll empfunden, und im Prozeß dieses wertorientierten Empfindens werden Erlebniswerte aktuell.

Subjekt der *Einstellungswerte* ist schließlich der homo patiens, der leidende Mensch. Er realisiert potentiell die *höchsten Werte*, die einem Menschen möglich sind. Denn: der homo patiens verwirklicht auch noch Sinn, wenn er weder fähig ist, in produktiver noch auch in rezeptiver Weise sinnschöpferisch zu sein: nämlich angesichts eines unabänderlichen Geschicks, einer unheilbaren Krankheit beispielsweise. Die Fähigkeit zu leiden aber stellt sich in der aufrechten *Haltung* dar, in der der Leidende sein Schicksal trägt. Haltung aber ist Funktion derjenigen *Einstellung*, die der Leidende seinem Leiden gegenüber entwickelt. Frankl zufolge ist das rechte, nämlich das aufrechte Leiden nicht nur eine Chance, in extremen Situationen, trotz allem, Sinn zu verwirklichen, sondern *die größte Chance der Sinn- und Selbsterfüllung*. Denn der homo patiens kann auch in extrem unglücklichen Situationen der Verzweiflung entgehen, indem er im äußersten Mißerfolg, ja im Scheitern und durch das Scheitern hindurch zur Erfüllung seiner Existenz gelangt. Das aufrechte Erleiden eines echten Schicksals erzeugt innere Erfüllung trotz äußerer Erfolglosigkeit. Entscheidend ist in diesem Zusammenhang, daß es sich um ein echtes Schicksal, d. h. um eine Situation handelt, die mit den derzeitig zur Verfügung stehenden Mitteln nicht zu verbessern oder zu verändern ist, die hingenommen werden muß; z. B. auch die Situation des Alt-Seins. Entscheidend ist nun, daß der Mensch seinen Sinnwillen nicht auf eine einzige Dimension der Wertverwirklichungsmöglichkeiten fixiert, sondern *Wertflexibilität* an den Tag legt. Sie liegt vor, wenn das Subjekt sich nicht an die Dimension der Produktivität klammert, obwohl seine Schaffenskraft zu Ende geht. Im Prinzip wird sie immer dann aktuell, sofern der Mensch in derjenigen Dimension Sinn verwirklicht, in der, seiner Lebenssituation gemäß, Sinn in optimaler Weise verwirklicht werden kann. Um deutlich zu machen, was es heißt, von Sinndimension zu Sinndimension zu schreiten, ohne an einer einzigen, vergangenen wie an einer Heimat zu hängen, sei folgender Fall angeführt:

> „Die Möglichkeit alle drei angeführten Wertkategorien in einheitlicher Abfolge nahezu dramatisch verwirklicht zu haben, kann man einem Kranken nachsagen, dessen Lebensgeschichte in ihren letzten Kapiteln im folgenden skizziert werden soll. Es handelt sich um einen jüngeren Mann, der wegen eines inoperablen, hochsitzenden Rückenmarkstumors im Spital lag. Beruflich tätig zu sein, war ihm längst versagt; Lähmungserscheinungen hatten ihn in seiner Arbeitsfähigkeit gehandikapt.
> So hatte er keinen Zugang mehr zur Verwirklichung von schöpferischen Werten. Aber noch in dieser Verfassung stand ihm das Reich der Erlebniswerte offen: Er unterhielt sich in geistig anregenden Gesprächen mit anderen Patienten (nicht ohne gleichzeitig damit auch sie zu unterhalten und ihnen Mut und Trost zu geben), er befaßte sich mit der Lektüre guter Bücher, vor allem aber mit dem Hören guter Musik im Rundfunk. Bis er eines Tages die Kopfhörer nicht mehr vertrug und seine zunehmend gelähmten Hände kein Buch mehr halten konnten. Jetzt gab er seinem Leben die zweite Wendung; nachdem er sich bereits vorher von den schöpferischen Werten auf die Erlebniswerte hatte zurückziehen müssen, war er nunmehr gezwungen, sich den Einstellungswerten zuzuwenden. Oder können wir sein Verhalten anders deuten, wenn er sich nun darauf verlegte, seinen Spitalsgenossen ein Berater und ein Vorbild zu sein? Denn tapfer ertrug er sein Leiden. Am Tage vor seinem Tode – den er voraussah – wußte er, daß der diensthabende Arzt beauftragt worden war, ihm zeitgerecht eine Morphiuminjektion zu geben. Was tat nun unser Kranker: Als dieser Arzt zur Nachmittagsvisite erschien, bat ihn der Kranke, ihm die Injektion schon am Abend zu geben – damit der Arzt nicht eigens seinetwegen in der Nacht geweckt werden müßte."[21]

Immer wieder versucht Frankl zu zeigen, daß es zu den ureigensten Möglichkeiten des Menschen gehört, auch in den extremen Situationen des Lebens Sinn zu verwirklichen. *Grenzsituationen* fördern den Verdacht, wesentliche Existenz sei letztlich trotz allem sinnlos, am ehesten. Denn in ihnen steht das menschliche Leben auf dem Spiel. In ihnen wird der Mensch seiner Endlichkeit, Schwachheit, Unzulänglichkeit und Zerbrechlichkeit unmittelbar gewahr. Indem Grenzsitationen diesen Verdacht jedoch fördern, fordern sie zugleich dazu heraus, ihnen dennoch Sinn abzugewinnen. Logotherapie ist demzufolge nicht nur bei noogenen Neurosen als spezifische Therapie, vielmehr auch dann angezeigt, wenn Menschen angesichts irreparabler Zustände oder unheilbarer somatogener Leiden in einen Zustand quälender Trostlosigkeit geraten. Wenn es nichts mehr zu heilen gibt, dann ist die *Wiederherstellung der Leidensfähigkeit* die Aufgabe des Arztes. Diese geschieht durch Beseitigung der Verzweiflung auf der Basis der Einsicht, daß letztlich alle Verzweiflung eines ist: Vergötzung, Verabsolutierung eines einzigen Wertes. Man denke z. B. an den Wert der Arbeitsfähigkeit. Letztlich wird Logotherapie auch hier als *Umstellung einer Verzweiflung erzeugenden Einstellung wirksam*. Diese trostreiche Sorge nennt Frankl nun ärztliche Seelsorge, welche sich als *Einstellungsmodulation* auswirkt. Die Umstellung gelingt, sofern der Patient die von Frankl vertretene Auffassung zu teilen lernt, daß weder der homo faber im Medium der Werk-Zeugung noch der homo amans im Medium des Erlebnisses, sondern der homo patiens im Medium des Duldens und aufrechten Erleidens eines unabwendbaren Schicksals den höchstmöglichen Sinn erfüllt. Denn der im Leiden und durch das Leiden erzeugte Sinn ist der Sinnerzeugung auf dem Wege schöpferischer Produktivität und erlebnisorientierter Rezeptivität dimensional überlegen. Und das, weil hier Erfüllung auch noch im äußeren Mißerfolg möglich ist: nämlich im Scheitern.

Zusammenfassend kann man sagen, daß Frankl rechtes Leiden vierfach interpretiert: als Leistung, als Grund menschlichen Wachstums, als Grund menschlicher Reifung und als grund-legende Bereicherung. Die Leistung des Leidens besteht darin, daß der Mensch angesichts seines nicht veränderbaren *äußeren* Schicksals dieses dennoch *innerlich* bewältigt. Rechtes, aufrechtes Leiden aber ist auch als Grund menschlichen Wachstums anzusehen. Leiden heißt auch wachsen.

„Indem ich ein Leiden auf mich nehme – indem ich es in mich aufnehme, wachse ich, erfahre ich einen Zuwachs an Kraft: es kommt zu einer Art Stoffwechsel. Denn das Wesen des Stoffwechsels ist es, daß Stoff, Rohstoff, in Kraft umgesetzt wird. So denn auch, auf der menschlichen Ebene, bei der Umwandlung jenes Rohmaterials, welches im Schicksal gegeben ist: der Leidende vermag nicht mehr, das Schicksal äußerlich zu gestalten; aber gerade das Leiden setzt ihn instand, das Schicksal innerlich zu bewältigen, so zwar, daß er es transponiert aus der Ebene des Faktischen auf die Ebene des Existentiellen."[22]

Rechtes Leiden aber äußert sich nicht nur als Leistung und Wachstum, vielmehr auch als Reifung und Bereicherung. Stellt sich die *Reifung* als die innere Freiheit des Menschen dar, mit seinem Schicksal ebenso gelassen wie konstruktiv umzugehen, so die mit dem Leiden potentiell verbundene *Bereicherung* als die Fähigkeit des Leidenden, die Welt auf ihren tragenden Grund hin durchsichtig werden zu lassen. Mit den Worten Frankls:

„Denn Leiden heißt nicht nur, wachsen und reifen, sondern auch reicher werden. Der Mensch, der, wie wir gesagt haben, leidend zu sich selbst heranreift – er reift der Wahrheit entgegen. Das Leiden hat nicht nur ethische Dignität – es hat auch metaphysische Relevanz. Das Leiden macht den Menschen hellsichtig und die Welt durchsichtig. Das Sein wird transparent hinein in eine metaphysische Dimensionalität."[23]

Und vielleicht kommt dieser Sachverhalt am schönsten in einem Gedicht von R. Dehmel, auf das Frankl verweist, zum Ausdruck:

Es ist ein Brunnen, der heißt Leid.
D'raus fließt die laut're Seligkeit.
Doch wer nur in den Brunnen schaut,
dem graut.
Er sieht im tiefen Brunnenschacht
sein lichtes Bild umrahmt von Nacht.
O trinke! Dann zerfließt das Bild.
Licht quillt.

4. Die Bedeutung der Logotherapie und Existenzanalyse für die Gerontagogik

Konzentriert man die Darstellung der Logotherapie auf die Entfaltung ihrer elementaren Begriffe, so müßte man 10 Themen behandeln:

- den Menschen unter dem Aspekt seines Willens zum Sinn;
- das existentielle Vakuum, verstanden als geistig-emotionale Mißbefindlichkeit aufgrund der Frustration des Sinnverlangens;
- die noogene Neurose als krankhaften psychischen oder psychophysischen Ausdruck einer ungelösten geistigen bzw. ethischen Problematik im Sinne einer schwerwiegenden existentiellen Krise bzw. eines unlösbar erscheinenden Gewissenskonfliktes;
- die geistige als die wesentliche Dimension des Menschen;
- die Selbst-Transzendenz des Menschen als Fähigkeit, im Medium von Handlung, Erlebnis oder Einstellung der Fesselung durch die Subjektivität zu entkommen und sich vorrangig an der transsubjektiven Welt zu engagieren, um wesentlich zu werden;
- die schöpferischen Werte, welche im Mittel von Produktivität vom homo faber verwirklicht werden;
- die Erlebniswerte, welche im Mittel von Rezeptivität vom homo amans verwirklicht werden;
- die Einstellungswerte und die menschliche Haltung des homo patiens als Mittel ihrer Verwirklichung; das Problem der Wertflexibilität;

– die Entwicklung der Leidensfähigkeit als Möglichkeit des höchsten Sinnschaffens; die Einstellungsmodulation;
– Existenzanalyse als therapeutisches Gespräch zur Entdeckung von Sinn im Vorblick auf die konkrete Situation und im Rückblick auf die individuellen Fähigkeiten einer Person.

Es leuchtet unmittelbar ein, daß *alle aufgeführten Themen von gerontagogischer bzw. geriatrischer Bedeutung* sind, weil die Sinnproblematik gerade auch das Alter betrifft, ja sich u. U. im Alter besonders zuspitzt. Denn die Gefahr, daß alte Menschen in ein existentielles Vakuum geraten, ist besonders groß. Dies hängt vor allem damit zusammen, daß im Alter nicht selten gleich mehrere Sinn gewährende Erfahrungsmöglichkeiten in zeitlich kürzester Abfolge verstellt erscheinen und die Initiative des alten Menschen, seinem Sinnwillen gerecht zu werden, unter dem Eindruck einer massiven existentiellen Frustration schwer gelähmt wird. Wer aus dem Berufsleben ausscheidet, seinen Ehepartner verliert, seine Freunde und Bekannten sterben sieht, die angestammte Wohnung aufgeben muß, krank wird, finanzielle Sorgen hat, keine Hoffnung für die unmittelbare Zukunft entwickeln kann, im Rückblick auf sein Leben sich vorrangig des Mißlingens erinnert und aufgrund des Mangels an weltanschaulicher oder religiöser Bindung nicht gelernt hat, gerade auch im Scheitern immer wieder ein Stück zu wachsen, der muß fast zwangsläufig in ein existentielles Vakuum treiben.

Die Bedeutung der Logotherapie für die Gerontagogik liegt zunächst einmal darin, daß sie gerade auch den alten Menschen als sinnorientiertes Subjekt wahrnimmt, annimmt und in ihm das heilende Bewußtsein freisetzt, daß das Leben auch in extremen Situationen sinnvoll gelebt werden kann. Natürlich mag es sein, daß der Sinnwille unter der Gewalt einer existentiellen Frustration im Unbewußtsein verschüttet liegt. Dann ist es zunächst Aufgabe des logotherapeutisch arbeitenden Gerontagogen, so mit dem Klienten zu kommunizieren, daß dieser sich wieder als ein sinnorientiertes Wesen erleben kann. Es ist seine Aufgabe, die Verantwortung für die Sinnentdeckung ins helle Bewußtsein zu rücken. Als eine den Sinnwillen herausfordernde und aktivierende Therapie ist Logotherapie zunächst evokativer bzw. appellativer Art. Ihrem Wesen nach aber ist sie „logoheuristisch", soll heißen: sinnsucherisch. Der logotherapeutisch arbeitende Gerontagoge sollte das Gespräch mit dem ihm anvertrauten alten Menschen so führen, daß dieser die konkreten Sinnmöglichkeiten, die in dessen subjektiver und objektiver Situation zu realisieren sind, entdecken kann. Geht man davon aus, daß das eigentliche Alter in der Zeitspanne von 56 bis 65 Jahren beginnt, daß sich daran die Phase der Seneszenz und schließlich die der Senilität anschließt,[24] so ist diese Struktur logotherapeutisch sehr bedeutsam.[25] In der ersten Phase, die der Mensch normalerweise im Vollbesitz seiner Kräfte erlebt, geht es vorrangig um die aktive Gestaltung des Lebensabends. „Das Beschäftigtbleiben mit irgendwelchen realen Problemen bietet die letzte Gewähr für eine bleibende Gesundheit des alten Menschen."[26] Dieses wird sich in den kommenden Jahren angesichts der zu erwartenden Erweiterung der Vorruhestandsregelungen als besonderes Problem herausstellen.

Eine Gesellschaft, die der physischen Vitalität eine fast exklusive Wertigkeit zuschreibt, muß dem alten Menschen zwangsläufig das Gefühl der Minderwertigkeit vermitteln. Ein Helfer, der an der logotherapeutischen Anthropologie orientiert ist, kann genau an diesem Punkt gegensteuern und zwar in mehrfacher Hinsicht:
- Er wird dem alten Menschen zeigen, daß nicht die physische Vitalität den Menschen zum Menschen macht, vielmehr seine Geistigkeit und so sein Selbstgefühl stützen.
- Er wird seinem Klienten das Verständnis ermöglichen, daß sich erfülltes Menschsein nicht als Kreisen um die physische Befindlichkeit zeigt, vielmehr als Selbst-Transzendenz. Eine Fülle von physischen und psychischen Symptomen wird vor allem dann als besonders schmerzlich empfunden, wenn ihnen der Betroffene übermäßige Aufmerksamkeit schenkt. Der körperfixierte Blick muß gelöst werden. Der Mensch soll es lernen, von der Symptomatik weg –, zu einer Aufgabe hinzukommen. Das kann er aufgrund der Fähigkeit zur Selbst-Transzendenz.
- Die Möglichkeiten immer wieder von sich weg- und zur Verwirklichung von Sinn hinzukommen, müssen im Verlauf eines logotherapeutischen Gespräches sorgfältig geprüft werden. Die von Frankl dargestellte Trias der Sinndimensionen – schöpferische Werte, Erlebniswerte, Einstellungswerte – mag in diesem Zusammenhang als heuristisches Instrument dienen, den Wertbereich herauszufinden, der sich zur Vermittlung in einer bestimmten Lebenssituation vorrangig anbietet.
- Nimmt der Mensch die ihm beschiedene und nicht mehr zu verändernde Leidenssituation an und steht er sie in der Haltung aufrechten Leidens durch, dann realisiert er, Frankl zufolge, die höchste Sinnform. Diese Erkenntnis ist gerontagogisch fundamental und wirkt sich auf seiten des Betroffenen, sofern er sie anerkennt, erlösend aus. Der alte Mensch kann sich nun als einen entdecken, der zwar in der höchsten Gefahr steht, seine Existenz angesichts des drohenden physischen Scheiterns als sinnlos zu erleben, der aber *gerade jetzt* dazu bestimmt ist, seinem Leben den letzten und höchsten Sinn abzugewinnen.
- Der Vermittlung der Erkenntnis, daß man Sinn nicht allein auf der Basis von Produktivität, vielmehr auch auf der Basis von Rezeptivität und Einstellung zu verwirklichen vermag, führt zur Wertflexibilität. Die Vergötzung einer Sinndimension ist als solche durchsichtig zu machen.[27]

– Bisher sind die gerontagogischen Möglichkeiten der Logotherapie nur in wenigen Veröffentlichungen entfaltet worden.[28] Sollten die logotherapeutischen Erkenntnisse in Zukunft für die Theorie *und* Praxis der Gerontagogik und Geriatrie fruchtbar gemacht werden, dann könnte dies dazu beitragen, daß Menschen im Alter in erhöhtem Maße leben können wie der Musikmeister im Glasperlenspiel: gelassen, heiter, sinnvoll, trotz allen Leids und in allem Leiden.

Anmerkungen

1 Ein Vorgang, der ja bekanntlich nicht nur die Alten betrifft, vielmehr auch die Behinderten, die Reichen, die Armen, die Asozialen, die Todkranken, die Eliten. Sie sind alle nicht selten für sich und kontaktarm.
2 Der Begriff der Ich-Integrität, verstanden als psychischer Zustand, welcher gelingendes Altwerden und Altsein zum Ausdruck bringt, ist von E. H. Erikson geprägt worden; und zwar als Gegenbegriff zu Lebensekel und Verzweiflung, die sich ebenfalls im Alter einstellen können. „Ich-Integrität bedeutet, seine Endlichkeit anzunehmen, sich mit dem Verstreichen der Jahre und der unvermeidlichen Unerfüllbarkeit einiger seiner Träume abzufinden. Es bedeutet, die Bruchstücke der Sinnhaftigkeit, der Freude und der Weisheit, die man erlangt hat, zu bejahen. Es bedeutet, den kostbaren Augenblick im Hier und Jetzt so weit wie möglich auszukosten und zu genießen. Diese Auffassung vom Leben als grundsätzlich gut, trotz seiner Tragödien und Verluste, befreit einen, weiterzuleben und zu wachsen bis man stirbt, statt seine Lebenskräfte in Zerknirschung, Sinnlosigkeit und Verzweiflung abzutun. Die Stärke, die aus der Ich-Integrität hervorgeht, ist die Weisheit. Ich-Integrität ist das gesammelte Wachstumsergebnis aus dem ganzen Lebenszyklus." H. Clinebell, Theorie und Praxis der wachstumsorientierten Beratung in Erziehung, Seelsorge und psychische Lebenshilfe, München 1982, S. 113–114.
3 A. a. O., S. 115.
4 Es handelt sich übrigens um Institutionen, die sich die Jungen, langfristig gesehen, ja selber schaffen.
5 Vergl. dazu Kap. 3.
6 Vergl. dazu Kap. 4
7 Vergl. dazu H. Hesse, Das Glasperlenspiel, Zürich 1943.
8 A. a. O., S. 277
9 A. a. O., S. 277–278.
10 Menschen, denen die ökologische Problematik voll bewußt ist, dürften diesen in bezug auf die Gerontagogik entfalteten Gedanken besonders gut verstehen.
11 A. a. O., S. 282.
12 A. a. O., S. 282–283.
13 „Die Gebärde der klassischen Musik bedeutet: Wissen um die Tragik des Menschentums, Bejahen des Menschengeschicks, Tapferkeit, Heiterkeit." A. a. O., S. 47.

14 A. a. O., S. 349–350.
15 A. a. O., S. 350.
16 A. a. O., S. 442.
17 Der Weg des Alt-Musikmeisters aber geht so zu Ende, falls es sich überhaupt um ein „Zu Ende gehen" handelt: „Je und je ermöglichte Knecht einen kurzen Besuch bei dem greisen Alt-Musikmeister. Der ehrwürdige Alte, dessen Kräfte jetzt sichtlich zur Neige gingen und der sich des Gebrauchs der Rede längst völlig entwöhnt hatte, verharrte in einem Zustande heiterer Sammlung bis zuletzt. Er war nicht krank, und sein Tod war nicht eigentlich ein Sterben, es war eine fortschreitende Entstofflichung, ein Schwinden der leiblichen Substanz und der leiblichen Funktionen, während das Leben sich immer ausschließlicher im Blick der Augen und dem leisen Strahlen des einsinkenden Greisengesichts sammelte. Den meisten Bewohnern von Monteport war dies eine wohlbekannte und mit Ehrfurcht hingenommene Erscheinung, aber nur wenigen ... war eine Art von Teilnahme an diesem Abendglanz und Ausleuchten eines reinen und selbstlosen Lebens vergönnt. Diesen wenigen, wenn sie vorbereitet und gesammelt den kleinen Raum betraten, darin der Altmeister in seinem Lehnstuhl saß, gelang der Eintritt in diesen sanften Glanz des Entwerdens, das Mitfühlen der wortlos gewordenen Vollendung, wie im Bereiche unsichtbarer Strahlen weilten sie beglückende Augenblicke in der kristallnen Sphäre dieser Seele, unirdischer Musik teilhaftig, und kehrten dann mit geklärten und gestärkten Herzen in ihren Tag zurück wie von einem Berggipfel. Es kam der Tag, an welchem Knecht die Nachricht von seinem Tode erhielt, er reiste eilig hin und fand den sanft Entschlafenen auf seinem Lager liegend, das kleine Gesicht hingeschwunden und eingesunken zu einer stillen Rune und Arabeske, einer magischen Figur, nicht mehr zu lesen und doch wie von Lächeln und vollendetem Glück erzählend. Am Grabe hat ... Knecht gesprochen und er sprach nicht von dem erleuchteten Weisen der Musik, nicht von dem großen Lehrer, nicht von dem gütig klugen ältesten Mitglied der obersten Behörde, er sprach nur von der Gnade seines Alters und Todes, von der unsterblichen Schönheit des Geistes, die in ihm sich den Genossen seiner letzten Tage offenbart hatte." A. a. O., S. 308–309.
18 A. a. O., S. 453, 455.
19 *V. E. Frankl:* Theorie und Therapie der Neurosen. München 1975, S. 145–146.
20 A. a. O., S. 197.
21 *V. E. Frankl:* Ärztliche Seelsorge. Wien 1966, S. 62.
22 *V. E. Frankl:* Anthropologische Grundlagen der Psychotherapie. Bern 1975, S. 317.
23 A. a. O., S. 319.
24 Diese Strukturierung stammt aus Th. Lidz, Das menschliche Leben. Die Persönlichkeitsentwicklung im Lebenszyklus, Frankfurt a. M. 1970, S. 663–674.
25 „Der Beginn des Alters wird in der Statistik und in einem Teil der psychologischen Literatur mit dem 65. Lebensjahr festgesetzt. Als Argument dafür dient die Erreichung der Altersgrenze für den Ruhestand. M. Moers dagegen wählt als Beginn der letzten Lebensphase das Alter von 56 Jahren, weil in der zweiten Hälfte der fünfziger Jahre die subjektiven Erlebnisse des Alterns besonders deutlich werden und krisenhafte Stimmungen und Enttäuschungen sich gerade

um das 56. Lebensjahr herum zeigen. Auch wir neigen dazu, die Lebensphase des Alters in der zweiten Hälfte der fünfziger Jahre beginnen zu lassen, zum einen, weil zu diesem Zeitpunkt die von M. Moers genannten Probleme auftreten, zum anderen, weil die angestrebte Vorruhestandsregelung in den nächsten Jahren das Ruhestandsalter weiter herabsetzen wird." Aus: K.-H. Röhlin, Sinnorientierte Seelsorge. Die Existenzanalyse und Logotherapie V.E. Frankls im Vergleich mit den neueren evangelischen Seelsorgekonzeptionen und als Impuls für die kirchliche Seelsorge, Diss. masch., Erlangen 1985, S. 299.

26 *Th. Lidz:* a. a. O., S. 664.

27 Im übrigen wäre das logotherapeutische Anliegen völlig mißverstanden, wenn man gesellschaftlich verursachtes Leid aufzuheben mit dem Hinweis auf die Einstellungswerte sich weigerte. Äußere Not muß beseitigt werden. Die Befriedigung der vitalen Grundbedürfnisse ist zu gewährleisten und nicht mit dem Hinweis, man müsse nur die rechte Einstellung zu diesen Mißverständen gewinnen, auch nur zu verzögern. Die Leidensfähigkeit ist nur Situationen gegenüber auszubilden, die nicht verändert werden können.

28 Vergl. dazu vor allem K.-H. Röhlin, a. a. O., S. 298 ff.

Gertrud Simmerding

Begleitung beim Abschied

Logotherapie in der Sterbehilfe

In einem fast hundert Jahre alten Buch habe ich folgendes gelesen: „Die Natur hat nur eine Türe bestimmt zum Eingang in das Leben, doch hundert freigelassen, die hinausführen.." Man möchte fortfahren mit den Zeilen aus dem 40. Kapitel von Jsaias: „Alles Sterbliche ist wie das Gras, und all seine Schönheit ist wie die Blume auf dem Feld. Das Gras verdorrt, die Blume verwelkt, wenn der Atem des Herrn darüberweht." Ja, es ist so, mitten im Leben sind wir im Tod. Und an noch etwas möchte ich denken. Mit wieviel Freude wird doch für gewöhnlich ein kleiner Erdenbürger empfangen! Wieviele Helfer sind bereit, ihn in das Leben zu führen – und wie einsam ist im Vergleich in den meisten Fällen heute der Weg aus der Welt! So erinnere ich mich an den alten Mann im Krankenhaus, den niemand besuchen kam. Auf dem Nachttisch stand nur das Bild eines kleinen Hundes. Eine Promenadenmischung. Nicht schön, dafür sicher klug, und wie es mir schien, der einzige Gefährte, an dem das Herz des alten Mannes hing. Ich nahm mir vor, den alten Mann, dessen Namen ich nicht kannte, am nächsten Tag anzusprechen. Aber da war das Bett schon leer. Nur das Bild des kleinen Hundes stand noch da.

Anders erging es mir mit der Patientin P. Ein Melanom, das viel zu spät erkannt wurde, führte zu einer Querschnittslähmung. Sie lag hilflos im Bett. Beim Umbetten sah ich mit dem bloßen Auge an ihrer Brustseite und Hüftgegend unheilverkündend zwei bis drei faustgroße Metastasen. Ihre Zukunft war auf wenige Tage begrenzt. Ich nahm mir vor, sie bis an das große Tor zu begleiten. Es blieb mir ganz offensichtlich nicht viel Zeit. Ich wollte ihr Vertrauen gewinnen. Drei Hinweise, die mir der Chefarzt an diesem Krankenhaus mit auf den Weg gab, sollten mir dabei helfen. 1. Schmerzen lindern, 2. die Hoffnung stärken, und 3. das Leben nicht künstlich verlängern.

So begannen unsere täglichen Gespräche. Es war Mai, und die Bäume standen in voller Blüte. Ein eigenartiger Gegensatz; draußen das Werden der Natur und hier im Krankenzimmer ein Leben, das seinem Ende entgegengeht. Ein ebensolcher Gegensatz wie die ungewöhnlichen Gedanken, die Viktor Frankl als gesunder Bub über das Sterben dachte. In seiner autobiographischen Skizze formuliert er das so: „Mit vier Jahren muß es gewesen sein, daß ich eines Abends, kurz vor dem Einschlafen, aufschreckte, und zwar von der Einsicht aufgerüttelt, eines Tages würde auch ich sterben müssen. Was mir aber zu schaffen gab, war eigentlich zu keiner Zeit meines Lebens die Furcht vor dem Sterben, vielmehr nur eines: die Frage, ob nicht die Vergänglichkeit des Lebens dessen Sinn zunichte macht. Und die Antwort auf die Frage, die Antwort, zu der ich mich schließlich durchzuringen vermochte, war folgende: In mancherlei Hinsicht macht der Tod das Leben überhaupt erst sinnvoll. Vor allem kann aber die Vergänglichkeit des Daseins dessen Sinn aus dem einfachen Grunde nicht Abbruch tun, weil in der Vergangenheit nichts unwiederbringlich verloren, vielmehr alles unverlierbar geborgen ist. Im Vergangensein ist es also vor der Vergänglichkeit sogar bewahrt und gerettet. Was immer wir getan und geschaffen haben, was immer wir erlebt und erfahren haben – wir haben es ins Vergangensein hineingerettet, und nichts und niemand kann es jemals wieder aus der Welt schaffen." [1] Ich nahm mir vor, diese Gedanken meiner sterbenden Patientin zu vermitteln. Aber als ich an ihr Bett kam, wollte sie nur Trost. Nein, sie wollte gar nicht hören, daß, wenn auch die Zukunft nur mehr eine kleine abgegrenzte Spanne Zeit vor ihr ist, die Vergangenheit ins Unermeßliche – ich möchte fast sagen ins Ewige gewachsen und ihr einzig unverlierbarer Besitz geblieben ist. Das alles wollte sie nicht hören. Sie war von der Frage, warum gerade ihr solch ein Schicksal wiederfahren muß, so erfüllt, daß sie nur darüber sprechen wollte und ganz ungeduldig auf eine Antwort wartete. Die alte logotherapeutische Wahrheit, daß nicht wir es sind, die Fragen an das Leben stellen dürfen, sondern daß wir die Antwortenden sind, ließ sie zwar aufhorchen, mehr aber nicht. Ebenso meine Frage, daß ich, die ich als scheinbar Gesunde vor ihr stehe, nicht weiß, ob ich auch als Gesunde abends wieder heimkehre (Autofahren, Verkehr usw.). Frau P. verstand mich sehr gut. Sie war sichtlich erfreut, in mir sozusagen einen Schicksalsgefährten ihres Todes zu sehen. In dieser Selbstverständlichkeit wurde mir klar, wie wenig wir Menschen doch das Memento des Todes, der uns von der ersten Stunde unseres Lebens an begleitet und nahezu die einzige Gewißheit unseres Lebens bleibt, wahrnehmen. Aber wie immer wir unser Leben nun auch erleben mögen, für uns alle gilt, in jeder Situation, zu jeder Zeit die richtige Einstellung zum unabänderlichen, unausweichlichen Schicksal zu finden. Nicht, daß wir gezwungen sind, es apathisch erduldend entgegenzunehmen, sondern daß uns, wie

Frankl sagt, aufgetragen ist zu versuchen, unser Leiden in eine Leistung zu verwandeln, denn auch da, wo wir hilflos in einer hoffnungslosen Situation leiden, läßt sich das Leben noch sinnvoll gestalten, indem wir das Menschlichste im Menschen verwirklichen, nämlich den psychischen Schmerz in einen persönlichen Triumph zu transformieren versuchen. So kamen wir auf die Briefe des heiligen Thomas More aus dem Gefängnis zu sprechen, die er vor seiner Hinrichtung schrieb. Jetzt, nach dem Tod von Frau P. kann ich sogar die Stelle zitieren: „Und ich danke dem Herrn, Meg, (seine Tochter Margaret, Anm. d. Verf.) daß ich, seitdem ich hierherkam, jeden Tag den Tod weniger fürchte. Denn wenn man auch viele seiner Jahre auf dieser Welt verliert, so ist es doch eine mehr als vielfache Entschädigung, daß man dafür um so eher in den Himmel kommt. Und wenn es auch schmerzhaft ist, aus voller Gesundheit zu sterben, so kenne ich doch wenige, die an einer Krankheit leicht sterben. Und schließlich bin ich sicher: Sollte die Zeit kommen, die, weiß Gott, bald kommen kann, daß ich krank auf meinem natürlichen Sterbebett liege, dann werde ich meinen, Gott hätte viel für mich getan, wenn er mich durch den Vorwand eines solchen Gesetzes hätte sterben lassen. Und deshalb sagt mir meine Vernunft, daß es Torheit wäre, wollte ich bedauern, so zu sterben, wie ich es nachher wünschen würde." [2] Jeder stirbt seinen Tod. Und dieser Tod kommt zu uns nicht als der schreckliche, als den ihn unsere Gesellschaft ins Unbewußte verdrängt hat, sondern als Freund. Warum eilen wir nur so widerstrebend dem unentdeckten Lande zu, von dessen Ufern zwar noch kein Reisender zurückgekehrt ist, uns dafür aber eine Herrlichkeit versprochen ist, die kein Auge je gesehen und kein Ohr gehört hat? Wahrhaftig, was sind die Leiden dieser Zeit, verglichen mit der künftigen Herrlichkeit! Ja, bruchstückhaft erinnerte ich mich der Worte aus dem Neuen Testament, die ich in unser Gespräch einbringen konnte, denn Frau P. wußte sich in Gottes Hand geborgen. So war es leicht, diese Gedanken bei ihr wieder lebendig zu machen. Und auch das Versprechen: „Fürchte Dich nicht, denn ich habe Dich bei Deinem Namen gerufen" zeigte ihr, daß eine gütige, schützende Hand über ihr lag. Bis dahin konnte sie mir gut folgen. Aber sie wehrte sich vehement dagegen, daß möglicherweise der Tod nun alles zerstört, was sie ein Leben lang aufgebaut hatte. Wo sollte darin der Sinn liegen? Ich versuchte sie mit dem Paradoxon zu überzeugen, wie tröstlich doch der Gedanke der Endlichkeit wäre gegenüber einer Unendlichkeit, die uns alles unverändert, ewig und damit wahrscheinlich in immer der gleichen Form wiederkehrend, aufrollt. Wie geborgen sind wir doch in der Natur mit ihrem Kommen und Vergehen, mit ihrem Hell und Dunkel! Im Westöstlichen Diwan, im Buch des Sängers, schreibt Goethe: „Und solang du das nicht hast,/ Dieses stirb und werde!/ Bist Du nur ein trüber Gast/ Auf der dunklen Erde." Trotz allem, Frau P. hatte Angst. Und neben der Angst war es das Abschiednehmen von allem, was ihr Leben ausgemacht hat, das sie bedrückte. Waren all die Kleinigkeiten, Nutzlosigkeiten, aber auch die Wichtigkeiten, die sie so liebte, wirklich noch die Ihren? Mußte nicht alles zurückbleiben? Ich erinnere mich, im „Tagebuch einer Krankheit" von Walter M. Diggelmann, der an einem bösartigen Gehirntumor litt, eine Stelle gefunden zu haben, die mir allgemein gültig scheint und besser als meine Worte eine zweifellos oft wiederkehrende Situation des Sterbenden auszudrücken vermag. Diggelmann kehrt ohne Chance auf Heilung aus dem Krankenhaus heim. Er sieht alles wieder, was sein Zuhause ausmacht. Möbel, Bilder, Bücher, Teppiche und sagt: „Ich betrachte das, was mich umgibt, und ich befrage es: Stimmt es, daß du zu mir gehörst und ich zu Dir? Das allein entscheidet."

Und er fährt dann fort: „Alles, was mich umgibt, gehört zu mir, und ich zu ihm. Es ist kein Stück da, das einmal nur ein Abenteuer war. Es ist da, und ich bin da, und wir gehören zusammen. Doch die Frage geht noch weiter; sie lautet: „Stehst du zu dem, was du getan hast? Nimmst du also auch dich an, und wirst du dich weiterhin annehmen? Bist du endlich bei dir selber angelangt? Ist es nicht länger nötig, daß du sagst: Ich bin der und der, habe dieses und jenes geleistet; genügt es dir endlich, daß du sagst: Ich bin ich?"[3]

Es kommt nicht nur darauf an, sein Ich anzunehmen, denn dieses Ich wird im Tod ausgelöscht, sondern es geht um mehr. Ich möchte hier wieder Viktor Frankl zitieren: „Wie ist es nun aber, wenn die Zeit verronnen ist? Wenn das Dasein demnach „geronnen ist", wenn es zur Endgültigkeit gerinnt? Dies ist der Fall im Tode. Im Tod ist alles immobil geworden, nichts ist disponibel; dem Menschen steht nichts mehr zur Verfügung – kein Leib und keine Seele mehr ist ihm da verfügbar: es kommt zum totalen Verlust des psychophysischen Ich. Was bleibt, ist nur noch das Selbst, das geistige Selbst."[4]

Der Mensch hat also nach dem Tode kein Ich mehr – er „hat" überhaupt nichts mehr, er „ist" nur mehr: eben sein Selbst. Auch das versuchte ich Frau P. gedanklich nahezubringen.

Unsere Gespräche wurden allmählich das Wichtigste im Alltag von Frau P. Ich spürte, wie sie auf mich wartete – mir schien es, als ob ihre Sinne das wettmachten, was ihr durch ihre Bewegungslosigkeit versagt blieb. Sie erkannte meine Schritte von weit her. Wenn ich ihr Zimmer betrat, huschte nun oftmals ein kleines Lächeln über ihre Gesichtszüge. Wir sprachen von Gott und der Welt, aber manchmal auch über alberne Belanglosigkeiten. Und dann fanden wir doch immer wieder zu existenziellen Fragen zurück. Ich erinnere mich, daß wir einmal von Kosmetik, Falten und Runzeln sprachen. Ich erzählte ihr Frankls Gedanken zum Altern, darunter auch, daß vielleicht der eine oder andere einen jungen Menschen um seine

Zukunft beneiden könnte. Dabei sollte der Fragende immer an den Reichtum seiner eigenen Vergangenheit, an die Wirklichkeit seiner getanen Taten und Werke, die geliebte Liebe und das gelittene Leid denken, die nun für immer im Vergangensein für ihn aufbewahrt sind. Und ihn vergleichsweise zu einem wohlhabenden Bauern machen, der, in einer seiner vollen Vorratskammern stehend, alles Gelagerte sieht, registriert und für gut befindet. Es ist eine satte Freude. Die Seiten im Lebensbuch des Jungen hingegen sind leer – die des alten Menschen, oder des Sterbenden sind gefüllt. Wie ein Film, der entwickelt ist und der einen Augenblick festhaltend uns in die Vergangenheit führt, so unveränderbar ist unser Leben mit all seinen Facetten wie eine reiche Ernte eingebracht. Allmählich fühlte ich, daß die Vergangenheit auch für Frau P. nicht mehr etwas unwiederbringlich Verlorenes war, sondern eine Fülle mehr oder minder glücklicher Erinnerungen, auf die man beliebig zurückgreifen konnte. Ich versuchte nun intuitiv das zu tun, was Elisabeth Lukas, die sich logotherapeutisch mit dem Sterben auseinandergesetzt hat, wissenschaftlich so formuliert hat: „Die dereflektorische Möglichkeit, die Gedanken des Schwerkranken von seinem bevorstehenden Ende weg – hinzulenken auf die Sinnfülle seines vergangenen Lebens und auf die Unauslöschlichkeit all dessen, was er in seinem Leben gewollt, getan und erreicht hat, die Möglichkeit besteht bis zum Schluß. Hier trifft sich die Dereflexion mit der Einstellungsmodulation, das ganze geistige Potential eines Menschen kann auch noch in solch einer extremen Notsituation, und gerade in ihr, entfaltet werden, so daß das scheinbar unabänderliche Schicksal des Patienten durch dessen Einstellung dazu verwandelt wird in eine großartige menschliche Leistung, auf die er bis zu seinem letzten Atemzug stolz sein kann."[5]

Je mehr Zeit verging, umso fröhlicher wurde Frau P. Wir suchten Haltepunkte, Stationen auf einer langen Reise, die ihr Leben glücklich gemacht haben, Erlebnisse, die sie in ihrer Einzigartigkeit beglückt hatten. So war es die Musik, denn sie war Musiklehrerin gewesen, die ihr ein getreuer Begleiter in ihren guten und schweren Stunden war. Wir vermieden alle schicksalhaften und bösen Geschehnisse, wollte sie sie aber erzählen, so ließ ich es gerne geschehen, denn sie schien dann immer erleichtert zu sein, getröstet und hoffend. Trotz all der „letzten Gedanken", über die wir sprachen, sprachen wir ebenso viel über die Hoffnung, mit der sie das veränderte Leben anpacken wollte. Sie erzählte nun auch öfter, wie sie sich die Zukunft im Rollstuhl vorstellte und was sie alles versuchen wollte, um ihrer Schwester, mit der sie zusammenlebte, das Leben leichter zu machen. So wuchs sie mit ihrer Liebe und Sorge um die Schwester noch in den letzten Tagen über sich selbst hinaus. Worte, die sie mir zudachte, will und werde ich nie vergessen und ich habe gelernt die Bilder zu verstehen, die hinter den Worten Sterbender stehen. Anfang Mai hatte sie ihren sechzigsten

Geburtstag gefeiert und nun meinte sie, daß sie in diesem Monat noch einmal Geburtstag gehabt hätte, an dem Tag nämlich, wo ich an ihr Bett kam und sie zu besuchen begonnen hatte.

Elisabeth Kübler-Ross spricht in ihrem Buch „Interviews mit Sterbenden" von fünf Kategorien, in denen sich der Abschied von der Welt manifestiert.[6] Frau P. war bei der fünften Phase, der „Zustimmung", angekommen. Wie ein goldener Schleier legte sich die Hoffnung über die ihr noch verbleibende Zeit und sie erschien mir wie eine glücklich Wissende, der sich neue Dimensionen aufgetan haben. An einem Wochenende, ich glaube, es war das letzte im Mai, hatten wir uns verabschiedet – wie immer. Als ich dann montags ins Krankenhaus kam, war ihr Bett leer.

Am Sonntag war ihr Kreislauf instabil geworden und mit dem zu Ende gehenden Tag war auch ihr Leben zu Ende gegangen. Es war angeblich ein leichter, friedlicher Tod, der sie mitnahm. Ein paar Tage später fand ich in meiner Tasche das Gedicht „Mondnacht" von Eichendorff, das ich Frau P. mitbringen wollte und dessen letzte Strophe ich jetzt mit anderen Augen las und in mein Herz geschrieben habe:

> Und meine Seele spannte
> Weit ihre Flügel aus,
> Flog durch die stillen Lande,
> Als flöge sie nach Haus.[6]

Anmerkungen

1 Viktor Frankl, Die Sinnfrage in der Psychotherapie. Piper Verlag, München 1981, S. 144
2 Karlheinz Schmidthus, Die Briefe des heiligen Thomas More aus dem Gefängnis, Verlag Herder, Freiburg 1951, S. 68
3 Walter M. Diggelmann, Schatten, Tagebuch einer Krankheit, Benziger Verlag, Zürich 1979, S. 120
4 Viktor Frankl, Der Mensch vor der Frage nach dem Sinn, R. Piper & Co Verlag, München Zürich 1982, S. 31
5 Elisabeth Lukas, zitiert von Viktor Frankl, in: Die Sinnfrage in der Psychotherapie. Piper Verlag, München 1981, S. 66
6 Elisabeth Kübler-Ross, Interviews mit Sterbenden, Gütersloher Taschenbücher/Siebenstern 71
7 Joseph von Eichendorff, Eichendorffs Gedichte und Novellen, Deutsche Bibliothek in Berlin, S. 44

Großvaters Tod

Logotherapeutische Bildgeschichte von Cornelius Busch, erschienen in der Sammelmappe „Bildgeschichten zur Bibel" mit 73 Bildtafeln DIN A4 und didaktisch-methodischen Anregungen im Verlag für künstlerische Gestaltung und Illustration B. Djurović, Versandbüro: Lenbachstraße 37, 4300 Essen 1

Die Autoren

Elisabeth Lukas, geboren 1942 in Wien/Österreich, studierte von 1965–72 Psychologie an der Universität Wien bei Prof. Rohracher, Prof. Guttmann und Prof. Frankl. 1972 schloß sie ihre Dissertation „Logotherapie als Persönlichkeitstheorie" ab, im Zuge derer sie auch den „Logo-Test" kreiert hatte. Nach ihrer Promotion zog sie mit ihrer Familie in die Bundesrepublik Deutschland, wo sie sich auf klinische Psychologie und Psychotherapie spezialisierte und insbesondere die Franklsche Logotherapie methodisch ausbaute. Von 1973–86 war sie in Erziehungs-, Familien- und Lebensberatungsstellen tätig, 9 Jahre davon in leitender Funktion, mit den Arbeitsschwerpunkten: Verhaltenstherapie, Kommunikationstraining, Logotherapie und Entspannungstechniken. Gleichzeitig hatte sie von 1983–87 einen Lehrauftrag an der Ludwig-Maximilians-Universität in München inne, im Rahmen dessen sie regelmäßig Seminare über Logotherapie abhielt. 1986 übernahm sie die fachliche Leitung des „Süddeutschen Instituts für Logotherapie GmbH" in Fürstenfeldbruck bei München, einer Therapie- und Ausbildungsstätte, in der das Franklsche Gedankengut angewandt und in Kooperation mit mehreren Universitätsinstituten weiterentwickelt wird. Elisabeth Lukas ist Gründungsmitglied der „Deutschen Gesellschaft für Logotherapie e. V.", und derzeit ihre Vize-Präsidentin. Vorträge und Vorlesungen auf Einladung von mehr als 30 Universitäten sowie Publikationen in neun Sprachen machten sie international bekannt.
Anschrift: Geschwister-Scholl-Platz 8, 8080 Fürstenfeldbruck

Wolfram K. Kurz, Dr. theol. habil., Priv.-Doz. an der Ev.-theol. Fakultät der Universität Tübingen und Fachl. Leiter der Zweigniederlassung des Süddeutschen Instituts für Logotherapie.
Anschrift: Haußerstraße 23, 7400 Tübingen 1

Franz Sedlak, ObRat Mag. Dr. phil. Dr. theol., Schulpsychologe im Bundesministerium für Unterricht, Kunst und Sport, Abteilung I/4.
Anschrift: Minoritenplatz 5, A-1014 Wien

Gertrud Simmerding, Dr. phil., Dipl.-Psych., Medienrätin der Bayerischen Landeszentrale für Neue Medien und ehemal. Leiterin der Hauptabteilung „Familie und Schule" (Fernsehen) im Bayerischen Rundfunk.
Anschrift: Tilsiterstraße 7, 8000 München 81

Publikationen von Elisabeth Lukas

A. Bücher

„Auch dein Leben hat Sinn. Logotherapeutische Wege zur Gesundung", Verlag Herder, Freiburg 3 Auflagen 1980–1987
„Auch deine Familie braucht Sinn. Logotherapeutische Hilfe in der Erziehung", Verlag Herder, Freiburg, 2 Auflagen 1981–1988
„Auch dein Leiden hat Sinn. Logotherapeutischer Trost in der Krise", Verlag Herder, Freiburg, 2 Auflagen 1981–1986
„Von der Tiefen- zur Höhenpsychologie. Logotherapie in der Beratungspraxis", Verlag Herder, Freiburg, 2 Auflagen 1983–1988
„Dare un senso alla vita. Logoterapia e vuoto esistenziale", Cittadella editrice, Assisi, 2 Auflagen 1983–1986
„Tu vida tiene sentido. Logoterapia y salud mental", General Tabanera, Ediciones S. M., Madrid 1983
„Tu familia necesita sentido. Aportaciones de la logoterapia", General Tabanera, Ediciones S. M., Madrid 1983
„Je gezin, je houvast. Op weg naar nieuwe waarden via de logotherapie", Uitgeverij Dekker & van de Vegt, Nijmegen 1983
„Dare un senso alla sofferenza. Logoterapia e dolore umano", Cittadella editrice, Assisi, 2 Auflagen 1983–1988
„Meaningful Living. A Logotherapy Guide to Health", Grove Press Inc, New York, 2 Auflagen 1984–1986
„Sinunkin elämälläsi on tarkoitus", Kirjayhtymä, Helsinki 1984
„Psychologische Seelsorge. Logotherapie – die Wende zu einer menschenwürdigen Psychologie", Verlag Herder, Freiburg, 2 Auflagen 1985–1988
„Sinn-Zeilen. Logotherapeutische Weisheiten" mit Graphiken von Michael Eberle, Verlag Herder, Freiburg, 2 Auflagen 1985–1987
„Elämän voimat", Kirjayhtymä, Helsinki 1985
„I tvoja patnja smisla ima. Logoterapeutska utjeha u krizi", Krŝcanska sadaŝnjost, Zagreb 1985
„Von der Trotzmacht des Geistes. Menschenbild und Methoden der Logotherapie", Verlag Herder, Freiburg 1986
„Meaning in Suffering. Comfort in Crisis through Logotherapy", Institute of Logotherapy Press, Berkeley, California 1986
„Gesinnung und Gesundheit. Lebenskunst und Heilkunst in der Logotherapie", Verlag Herder, Freiburg 1987
„Dare un senso alla famiglia. Logoterapia e pedagogia", Edizioni paoline, Milano 1987
„L'immagine dell'uomo nella logoterapie", Centro italiano di solidarieta, Rom 1987
„Rat in ratloser Zeit. Anwendungs- und Grenzgebiete der Logotherapie", Verlag Herder, Freiburg 1988
„Chajim mashma-utijim", hebräische Ausgabe von "Meaningful Living. A Logotherapy Guide to Health", Dvir Publishing House, Tel Aviv 1988
„Psychologische Vorsorge. Krisenprävention und Innenweltschutz aus logotherapeutischer Sicht", Verlag Herder, Freiburg 1989
„Sinn-Bilder. Bibliotherapeutische Weisheiten" mit Holzschnitten von Otmar Wiesmeyr, Verlag Herder, Freiburg 1989

B. Test

„Logo-Test. Test zur Messung von innerer Sinnerfüllung und existentieller Frustration", Verlag Deuticke, Wien 1986

„Logo-Test. Test para la medida del logro interior de sentido y de la frustration existencial", Escuela Universitaria de Magisterio de Girona, Girona 1986

„Logo-Test. Un test per la valutazione della realizzazione interiore di un senso della vita e della frustrazione esistenziale", Centro italiano di solidarieta, Rom 1987

„Logo-Test. Test measuring inner meaning fulfillment and existential frustration", Institute of Logotherapy Press, Berkeley 1989

C. Kassetten

„Human Dignity and Psychotherapy: Mergence through Logotherapy", 4th World Congress Festival Address 1984, hrsg. vom Institute of Logotherapy, Saratoga/California (Tonkassette)

„Logotherapy in Practice. Two Counseling Sessions with Patients suffering from a) Phobia, b) Incurable illness", Kansas City 1985, hrsg. vom Institute of Logotherapy, Saratoga/California (Videokassette VHS BETA)

„Youth: A Continuous Search for Meaning", 5th World Congress Festival Address 1986, hrsg. vom Institute of Logotherapy, Saratoga/California (Tonkassette)

„Demonstration of Counseling Noogenic Depression", 5th World Congress, Toronto 1986, hrsg. vom Institute of Logotherapy, Saratoga/California (Videokassette VHS BETA)

„Des Lebens Sinn finden", Vorträge von Dr. Elisabeth Lukas und Pfarrer Rudolf Keller, gehalten im Evangel. Kirchgemeindehaus St. Georgen am 15. und 23. November 1988, hrsg, vom Gallus Tonstudio, St. Gallen/Schweiz (Tonkassette)

D. Buchkapitel

„Zur Validierung der Logotherapie" in „Der Wille zum Sinn. Ausgewählte Vorträge über Logotherapie" von Viktor E. Frankl, Verlag Hans Huber, Bern, 3 Auflagen 1972–1982

„The Four Steps of Logotherapy" und „A Supplementary Form of Therapy for Addicts" in „Logotherapy in Action", hrsg. von J. Fabry/R. Bulka/W. Sahakian, Jason Aronson Inc, New York 1979

Diskussionsbeitrag in „Aussprache über die Referate Lübbe, Frankl, Streithofen" in „Die Jugend und ihre Zukunftschancen. Ein Symposium mit Jugendlichen und Vertretern aus Wissenschaft, Wirtschaft, Politik und Verwaltung", hrsg. von Johannes C. Welbergen, Deutsche Shell AG, Hamburg 1979

„Reflections on Logotherapy" in „Analecta Frankliana: The Proceedings of the First World Congress of Logotherapy 1980", hrsg. von Sandra Wawrytko, Institute of Logotherapy Press, San Diego 1980

„Der Widerstand aus der Sicht der Logotherapie" in „Widerstand. Ein strittiges Konzept in der Psychotherapie", hrsg. von Hilarion Petzold, Junfermann-Verlag, Paderborn, 2 Auflagen 1981–1985

„Von der Heilkraft des Geistes. Gesundung durch Sinnerfüllung" in „Wer wird das Antlitz der Erde erneuern? Spuren des Geistes in unserer Zeit", Verlag Herder, Freiburg, 2 Auflagen 1983

„The Logotherapeutic Method of Dereflection" in „The Therapeutic Efficacy of the Major Psychotherapeutic Techniques", hrsg. von Jusuf Hariman, Charles C Thomas Publisher, Springfield, Illinois 1983

„Überlegen – wozu" Antworten auf Schicksalsfragen" in „Sinnvoll heilen. Viktor E. Frankls Logotherapie – Seelenheilkunde auf neuen Wegen", Verlag Herder, Freiburg 1984
„Logotherapie. Auf der Suche nach Sinn" in „Wege zum Menschen. Methoden und Persönlichkeiten moderner Psychotherapie", Ein Handbuch, Band I, hrsg. von Hilarion Petzold, Junfermann-Verlag, Paderborn, 3 Auflagen 1984–1985
„Freiheit – zwischen Illusion und Verantwortung" und „Sinn hat jedes Menschenleben" in „ABC des Lebensglücks", hrsg. von Peter Raab, Verlag Herder, Freiburg, 2 Auflagen 1985–1989
„The therapeutic Concept of Logotherapy" in „Proceedings of the Eighth World Conference of Therapeutic Communities", Band 2, Centro Italiano di Solidarieta, Roma 1985
„Jäädä elämään – mitä varten? Vastauksia kohtalokysymyksiin" in „Tahdonvoimalla terveeksi. Viktor E. Franklin logoterapia", Kirjayhtymä, Helsinki 1985
„Minuten der Besinnung" in „Gedanken für den Alltag", Band 1, hrsg. von Norbert Kutschki, Echter Verlag, Würzburg 1985
„Minuten der Besinnung" in „Gedanken für den Alltag", Band 2, hrsg. von Norbert Kutschki, Echter Verlag, Würzburg 1986
„Die suchtpräventiven Möglichkeiten der Logotherapie" in „Sinnfrage und Suchtprobleme. Menschenbild/Wertorientierung/Therapieziele", hrsg. von der DHS, Hoheneck Verlag GmbH, Hamm 1986
„Youth, a Continuous Search for Meaning" in „Viktor Frankl's Logotherapy. Proceedings of the Fifth World Congress of Logotherapy", hrsg. von Frederic Jones & Judith Jones, Institute of Logotherapy Press, Berkeley 1986
„Ohne Zukunft" in „Rat in ratloser Zeit. Kirchliche Beratung – Dienst am Menschen", hrsg. von der Bundesarbeitsgemeinschaft für Beratung, Lambertus Verlag, Freiburg 1986
„Zwei Orangen auf meinem Weg zum Menschsein" in „Von heiteren Tagen. Herderbücherei-Autoren erinnern sich ...", Verlag Herder, Freiburg 1987
„Familie braucht Sinn" in „Die Pubertät gemeinsam bewältigen" von Ruth Mitschka, österr. Bundesverlag, Wien 1987
„Empiryczna walidacja logoterapii" in "Czlowiek – Pytanie Otwarte. Studia z logoteorii i logorerapii", hrsg. von Kazimierz Popielski, Redakcja Wydawnictw KUL, Lublin 1987
„Bücher – Freunde in der Not" in „Heilkraft des Lesens. Erfahrung mit der Bibliotherapie", hrsg. von Peter Raab, Verlag Herder, Freiburg 1988
„Logotherapie nach Viktor E. Frankl" in „Psychotherapieführer. Wege zur seelischen Gesundheit", hrsg, von Ch. Kraiker und B. Peter, Verlag C. H. Beck, München, 2 Auflagen 1983–1988
„Heling door het vinden van zin. Grondgedachten uit do logotherapie" in „Psychotherapie en zingeving. Een spectrum van visies", hrsg. von Dominique Debats, Verlag Acco, Amersfoort/Leuven 1988
„Para validar la logoterapia" in „La voluntad de sentido. Conferencias escogidas sobre logoterapia" von Viktor E. Frankl, Editorial Herder, Barcelona 1988
„Foreword" in „What it's all About. Youth in Search of Meaning" von Tom McKillop, Trinity Press, Burlington, Ontario/Canada 1988
„From Self-actualization to Global Responsibility. Search for the Sacred, Necessary and Otherlines" in „Pursuit of Meaning. The Road to Self-esteem and Social Conscience. The Proceedings of the Seventh World Congress of Logotherapy", hrsg. von Willis C. Finck, Margaret Davids Finck & Larry D. Larson, Institute of Logotherapy Press, Berkeley 1989
„De betekenis van liefde en gezin" in „11de Internationaal Congres van het Gezin. Liefdevolle vruchtbaarheid", hrsg, von Genevieve Kartheuser, Les Editions Europeennes s. a., Brüssel 1989
„Heilung durch Sinnfindung – Grundgedanken aus der Logotherapie" in „Plädoyer für eine mehrdimensionale Psychiatrie" vtmehrdimensionale Psychiatrie" von Gerhard Bengesser u. Stephen Sokoloff, Ferdinand Enke Verlag, Stuttgart 1989
„Wo Sinn gesehen wird, ist das Leben erträglich. Drei Grundsatzregeln für die Familie", „Erziehung zur Liebe" und „Die Wahrheit ist eher tröstlich als schockierend" in „Guter Rat zur

rechten Zeit. Antworten auf Lebens- und Sinnfragen", hrsg. von Hans-Martin Dahlmann, Verlag Herder, Freiburg 1989

E. Zeitschriftenartikel

„Der Mensch auf der Suche nach Sinn" in „Zeitschrift für Sozialberatung", hrsg. von der Kantonal Zürcher Vereinigung für Sozialberatung und dem Eidgenössischen Verband „Pro Familia", Zürich, 61. Jg., Nr. 1/2, Januar–April 1977
„The Four Steps of Logotherapy" in „Festival of Meaning", Uniquest 7, hrsg. von Uniquest Foundation, Berkeley 1977
„Logotherapy's Message to parents and Teachers" in „The International Forum for Logotherapy", hrsg. vom Institute of Logotherapy, Berkeley/California, Vol. 1, Nr. 1 Winter 1978 / Frühjahr 1979
„The ‚Ideal' Logotherapist" in „The International Forum for Logotherapy", hrsg. vom Institute of Logotherapy, Berkeley / California, Vol. 2, Nr. 2, Sommer/Herbst 1979
„The Logotherapy View of Human Nature", „The Best Possible Advice", „Modification of Attitudes", „The Meaning of Children's Play" in „The International Forum for Logotherapy", hrsg. vom Institute of Logotherapy, Berkeley/California, Vol. 3, Nr. 2, Herbst 1980
„Menschenbild und Methoden der Frankl'schen Logotherapie" in „Forum aktuell – Oberneulander Klinik-Nachrichten", hrsg. von Manfred Temme, Horn-Bad Meinburg, 8. Jg., 1–2, Januar/Februar 1981
„Menschenbild und Methoden der Frankl'schen Logotherapie" in „Fortschritte der Neurologie/Psychiatrie", Thieme Verlag, Stuttgart, 49. Jg., Heft 3, März 1981
„Menschenbild und Methoden der Frankl'schen Logotherapie" in „Bremer Ärzteblatt", hrsg. von der Ärztekammer Bremen, 5/1981
„Sinnsuche statt sozialer Isolation" in "Caritas in Nordrhein-Westfalen", hrsg, von den Diözesan-Caritasverbänden von Aachen, Essen, Köln, Münster, Paderborn, Nr. 3, Mai/Juni 1981
„New Ways for Dereflection" in „The International Forum for Logotherapy", hrsg. vom Institute of Logotherapy, Berkeley/California, Vol. 4, Nr. 1, Frühjahr/Sommer 1981
„Logotherapie" in „Allgemeinmedizin / International General Practice", Krüger-Verlag, Dortmund, 10. Jg., Heft 2, Juni 1981
„Logotherapie" in „Der Praktische Arzt", offizielles Organ des BPA und der Deutschen Gesellschaft für Allgemeinmedizin e. V., Krüger-Verlag, Dortmund, 18. Jg., Heft 19, Juli 1981
„A Validation of Logotherapy" in „The International Forum for Logotherapy", hrsg, vom Institute of Logotherapy, Berkeley/California, Vol. 4, Nr. 2, Herbst/Winter 1981
„Den Sinn des Lebens erkennen" in „Welt am Sonntag Magazin", Beilage zur Ausgabe Nr. 49, Hamburg, Dezember 1981
„Identität – ein schöpferisch-geistiger Prozeß" in „Pädagogischer Rundbrief", hrsg. vom Referat für Heimerziehung beim Landesverband kath. Einrichtungen der Heim- und Heilpädagogik in Bayern, München, 32. Jg., Nr. 2, Februar 1982
„The ‚Birthmarks' of Paradoxical Intention" in „The International Forum for Logotherapy", hrsg. vom Institute of Logotherapy, Berkeley/California, Vol. 5, Nr. 1, Frühjahr/Sommer 1982
„Sinn- und Sinnlosigkeitserfahrung in der Freizeit" in „Forum aktuell – Oberneulander Klinik-Nachrichten", hrsg. von Manfred Temme, Horn-Bad Meinburg, 9. Jg., 7–9, Juli/September 1982
„Suchtgefährdung – Ursachen der Sucht und Möglichkeiten einer Heilung" in „Forum aktuell – Oberneulander Klinik-Nachrichten", hrsg, von Manfred Temme, Horn-Bad Meinburg, 10. Jg., 1–3, Januar–März 1983
„Logotherapie und Suizidprophylaxe" in „Suicidprophylaxe – Theorie und Praxis", Mitteilungen der DGS, hrsg, von M. Heinrich, Stuttgart und H. Wedler, Darmstadt, Heft 3/1983

„Psychologie kann auch Trost spenden" in „Die Furche. Unabhängige Wochenzeitung für Politik, Gesellschaft, Kultur", Wien, 39. Jg., Nr. 15, April 1983
„Counseling Tactics and Personality Structure" in „The International Forum for Logotherapy", hrsg. vom Institute of Logotherapy, Berkeley/California, Vol. 6, Nr. 1, Frühjahr/Sommer 1983
„Love and Work, in „The International Forum for Logotherapy", hrsg. vom Institute of Logotherapy, Berkeley/California, Vol. 6, Nr. 2, Herbst/Winter 1983
„Die Fähigkeit, Opfer zu bringen" in „Epoche", hrsg. von Karl Ludwig Bayer, München, 8. Jg., Oktober 1984
„Human Dignity and Psychotherapy", in „The International Forum for Logotherapy", Institute of Logotherapy Press, Berkeley/California, Vol. 7, Nr. 2, Herbst/Winter 1984
„Die suchtpräventiven Möglichkeiten der Logotherapie" in „Sinnfindung als Aufgabe in der Suchtprävention. Anfragen, Ansätze, Angebote", hrsg. von der Kath. Sozialethischen Arbeitsstelle in der Schriftenreihe Aktuelle Orientierungen: Suchtgefahren, Heft 9, Hamm 1985
„Alte Tugenden neu entdeckt und neu gedeutet" in „Gedanken", hrsg. vom Religionspädagogischen Institut der Diözese Graz-Seckau, Heft Nr. 6, 1985
„The Meaning of Logotherapy for Clinical Psychology" in „The International Forum for Logotherapy", Institute of Logotherapy Press, Berkeley/California, Vol. 8, Nr. 1, Frühjahr/Sommer 1985
„Tugend neu entdeckt" in „Pädagogischer Rundbrief", hrsg. vom Referat Heimerziehung beim Landesverband kath. Einrichtungen der Heim- und Heilpädagogik in Bayern, München, 35. Jg., Nr. 6/7, August/September 1985
„Die Bedeutung der Logotherapie für die Klinische Psychologie" in „Forum aktuell – Oberneulander Klinik-Nachrichten", hrsg. von Manfred Temme, Horn-Bad Meinberg, 12. Jg., 10–12, Oktober – Dezember 1985
„Alte Tugenden neu entdeckt und neu gedeutet" in „Schriften zur Kurseelsorge", hrsg. von der Diözese Rottenburg-Stuttgart, Nr. 1/1986
„Ja zum Leben sagen – Interview mit Elisabeth Lukas" in „Evangelische Kirchenzeitung für Baden", hrsg. vom Evangel. Presseverband für Baden e. V., Karlsruhe, 22. Jg., Nr. 2, Januar 1986
„Die Familie – ein Gravitationszentrum der Liebe" in „Christ in Staat und Wirtschaft", Verlag Soziales Seminar, München, Nr. 5, Mai 1986
„Lebenskunst und Heilkunst" in „Der deutsche Apotheker. Aktuelle Information für pharmazeutische Berufe", hrsg. von S. Beyer-Enke, Oberursel, 38. Jg., Heft 5, Mai 1986
„Die Vorgehensweisen der Logotherapie" in „Logotherapie", Zeitschrift der Deutschen Gesellschaft für Logotherapie, 1. Jg., Heft 1, Bremen 1986
„Ein Fremdkörper" in „Begegnung. Zeitschrift für Lyrikfreunde", hrsg. von der Gesellschaft der Freunde deutschsprachiger Lyrik, Innsbruck, 6. Jg., Nr. 3, Juni 1986
„Recalling Michael Whiddon" in „The Internatioanl Forum for Logotherapy", Institute of Logotherapy Press, Berkeley/California, Vol. 9, Nr. 1, Frühjahr/Sommer 1986
„Noch 'ne Psychotherapie? – Interview mit Elisabeth Lukas" in „Deutsches Allgemeines Sonntagsblatt", Hamburg, 39. Jg., Nr. 32, August 1986
„Lebenskunst und Heilkunst" in „Der Allgemeinarzt", offizielles Organ des FDA, Verlag Kirchheim, Mainz, 8. Jg., Heft 14, Oktober 1986
„Youth – A Continuous Search for Meaning" in „The International Forum for Logotherapy", Institute of Logotherapy Press, Berkeley/California, Vol. 9, Nr. 2, Herbst/Winter 1986
„Die Bewältigung unseres Lebes – Sinnverlust und seine Überwindung" in „Die österreichische höhere Schule", Organ der Vereinigung christl. Lehrer an den höheren Schulen Österreichs, Wien, 39. Jg., Heft 3, Mai/Juni 1987
„Prinzipien logotherapeutischer Gesprächsführung" in „Logotherapie", Zeitschrift der Deutschen Gesellschaft für Logotherapie, 2. Jg., Heft 1, Bremen 1987
„Logotherapy: Health through Meaning" in „The International Forum for Logotherapy", Institute of Logotherapy Press, Berkeley/California, Vol. 10, Nr. 1, Frühjahr/Sommer 1987

„Logotherapeutische Betrachtungen zur Suchtproblematik" in „Christ in Staat und Wirtschaft", Verlag Soziales Seminar, München, Nr. 10, Oktober 1987
„Heute sinnvoll erziehen" in „Theologisch-praktische Quartalschrift", hrsg. vom Landesverlag Linz, 136. Jg., 1. Heft, 1988
„Hilfe zur Sinnfindung und Wertvermittlung für den Menschen unserer Zeit" in „Elternkreise – Drogenabhängigkeit in der Familie – Was tun?, Nicol-Verlag, Punktreihe 38, Kassel 1988
„Wort und Sinn. Zur Doppelbedeutung des Logos" in „Die Katholische öffentliche Bücherei", hrsg. vom Erzbistum Köln/Fachstelle für Büchereien, Köln, Heft 1, Januar 1988
„Die Bewahrung unseres Daseins – Gedanken zur Lebenshaltung und Lebenserhaltung" in „Die österreichische höhere Schule", Organ der Vereinigung christl. Lehrer an den höheren Schulen Österreichs, Wien, 40. Jg., Heft 1, Januar/Februar 1988
„Zum Sinn und Unsinn menschlicher Angst" in „Du", Fachzeitschrift für die Arbeit in Hort und Heim, Bundesinstitut für Heimerziehung, Baden/Österreich, 1. Jg., Heft 2/1988
„Dare un senso al futuro" in „Il delfino", Bimestrale del Centro Italiano di Solidarieta. Rom, Anno XIII, Nr. 1 (67), Februar 1988
„Der Jugend immerwährende Suche nach Sinn" in „Schülerberater aktuell, Beilage zu den Schulpsychologischen Nachrichten des BMUKS", Nr. 5, Wien 1988
„Über kindeigene Faktoren – gegenüber Erbe und Umwelt" in „Jossa Forum", Jossa Arznei Kurt Merz GmbH, Steinau a. d. Straße, 2. Jg., Nr. 7, Mai 1988
„A Logotherapia e suas Possibilidades Preventivas nas Toxicomanias" in „PSICO. Revista Semestral do Instituto de Psicologia da PUC", hrsg. von der Kath. Universität Porto Alegre/Brasilien, v. 15, n. 1, Januar–Juni 1988
„Die Sinnfrage im Alter" in „Christ in Staat und Wirtschaft", Verlag Soziales Seminar München, Nr. 6, Juni 1988
„Pflichtbewußtsein aus der Sicht einer Psychologin" in „Neue Epoche", hrsg. von Karl Ludwig Bayer, 12. Jg., Ausgabe 109, München 1988
„Lebenshaltung und Lebenserhaltung" in „Logotherapie", Zeitschrift der Deutschen Gesellschaft für Logotherapie, 3. Jg., Heft 1, Bremen 1988
„Von der Kunst, Schweres leichter zu tragen" in „Wegbegleiter", Mitteilungen für und von Eltern aus den österr. Elternkreisen, hrsg. vom Bundesverband der Elternkreise, Salzburg, Nr. 3, Oktober 1988
„Vom Sinn, gesund zu werden" in „Kontraste/Impuls", Vierteljahreszeitschrift des Herder Verlags, 28. Jg., 4. Quartal, Nr. 4, Freiburg 1988
„Gelebte Logotherapie" in „Logotherapie", Zeitschrift der Deutschen Gesellschaft für Logotherapie, 3. Jg., Heft 2, Bremen 1988
„Gelebte Logotherapie" im Wissenschafts-Journal „Forschung und Praxis" der Ärzte-Zeitung, Neu-Isenburg, 7. Jg., Nr. 45, November 1988
„Mit einer Sinnlehre gegen die Sinnleere" in „Gründungsbulletin", Verlag Margit, München, Heft 2, November 1988
„Lebenshaltung, Lebenserhaltung, Lebensglück" in „Neue Epoche", hrsg. von Karl Ludwig Bayer, München, 111. Ausgabe IV-W, Wende 1988/89
„Erziehung zwischen Vernachlässigung und Verwöhnung" in „Christ in Staat und Wirtschaft", Verlag Soziales Seminar, München, Nr. 2, Februar 1989
„Von der Selbstverwirklichung zur Weltverantwortung" in „MUT", Mut-Verlag, Asendorf, Nr. 259, März 1989
„Personal Attitudes and the Preservation of Life" in „Newsletter", Logotherapy Society of Australia, Toorak/Victoria, Vol. 2, Nr. 1, März 1989
„Meaningful Education" in „The International Forum for Logotherapy", Viktor Frankl Institute of Logotherapy Press, Berkeley/California, Vol. 12, Nr. 1, Frühjahr 1989
„Zur Frage aus der Praxis: Videoverbot zur Psychohygiene?" in „Selecta. Das Wochenmagazin des Arztes", hrsg. von Ildar Idris, Planegg, Heft 38, September 1989
„Liebe auf Vorschuß. Heilung durch den Willen zum Sinn" in „Neue Epoche", hrsg. von Karl Ludwig Bayer, Ausgabe 114, München 1989

F. Sonderschriften

„Suchtgefährdung, Drogen, Alkohol" in „Dem Schüler leben helfen – Planungshilfen für den Religionsunterricht an Realschulen", hrsg. vom Kath. Schulkommissariat in Bayern, München, Juli 1982
„Viktor E. Frankl und sein Werk" in „3. Weltkongress für Logotherapie an der Universität Regensburg", hrsg. vom Institute of Logotherapy, Berkeley/California, Juni 1983
„Zur Heilkraft des Lesens" in „Heilung durch Lesen? Ein Arbeitsbericht zur Bibliotherapie", Sonderdruck der Herderbücherei, Best.Nr. 39275, Freiburg 1984
„Auch deine Familie braucht Sinn" in „25 Jahre Haus der Familie", hrsg. vom Haus der Familie – Kath. Mütterschule e. V., München 1984
„Von der Heilkraft des Geistes" in „Wege 2 – Gottesglaube/Atheismus", Zusatztext im Schülerheft für den kath. Religionsunterricht, Jahrgangsstufen 12 und 13 der Gymnasien in Baden-Württemberg, Süddt. Verlagsgesellschaft, Ulm 1985
„Ursachen der Krankwerdung – Gründe zur Gesundwerdung" in „Bericht über das Symposion ‚Die Familie im Drogenproblem'", hrsg. vom Bundesverband der Elternkreise drogengefährdeter und drogenabhängiger Jugendlicher, Salzburg, Februar 1986
„Jahresbericht 1986", hrsg vom Süddeutschen Institut für Logotherapie GmbH, Fürstenfeldbruck, Dezember 1986
„Jahresbericht 1987", hrsg. vom Süddeutschen Institut für Logotherapie GmbH, Fürstenfeldbruck, Dezember 1987
„Geleitwort" in „Logotherapie in der angewandten Bibliotherapie. Erfahrungsberichte aus einem Seminar unter der Leitung von Elisabeth Lukas", hrsg. vom Landesverband evangelischer Büchereien in Baden, Karlsruhe, Mai 1988
„Jahresbericht 1988", hrsg. vom Süddeutschen Institut für Logotherapie GmbH, Fürstenfeldbruck, Dezember 1988
„Der seelisch kranke Mensch und die Arznei für seine Seele" in „Das Menschenbild in der modernen Allgemeinmedizin", hrsg. von Klaus Besel und Jochen Haisch, Forschungsstelle Allgemeinmedizin der Universität Ulm, Universitätsverlag Ulm, Juni 1989
„Laudatio„ in „Festschrift in Honor of Dr. Joseph Fabry's 80th Birthday", hrsg. von Stephen S. Kalmar, Viktor Frankl Institute of Logotherapy, Berkeley/California, Juni 1989
„Logotherapie – Selbsthilfe und Krisenintervention bei seelischen Störungen" in der Dokumentation zur Ringvorlesung „Begleitende und alternative Maßnahmen in der Medizin", hrsg. von Elke Gruber und Thomas Kenner im Auftrag der Karl-Franzens-Universität Graz, Juli 1989

Josef Rattner
Klassiker der Tiefenpsychologie
1990. Ca. 800 Seiten, Broschur,
ca. DM 29,80
ISBN 3-621-27102-3

Seit langem schon gibt es im deutschsprachigen Raum keine Gesamtdarstellung der Psychoanalyse und Tiefenpsychologie, ihrer wichtigsten Repräsentanten und ihrer herausragendsten Vertreter in Forschung und Praxis.
Das vorliegende Buch ist eine umfassende Einführung in die Tiefenpsychologie und zugleich ein Resümee ihrer „Jahrhundertarbeit".

**Psychologie Verlags Union
München**